浙江省哲学社会科学规划课题研究成果（编

畲族史诗《高皇歌》
英译研究

喻锋平◎著

浙江工商大學出版社
ZHEJIANG GONGSHANG UNIVERSITY PRESS

图书在版编目(CIP)数据

畲族史诗《高皇歌》英译研究 / 喻锋平著. —杭州：
浙江工商大学出版社，2018.5
　　ISBN 978-7-5178-2540-1

　　Ⅰ. ①畲… Ⅱ. ①喻… Ⅲ. ①畲族－叙事诗－英语－
文学翻译－研究－中国 Ⅳ. ①H315.9②I22

　　中国版本图书馆 CIP 数据核字(2017)第 312927 号

畲族史诗《高皇歌》英译研究

喻锋平　著

责任编辑	王　英　罗丁瑞
封面设计	林朦朦
责任印制	包建辉
出版发行	浙江工商大学出版社
	(杭州市教工路 198 号　邮政编码 310012)
	(E-mail:zjgsupress@163.com)
	(网址:http://www.zjgsupress.com)
	电话:0571 - 88904980,88831806(传真)
排　　版	杭州朝曦图文设计有限公司
印　　刷	杭州五象印务有限公司
开　　本	710mm×1000mm　1/16
印　　张	15.5
字　　数	236 千
版 印 次	2018 年 5 月第 1 版　2018 年 5 月第 1 次印刷
书　　号	ISBN 978-7-5178-2540-1
定　　价	45.00 元

序

　　文化是一个民族的灵魂，是一个民族创造力的源泉，是一个民族凝聚力的核心所在。每一个民族都有其光辉灿烂的历史文化传统，这既是该民族自身的文化宝藏，也是人类共有的精神遗产。中国民族典籍是民族文化的结晶，也是整个中华文化的瑰宝。在全球化背景下，中国少数民族文化如何进行跨民族、跨国度的翻译与传播，使它成为世界文化图景的一部分，已经成为国家文化战略的重大课题。

　　《高皇歌》是畲族人民世代传唱的长篇叙事史诗，承载着畲族人民的宗教、信仰、民俗、族源历史等丰富的文化信息，是畲族文化最具代表性的文化表征，具有强烈的思想性、艺术性和人民性。在当前我国政府大力弘扬和传播民族文化，实施中华文化走出去战略，加强国际文化交流的时代背景下，对外翻译和传播像畲族《高皇歌》这样的传统的民族文学作品，既符合中华文化走向世界的时代潮流，又能让世界人民更好地了解和传播我国的民族文化，更加全面地认识中华文化的博大、丰富和多姿多彩。

　　首先，喻锋平博士在著作《畲族史诗〈高皇歌〉英译研究》中将畲族史诗《高皇歌》翻译成英语。这是《高皇歌》第一次被译介成外语，具有较强的开创性意义。而且用英语翻译《高皇歌》，可以更好地向世界介绍和宣传独具特色的畲族文化，促进中华文化对外传播。

　　其次，"译""论"结合，以"译"起"论"，以"论"阐"译"，是该书的突出特点。认识和实践的统一，是马克思主义认识论的本质原理。在实际工作中运用这一原理，就必须做到一切从实际出发，在实践中坚持真理和发展真理。坚持翻译理论和实践之间的辩证统一对翻译事业的发展具有十分重要的意义。著者以自己的翻译实践为基础，在深入认识和理解民族文化内涵的基础上,用英语转换源语文化信息,结合翻译实践来探讨总结民族文化翻译中的经验,并进行理论阐述。这种理论与实践紧密结合的译论方式值得肯定。

再次,在翻译过程中,译者有明确的指导思想。译者以弘扬和传播民族文化为翻译目的,以文化传承和文化理解为基本原则,采用"以诗译诗"的形式,使用诗行相同的四行诗节和韵框,以达到和原诗的某种形似。同时,灵活运用加注、增译、变通等方法,尽量完整地传达原文意义,保留它的意象和神韵。

最后,书中译论涉及翻译学、民族学、口头诗学和文化研究等多个学科,有较为宽广的学术视野。作为畲族民族典籍,《高皇歌》具有诸多民族志特征,所包含的丰富的民族文化信息对翻译学研究颇有启示,值得从事民族典籍翻译和研究的学者研究、借鉴。此外,《高皇歌》是畲族人民世代口头传承的民族史诗,在以汉字转写的文本中依然保存有丰富的口头性特征和民族文化信息。著者借鉴口头诗学和文化研究理论,分析探讨了在翻译转换中保留和传递《高皇歌》中的口头程式特征和民族文化特性的方法。这种跨学科研究方法特别值得肯定和推广,其研究发现也有利于推动民族典籍翻译研究的发展。

蒋坚松

于湖南师范大学

2017 年 11 月

目　录

第一章　绪　论

第一节　研究对象及意义

　　畲族是居住在我国东南部的少数民族之一,总人口约为70万人(2000年),分布在闽、浙、赣、粤、黔、皖、湘七省80多个县(市)内的部分山区,其中90%以上的畲族人居住在福建、浙江的广大山区。"畲"字来历甚古,至少在春秋时就已经出现,但在南宋末年才开始被用作民族的名称,距今已有700多年的历史。元代以来,"畲民"逐渐被当作畲族的专有名称,普遍出现在汉文史书上。中华人民共和国成立后,正式把畲族确定为统一的民族名称。畲族自称"山哈"或"山达"。"哈""达",在畲语中意为"客人"。"山哈"指山里人或居住在山里的客人。这个名称不见史书记载,但在畲族民间却普遍流传。早期畲族人民长期居住在山区,过着游耕与狩猎的生活。明清以后,随着族群的不断迁徙,逐渐发展为以农耕为主的生活和生产模式。

　　《高皇歌》是畲族人民追述自己民族历史的长篇叙事史诗。作为畲族的民族文化符号与文化表征,《高皇歌》在畲族文化传承中起着至关重要的作用,承载了畲族人民的宗教、信仰、民俗、族源历史等民族文化信息,是研究畲族文化的"活化石"。2006年5月20日,《高皇歌》和其他畲族民歌一起,经国务院批准被列入第一批国家级非物质文化遗产名录。

　　对畲族历史文化的研究最早可以追溯到民族学家沈作乾于1925年写的《括苍畲民调查记》,此文在《北京大学研究所国学门周刊》第一卷刊出。

国内外众多研究学者大都从人类学、民族学、地方志、考古学、语言学以及音乐学等维度对畲族语言、民俗、文化等进行了深入研究,取得了较高的学术成就。2002 年,福建人民出版社出版了六卷本的《畲族研究书系》,以翔实的调查资料论述了畲民的家族文化、音乐文化、畲族语言以及民俗风情等。但是作为畲族族群文化的重要承载体,以《高皇歌》为代表的畲族史诗的相关研究为数不多,现有的研究也主要是搜集和整理民间《高皇歌》歌词、歌谱,如《畲族高皇歌》(浙江省民族事务委员会主编,1992)、《闽东畲族歌谣集成》(肖孝正,1995)等。截至 2014 年 12 月,国内研究《高皇歌》的专著仅有张恒的《以文观文——畲族史诗〈高皇歌〉的文化内涵研究》。中国期刊网上以"高皇歌"为题名和主题搜索到的研究文献分别为 3 篇和 16 篇,且主要集中在《高皇歌》的民俗文化和音乐属性方面的探讨,很少涉及其文本研究。

对中国少数民族的文化研究一直是国外中国学研究的中心课题之一。虽然早在 1932 年就有德国学者史图博到浙江景宁畲村进行田野调查,并发表《浙江景宁县敕木山畲民调查记》,但对我国的畲族文化研究,国外学者关注并不多。据何义珠、李露芳统计:"尚未查到有关畲族文化传播的外文文献,但查到少量畲族医学文化研究和民族文化遗产传播方案的资料。"[①]可以说,畲族史诗及畲族文化在国外的传播跟不上我国少数民族对外传播的需要。

近年来,随着我国对外文化传播力和软实力的增强,少数民族文化典籍的译介已越来越重要,研究少数民族文学典籍的翻译逐渐成为热点。在国家政策的扶持、资金的支持下,民族典籍的整理与翻译工作已经初见成效,部分少数民族典籍,如蒙古族的《蒙古秘史》《江格尔》,维吾尔族的《福乐智慧》,藏族的《格萨尔王》,柯尔克孜族的《玛纳斯》,彝族的《阿诗玛》,赫哲族的《伊玛堪》等,都已译成英文,在西方世界传播开来。部分少数民族典籍英译研究项目也已获得国家民族事务委员会、教育部及国家社科基金立项资助。然而,与我国少数民族本身丰富的文化精髓和内涵相比,这些典籍译介仅仅是极小的一部分,我国少数民族文化典籍翻译研究依然处于起步阶段,还有众多的民族典籍有待学者去研究与译介。并且国内外现有

---

① 何义珠,李露芳:《新媒介环境下的畲族文化传播研究》,《图书馆工作与研究》,2013 年第 2 期,第 91 页。

的民族典籍译介项目绝大多数集中在蒙古族、满族、藏族、赫哲族等几个北方少数民族的英雄史诗、民间叙事作品上,南方少数民族的典籍作品的对外翻译与研究一直处于边缘甚至是空白状态,而横跨粤、闽、赣、浙、皖等南方数省,融合瑶族、苗族、汉族等多民族文化元素,兼具英雄史诗、创世史诗和叙事诗等题材为一体的畲族文学瑰宝《高皇歌》尚无任何翻译作品问世,国内外对畲族及畲族文学的英译研究还处于学术空白的状态。

以长篇叙事诗《高皇歌》为代表的畲族史诗是畲族人民创造出来的,具有浓郁民族特色的,我国南方少数民族口头说唱文学的杰出代表,是我国,也是世界的珍贵的非物质文化遗产。因此,对《高皇歌》进行译介和研究不仅有着重大的学术价值,更具有重大的文化含义和社会意义。

第一,英译《高皇歌》,有利于畲族文化遗产的传承和保护,改善少数民族语言生态与文化生态。口头传承一直是《高皇歌》等民族史诗的主要传承形态。但随着畲语使用和传承数量的急剧减少,挖掘和整理《高皇歌》等民族文学文本已经成为拯救民族文化的紧迫任务。英译《高皇歌》的首要任务就是对畲族文学文本进行搜集和整理,比较和分析不同地域畲民诵读的文本,在系统研究的基础上,将畲族文化推向世界。这不仅有利于保护和传承畲族文化典籍,而且可以提高社会对畲族语言及其文化的关注度,增强民族及其语言的认同感。

第二,英译《高皇歌》有利于弘扬和发展畲族的文学文化传统,促进畲族文化在世界的传播。民族典籍翻译与传播研究对重新书写中华民族文学史具有重大的推动意义。向国外译介《高皇歌》,不仅可以填补国内外英译畲族文学这一领域的空白,更重要的是,可以借此向国外推介畲族文学和文化,增强畲族文化在世界上的影响,推动世界了解畲族,了解中国民族文化,从而推动中国走向世界。

第三,英译《高皇歌》有利于推动我国民族典籍的翻译和研究。我国的民族典籍翻译领域客观上存在"重北轻南"的现象,南方少数民族典籍外译在整个民族典籍翻译中比例极小,英译《高皇歌》有利于扭转学界对南方民族典籍的忽视局面。由于《高皇歌》具有南方民族典籍独有的传承形态、声韵特色、文化蕴含以及宗教信仰等,在向国外译介的过程中,如何保留和传达这些特征就成为译者重点研究的对象,促进译者深入思考和认识典籍文本、研究方法、翻译策略、译本形态等,这在实质上扩大了民族典籍研究的范围和视域,提升了我国典籍翻译的学术品格。

第四,英译《高皇歌》可以促进翻译研究学科的发展。民族典籍翻译一方面出自民族学的翻译研究,另一方面又可统归为翻译学中的典籍翻译研究分支。民族典籍翻译学跨两科,成为民族学与翻译学融会贯通的交叉研究领域。然而,这样重要的研究分支,以及与之有关的多方面的翻译研究长期以来处于边缘化地位。《高皇歌》英译研究在翻译研究学科发展史上的意义就在于把国内的国学与国外的汉学联系起来,引起国内外学界对民族典籍译介的重视,从实践和理论两个方面扩大翻译研究学科视域,促进翻译研究学科的发展。

第二节　研究思路及方法

《高皇歌》以神话的形式,叙述了畲族始祖盘瓠[①]立下奇功,并不畏艰难繁衍出盘、蓝、雷、钟四姓子孙的传说,以及畲族后裔离开凤凰山向北迁徙的历史。这是一部以诗性语言构筑的英雄史诗,既体现了浓郁的畲族民俗文化,又折射出畲族人民的宗教信仰,可以说是一部"诗哲互证""宗艺相融"的民族典籍。

翻译和研究这部具有多重表述特征和民族特色浓郁的民族典籍作品,既要纵向梳理不同时期畲族人民传唱的《高皇歌》的文学形态,又要横向对比不同地域环境下《高皇歌》在表现形态和内容上的差异,并在口头诗学、民族志、文化研究和翻译学等跨学科视域的观照下,进行理论分析和实践翻译。

因此,本研究的基本思路为:首先,采用田野调查和文献研究方法,搜集和整理《高皇歌》文本,在对比分析不同时期、不同地区版本的基础上,选择具有代表性和权威性的文本——浙江民族事务委员会主编的汉语文本《畲族高皇歌》作为翻译和研究的原本。

其次,从跨文化研究视角出发,借助口头诗学、民族学、翻译学、文化研

---

① 盘瓠:畲族广泛流传着"盘瓠传说"故事,把传说中的"盘瓠"作为畲族始祖,又称为"龙麒""高皇"。

究等学科理论对《高皇歌》进行文本分析,深入研究畲族语言的传唱形式、音韵特征以及文化表达形态;然后结合英语口头歌谣的语言特点,把《高皇歌》这一民族史诗翻译成英文叙事歌谣。

最后,通过语言注译和"文本—文化"分析方法,对汉语注译本和英译本进行比较分析,考察和总结翻译过程中的民族文化和文学特色传递的处理策略和转换技巧,并从翻译研究理论的高度进行概括总结,研究民族典籍译介中反映出来的理论和实践问题。

第三节　主要内容及创新点

本研究内容分为翻译实践和理论研究两大部分。

在《高皇歌》英译实践过程中,重点是对《高皇歌》汉语原本的考察与选择及《高皇歌》汉语注译、英译文体的选择、英文语言的流畅性等进行把握,通过译者个人试译、团队校核、讨论、修改以及外国专家鉴阅等多种方式,力争使《高皇歌》英译本既能忠实传递史诗中的叙事内容,又能形象保留畲族文化的内涵。

以畲族史诗《高皇歌》英译实践为基础,对民族典籍,特别是对我国南方少数民族口传史诗英译进行理论研究,重点研究在《高皇歌》英译过程中较为突出的具体翻译问题:

第一,《高皇歌》的整理与注译研究。考察《高皇歌》的传承历史,浙、闽等地的畲民传唱的《高皇歌》基本上都是在广东等畲族《高皇歌》的追溯族源基础上发展起来的,本研究以1992年出版的浙江民族事务委员会编写的《畲族高皇歌》为翻译研究底本,并对畲语的注释进行分析。

第二,口传史诗翻译的文体选择分析。与北方部分拥有文字的少数民族史诗存在文字的传承形态不同,存在于南方的畲族史诗《高皇歌》一直通过民间口头传唱,因此具有鲜明的歌谣色彩。选择相应的英语歌谣还是典雅的韵体诗,抑或是长于叙述性的散体等进行翻译,译文的韵味必然不同。

第三,民族典籍英译策略研究。不同典籍具有各自不同的文本特征、文体风格以及语言特性,加之译者翻译的目的、译文本的读者对象等众多因素,因而不同典籍的翻译策略各有不同。民族典籍尤其如此。著者将根据《高皇歌》英译的目的、读者需求等研究制订出具体翻译的原则和方法。

第四,《高皇歌》英译中畲族文化元素的翻译补偿研究。结合具体的译例,分析探索《高皇歌》中丰富的畲族文化元素在英译中的失落和补偿问题。

第五,民族典籍翻译的跨学科研究方法论。以《高皇歌》英译实践为基础,探讨从民族志诗学、口头诗学以及文化研究等方面对民族典籍翻译进行跨学科研究的方法。

作为典型的民族典籍翻译研究,本研究的理论创新和价值在于:

第一,本研究将全面系统整理和翻译畲族史诗《高皇歌》,这在国内外尚属首次,将大大促进畲族文化在全世界的传播。

第二,对畲族史诗《高皇歌》进行英译将有助于国内外翻译界关注南方少数民族的典籍,在一定程度上改变国内民族典籍翻译研究的不均衡状态,促进我国典籍翻译事业的发展。

第三,建立在典籍翻译实践基础上的民族典籍英译研究具有较强的实用性和科学价值,特别是跨学科视野,即借鉴其他学科方法研究史诗英译方法和策略,开拓了翻译研究的跨学科蓝图。

第二章　《高皇歌》的历史文化价值与翻译动因

第一节　畲族创世史诗与祖歌

《高皇歌》又称《盘古歌》《龙王歌》,是一首在全国畲族地区广为流传的、具有民族史诗性质的长篇叙事歌谣。它以七言歌谣的形式追述了畲族祖先龙麒的英雄业绩,以及他不畏艰难繁衍出盘、蓝、雷、钟四姓子孙的传说,歌颂了畲族祖先勤劳勇敢的民族品德,反映了不同时期畲族人民的迁徙历程和生活情况。《高皇歌》因其浓郁的畲族文化特色和深厚的文化传承,被誉为畲族的"创世史诗"或"祖歌",是一部具有较高文学价值和史料价值的文艺作品,是畲族珍贵的文化遗产。

一、畲族创世神话

自有人类文明伊始,人们对所居住的这个世界的探索就从未停止。仰望苍穹,俯视大地,人们既感慨在浩渺苍茫的世界中,人类是多么的渺小;抚今追昔,人们又不禁会思考:这个世界究竟是什么? 有没有开端? 有没有边界? 人又是怎样产生的? ……

这些关于世界的初始和人类的起源的问题,不同时期、不同民族、不同地区的人们有着各种不同的说法,而早期的表现形式就是各个民族特有的神话传说。神话传说是一个民族集体无意识的反映,体现了这个民族的本质特征和基本的价值观念,深深影响着这个民族的思维方式。创世神话是

7

对世界和人类起源的一种解释,是世界各民族共有的神话母题,也是最古老的神话主题之一。

畲族史诗《高皇歌》①开篇唱道:

1

盘古开天到如今,世上人何几样心;

何人心好照直讲,何人心歹偲骗人。

2

盘古开天到如今,一重山背一重人;

一朝江水一朝鱼,一朝天子一朝臣。

民谚中也唱:"自从盘古开天地,三皇五帝到如今。"这里所说的"盘古开天"就是中华民族的创世神话。其内容大致是说古代天地混沌一片,巨人盘古斧劈混沌,开天辟地,天地由此而成。虽然盘古在中国民间是以创世形象出现,神话内容也是讲述天地之初先民的原始生活,但我国早期的著作典籍中没有出现盘古事迹的介绍。对此,段宝林先生解释说:"最早产生的神话并不是创世神话,创世神话的产生是相当晚的,甚至是最晚的。因为创世神话是对天地万物来由的一种科学思考,它已具有一定的哲理性,所以是比较晚才能产生的。"②例如,以记述古代神话传说而闻名的《山海经》有很多关于女娲、夸父、大禹、共工等的神话传说,但没有盘古创世这类神话的记述。据张文安等学者的考察,"盘古"最早见于三国时期吴人徐整《三五历纪》,后亡佚,欧阳询《艺文类聚》辑其轶文如下:

天地混沌如鸡子,盘古生其中,万八千岁,天地开辟,阳清为天,阴浊为地,盘古在其中,一日九变,神于天,圣于地。天日高一丈,地日厚一丈,盘古日长一丈。如此万八千岁,天数极高,地数极深,盘古极长。后乃有三皇。数起于一,立于三,成于五,盛于

---

① 浙江省民族事务委员会:《畲族高皇歌》,北京:中国广播电视出版社,1992年。下文中所引用《高皇歌》如没有特别注明,皆引自这一版本。

② 段宝林:《神话与史诗(上篇):中国神话博览》,北京:民族出版社,2010年,第4页。

七,处于九,故天去地九万里。①

在《三五历纪》中,盘古是与天地俱生,而非先天地而生的神灵。盘古随天地变化,天地日长,天高地厚,盘古立于天地间。此故事中,并未表明盘古开天地一事。明确提出"盘古开天辟地"故事的则是在三国以后的南朝梁任昉所撰的《述异记》:

> 盘古氏,天地万物之祖也。然则生物始于盘古。昔盘古氏之死也,头为四岳,目为日月,脂膏为江海,毛发为草木。秦汉间俗说盘古氏头为东岳,腹为中岳,左臂为南岳,右臂为北岳,足为西岳。先儒说泣为江河,气为风,声为雷,目瞳为电。古说喜为晴,怒为阴。吴楚间说盘古氏夫妻,阴阳之始也。今南海有盘古氏墓,亘三百余里。俗云后人追葬盘古之魂也。②

盘古开天辟地、创造世界的故事后来又在民间被不断演绎和神化,最终在明代周游编撰的《开辟演绎》中定型:

> (盘古氏)一伸,天即渐高,地便坠下,而天地更有相连者,左手执凿,右手执斧,或用斧劈,或用凿开。自是神力。久而天地乃分,二气升降,清者上为天,浊者下为地。自是而混沌开矣。③

这就是后来我们民谣中所唱的"自从盘古开天地,三皇五帝到如今"。畲族《高皇歌》篇首直述盘古开天,一方面体现了畲族历史源远流长,可以追溯至天地初创之期,另一方面也反映出我国南方少数民族文化对中华文化的贡献和影响。盘古神话在我国南方少数民族包括畲族等民族中广为流传,影响久远。我国著名的神话学家袁珂先生曾指出,汉族神话文献资料较少,甚至可以说没有发现创世神话或创世史诗,而我国南方少数民族

① 欧阳询:《艺文类聚》卷一,"天部上",上海:上海古籍出版社,1982年,第2页。
② 马骕:《绎史》,上海:上海古籍出版社,1993年,第69页。
③ 周游:《开辟演义》,北京:华夏出版社,1995年,第2页。

则拥有丰富的神话和创世史诗,以口头传述的形式在民间流传。① 中原地区的汉族文化所保留的神话传说,如女娲造人、夸父逐日、商伯盗火、嫦娥奔月等严格说来不是创世神话,只是创造人类和人类文明的宗祖神话。而只有盘古开天才是真正意义上的创造宇宙、开天辟地的创世神话,表现出明显的创世性特征。并且在三国以后,盘古神话由南方传入中原地区,最后成为中华文化中唯一完整的创世神话。同其他南方少数民族一样,畲族《高皇歌》中将"盘古开天"作为叙述的起点,将盘古创世神话置入本民族的创世史诗,用史诗形式固化了创世神话内容,使之得以长久流传。

与民谣"自从盘古开天地,三皇五帝到如今"中"盘古开天"和"三皇五帝"并述一样,《高皇歌》中也反复讲述"三皇五帝":

3

说山便说山乾坤,说水便说水根源;
说人便说世上事,三皇五帝定乾坤。

4

盘古置立三皇帝,造天造地造世界;
造出黄河九曲水,造出日月转东西。

"三皇五帝"之称呼最早见于《周礼·春宫·外史》:"外史掌书外令,掌四方之志,掌三皇五帝之书,掌达书名于四方。"但没言明具体所指是谁。古代典籍对于"三皇五帝"的记载很多,所指对象也各不一样,并无定论。《史记·秦始皇本纪》载有:"古有天皇,有地皇,有泰皇,泰皇最贵。"而《太平御览》卷七十八引《春秋纬》提出天皇、地皇、人皇为三皇。此外,有关"三皇"的说法还有:

伏羲、神农、黄帝为三皇(《帝王世纪》),
伏羲、神农、共工为三皇(《通鉴外纪》),
燧人、伏羲、神农为三皇(《尚书大传》),
伏羲、女娲、神农为三皇(《春秋运斗枢》),
伏羲、神农、黄帝为三皇(《三字经》)。

---

① 袁珂:《中国神话通论》,成都:巴蜀书社,1993 年,第 52 页。

关于五帝的说法,历代文献上同样众说纷纭。《世本》《大戴礼记》《史记·五帝本纪》列黄帝、颛顼、帝喾、尧、舜为五帝。《礼记·月令》以太皞(伏羲)、炎帝、黄帝、少皞(少昊)、颛顼为五帝。《尚书序》《帝王世纪》则视少昊(皞)、颛顼、高辛(帝喾)、尧、舜为五帝。东汉王逸注《楚辞·惜诵》中的"五帝"为五方神,即东方太昊、南方炎帝、西方少皞、北方颛顼、中央黄帝,而唐贾公彦疏《周礼·天官》"祀五帝",为东方青帝灵威仰、南方赤帝赤熛怒、中央黄帝含枢纽、西方白帝白招拒、北方黑帝汁先纪。其他有关五帝的所指对象还有:

> 黄帝、颛顼、帝喾、尧、舜(《大戴礼记》);
>
> 羲(伏羲)、神农、黄帝、尧、舜(《战国策》);
>
> 太昊、炎帝、黄帝、少昊、颛顼(《吕氏春秋》);
>
> 黄帝、少昊、颛顼、帝喾、尧(《资治通鉴外纪》);
>
> 少昊、颛顼、帝喾、尧、舜(伪《尚书序》);以其经书地位之尊,
>
> 以后史籍皆承用此说,于是这个三皇五帝说被奉为古代的信史。①

从以上所引论述中,不难看出,"三皇五帝"在诸多的古文献中的说法并不统一,前后顺序也不一致。这最可能的原因就是年代久远,史书之间互为引用,甚至以讹传讹,以致混用而无法统一。另一方面,在各种"三皇五帝"的神话中,又有共同的所指对象,如天皇、地皇、人皇,伏羲、神农、黄帝、炎帝、颛顼、尧、舜等,显然是整合了不同的神话传说,这也反映出古代各部族文化之间相互影响、相互融合的特征。正如张恒所指出的:"'三皇五帝'是华夏民族形成后,对各个部族的先祖神灵和神话传说进行选择、重组和融合的结果。"②

在畲族史诗《高皇歌》的唱词中,作为创世神的盘古掌管天下后("盘古坐天万万年"),再传位给三皇,"盘古置立三皇帝,造天造地造世界"。畲族所说的三皇分别是天皇、地皇、人皇。《高皇歌》中对此按照天、地、人的顺

---

① 此处所引"三皇五帝"的说法参考百度百科"三皇五帝"词条,http://baike.baidu.com/item/三皇五帝/138427,网络引用时间 2017 年 7 月 1 日。

② 张恒:《以文观文——畲族史诗〈高皇歌〉的文化内涵研究》,杭州:浙江工商大学出版社,2014 年,第 25 页。

序,将三皇的名称和创造文明的活动用歌谣形式直接陈述出来:

6

盘古坐天万万年,天皇皇帝先坐天;

造出天干十个字,十二地支年年行。

7

天皇过了地皇来,分出日月又分岁;

一年又分十二月,闰年闰月算出来。

8

地皇过了是人皇,男女成双结妻房;

定出君臣百姓位,大细辈分排成行。

在畲族人看来,天皇造天干地支,地皇分年月,人皇定君臣名位。这些都是在盘古创世之后,祖先带给人类的文明。

《高皇歌》中对五帝的介绍同样按照时间传承顺序提出,分别为伏羲、神农、轩辕、金天皇、颛顼,之后传位给帝喾高辛皇。

11

三皇过了又五帝,五个皇帝先后排;

伏羲皇帝分道理,神农皇帝做世界。

12

神农就是炎帝皇,作田正何五谷尝;

谷米豆麦种来食,百姓何食正定场。

13

神农皇帝真聪明,教人采药医病人;

亲尝百草医毛病,后来成佛做灵神。

14

神农过了是轩辕,造出何车又何船;

衫衣亦是轩辕造,树叶改布着巧软。

15

轩辕过了金天皇,何道何理坐大堂;

传位颛顼管天下,历书出在颛顼皇。

16

颛顼以后是高辛,三皇五帝讲灵清;

帝喾高辛是国号,龙麒出世实为真。

《高皇歌》中对于五帝的说法与《吕氏春秋·十二纪》所载的"太昊、炎帝、黄帝、少昊、颛顼"的提法一致。因这五帝分别位于五个方位,并以此为号,即东方太昊伏羲氏、南方炎帝神农氏、西方少昊金天氏、北方颛顼高阳氏、中央黄帝轩辕氏,与中国古代的道家五行方位说有密切关系。从中也可以看出,作为歌颂祖先的民族史诗,《高皇歌》也反映出中国道家文化对古代畲族人民的影响。在追叙完三皇五帝的故事后,《高皇歌》将畲族祖先龙麒的出身与古代神人直接联系起来,"颛顼以后是高辛,三皇五帝讲灵清;帝喾高辛是国号,龙麒出世实为真"。龙麒出世的时候是高辛帝当朝。高辛帝是黄帝的曾孙,得位于颛顼,是华夏民族的人文始祖。《史记·五帝本纪》中记载:"帝喾高辛者,黄帝之曾孙也。高辛父曰蟜极,蟜极父曰玄嚣,玄嚣父曰黄帝。自玄嚣与蟜极皆不得在位,至高辛即帝位。高辛与颛顼为族子。高辛生而神灵,自言其名。普施利物,不于其身。聪以知远,明以察微。顺天之义,知民之急。仁而威,惠而信,修身而天下服。"显然,在从三皇五帝到畲族祖先龙麒的谱系描述中,畲族人民在族源的确认上带有强烈的中华民族认同感和民族自豪感,畲族人民对自己民族的热爱和对祖先的崇拜之情已跃然纸上。

二、始祖龙麒的英雄史话

在开篇的祖先崇拜唱词中,除了对远古始祖神灵的谱系描述外,畲族史诗《高皇歌》前半部的主要内容就是传诵畲族祖先龙麒的丰功伟绩。

龙麒之称呼首次出现在《高皇歌》的第 16 条(畲族称每个诗节为一条),"帝喾高辛是国号,龙麒出世实为真",叙说了龙麒出世的时期是在高辛帝时代,并且点明此事"实为真",意思是龙麒的故事虽然是畲族人民口耳相传,却确有其事。从中,我们可以再次感受到畲族人民对祖先龙麒的崇拜之情。《高皇歌》下文就开始讲述龙麒出世的情形:

18

贤皇高辛在朝中,刘氏君秀坐正宫;

正宫娘娘得一病,三年头昏耳又痛。

19

高辛坐天七十年,其管天下是太平;

皇后耳痛三年久,便教朝臣喝先生。

20

先生医病是明功,取出金虫何三寸;

皇后耳痛便医好,金虫取出耳脍痛。

21

取出金虫三寸长,便使金盘银斗装;

一日三时仰其大,变作龙盂丈二长。

22

变作龙盂丈二长,一双龙眼好个相;

身上花斑百廿点,五色花斑朗毫光。

23

丈二龙盂真稀奇,五色花斑花微微;

像龙像豹麒麟样,皇帝取名喝龙麒。

24

龙麒生好朗毫光,行云过海本领强;

人人眈见心欢喜,身长力大好个相。

从这几条唱词可以看出,龙麒的出生一开始就具有鲜明的神话色彩。高辛帝的皇后患耳疾,先生(指御医)从她耳中取出三寸长的金虫,用银盘装上,很快就变成丈二长的龙盂,身上五色花斑,双眼生威,身强力壮,威风凛凛。龙麒由高辛皇后所生,就直接指明了作为畲族祖先的龙麒与中华始祖神之间的亲缘关系,同时龙麒这种出世方式也与我国其他一些民族祖先的出世方式相似,如鲧腹生禹、简狄生契等,都带有神话化特征。这种将祖先神话化的过程也进一步巩固了民族的凝聚力,增强了民族对祖先的信仰。

《高皇歌》将龙麒描述为五色花斑、本领高强的"龙盂",并被高辛帝赐名"龙麒"。"龙""麒"在中华文明中自古以来就是象征祥瑞的神异动物,也是中国许多民族共同的图腾。"龙,鳞虫之长,能幽能明,能细能巨,能长能短,春分而登天,秋分而入渊。"①在中国,龙自古以来就被赋予神性色彩。在中华文化中,龙也是作为祖先图腾而被人们所崇拜的。传说炎帝、黄帝、尧、舜等的出生都与龙有关,是龙子。至今,我们中华儿女都以自己是龙的传人而自豪。"麒",又叫"麒麟",和龙一样,是中华文明中的一种祥瑞之兽。《说文解字》中说:"麒,仁兽也,麋身牛尾一角;麢(麟),牝麒也。"《高皇歌》中,畲族人民用"龙""麒"合而名之,来称呼他们的祖先,既反映出他们对祖先神灵的崇拜,又表现出畲族人民对中华文明的高度认同感和归宿感。龙麒的出世传说和中华文化中龙图腾的渊源使之成为畲族最基本和最核心的民族宗教的神灵,成为畲族人民民族凝聚力的纽带。

在龙麒出世后,《高皇歌》中开始按时间顺序,叙述了龙麒的英勇事迹,以及其繁衍后代,并为畲族族群的发展贡献一生的故事。

高辛帝当朝时,番王叛乱,龙麒自愿领旨出征。腾云驾雾来到番边,龙麒用计骗得番王信任,借番王醉酒之机,斩杀番王,胜利返回朝廷。高辛帝兑现承诺,赐封龙麒为王,并将三公主许配给龙麒。公主不满意龙麒"像龙像豹麒麟样",于是龙麒变身为人,娶三公主为妻。高辛帝封龙麒为忠勇大王,封地在广东潮州。龙麒和公主婚后生三子一女,高辛帝赐三子姓氏为:盘、蓝、雷,其女因许配给钟志深,即姓钟,这就是现在的畲族四姓的来源。龙麒不愿在朝中为官,带着公主和子女迁居凤凰山,繁衍生息,以打猎为生;后又赴闾山学法,斩杀妖魔,为畲族子孙打下基业。但在一次打猎中,为捉山岩中的羊崽,不幸坠岩殉身。

从对龙麒出世到打猎殉身的事迹描述中,我们可以看到,《高皇歌》歌颂了畲族祖先龙麒不畏艰难和勤劳勇敢的美好品德。龙麒应召杀番王,为突出此次任务之艰难,《高皇歌》唱词做出了一系列的铺垫:

27

番边大乱出番王,高辛皇帝心惊慌;
便差京城众兵起,众兵派去保边疆。

---

① 赵宝印:《汉字部首解说》,香港:国际炎黄文化出版社,2005年,第158页。

28

番边番王过来争，齐心去守九重城；
京城兵马无千万，众兵使力守京城。

29

调去兵马十万人，打了一仗失了兵；
又差上将带去打，高辛皇帝是劳心。

30

番边兵马来的强，高辛兵马难抵挡；
打过几回都输了，退兵回转奏高皇。

番王从边关起兵叛乱，一路攻城夺寨，"争去地盘几多郡"。高辛皇帝惊慌之余，派兵保边疆，但"高辛兵马难抵挡；打过几回都输了"，抵挡不住，被番王攻打到京城。此时情形已十分危急，高辛皇帝接到前方将士兵败的奏章，和朝臣商量，"一切办法都使尽，挂出皇榜招贤郎"。国难当头，龙麒挺身而出：

35

挂出皇榜三日正，龙麒晓得近前仰；
随手便来收皇榜，收落皇榜在身边。

在中国古代社会，挂榜招贤是帝皇招纳人才常用的办法。《高皇歌》中将龙麒的出场通过应召揭榜展现出来，既符合古代中国社会的实际，又突出了龙麒的英勇无畏的个性特征。龙麒不仅本领高强、才华出众，而且有勇有谋、智勇双全。为描述龙麒的智谋，《高皇歌》中说：

38

龙麒自愿去番边，服侍番王两三年；
何计何谋何本事，天地翻转是我赢。

龙麒放下一身的本事，服侍番王，从而赢得番王的信任，最终战胜番王。这的确称得上"何（有）计何（有）谋何（有）本事"！龙麒借番王一次醉酒之机，终于"割断番王头"，回到京城，"带转王头上殿来，高辛眈（看）见笑

嗳嗳"。高辛皇帝看见龙麒得胜回朝,一时喜笑颜开,也兑现了当初的承诺:

51

龙麒平番立大功,招为驸马第三宫;
封其忠勇大王位,王府造落在广东。

《高皇歌》中,高辛皇帝封龙麒为"忠勇大王",这既是对龙麒忠于国家、为国赴难、英勇杀敌之壮举的嘉奖,也反映出畲族人民对自己祖先的崇拜和高度的民族自豪感与认同感。在古代社会,忠君爱国一直是大家所倡导的主流价值观。在畲族人民心中,畲族祖先所具有的这种美好品德与当时的价值观一致。

龙麒受封后,娶三公主为妻。《高皇歌》中又描述了龙麒"金钟变身"为人的故事。据张恒的考据,龙麒娶三公主为妻的故事与《山海经》、郭璞的《玄中记》、范晔的《后汉书》中的"盘瓠传说"的故事基本一致。但与《后汉书》等书的故事相比,《高皇歌》增加了"金钟变身""帝王赐姓"等内容。"金钟变身"使龙麒由神变成了人,"由此畲族先祖起源的传说也实现了由神话到现实的转换,这种人神身份的模糊和互换,无非是在暗示其民族起源的神性"①。而这种民族起源的神圣观念也恰恰是其民族精神和民族凝聚力的体现。

同"金钟变身"故事一样,《高皇歌》还增加了"高辛皇帝赐姓"的情节:

52

王府坐落在广东,忠勇平番显威风;
亲养三男一个女,带上殿里去挖封。

53

亲养三子生端正,皇帝殿里去挖姓;
大子盘装姓盘字,二子篮装使姓蓝。

54

---

① 张恒:《以文观文——畲族史诗〈高皇歌〉的文化内涵研究》,杭州:浙江工商大学出版社,2014年,第31—34页。

第三细崽正一岁,皇帝殿里捞名来;

雷公云头响得好,笔头落纸便姓雷。

55

忠勇受封在朝中,亲养三子女一宫;

招得军丁为驸马,女婿本来是姓钟。

自古以来,姓氏在中华文明中有着十分重要的作用,是中华文化的核心内容,在传承宗族文化和维系宗族方面不可或缺。《高皇歌》叙述了畲族四大姓"盘、蓝、雷、钟"的来源,传承了畲族宗族文化,同时也通过对宗族姓氏的溯源,将畲族与中华人文始祖高辛皇帝相关联,进一步增强了民族自豪感。张恒认为,"《高皇歌》中加入'帝王赐姓'是具有现实意义的,族姓是家族的徽号,同时也是人们在社会交往中的'名片',用帝王赐姓这种显赫的方式来叙述本民族的根源,不仅确证了其族群存在的合法性,同时也显示出其家族历史的遥远和出身的高贵"[①]。

《高皇歌》中对畲族祖先龙麒的性格刻画除了英勇善战、智勇双全以外,还突出描述了龙麒爱好自由、勤劳能干、爱护族民的品德:

62

龙麒自愿官唔爱,京城唔掌广东来;

自愿唔爱好田地,山场林上自来开。

63

龙麒自愿去作山,去契皇帝分江山;

自耕林土无粮纳,做得何食是清闲。

············

67

当初天下妖怪多,闾山学法转来做;

救得王民个个好,行罡作法斩妖魔。

畲族人民长期生活在中国南方偏僻的山林中,过着刀耕火种的生活。

---

① 张恒:《以文观文——畲族史诗〈高皇歌〉的文化内涵研究》,杭州:浙江工商大学出版社,2014年,第34页。

历史上,这种落后的经济生活方式,也使畲族人民受到歧视和压迫。畲族人民在《高皇歌》中说,始祖龙麒不愿在朝为官,不慕功名利禄,喜欢自由的耕作狩猎生活。畲族始祖不合流俗,不畏权贵,不愿受约束,不怕艰险,向往独立自由生活的性格也就成为畲族人民历代相承的性格特征。

三、畲族祖先的迁徙史诗

如果说《高皇歌》前半部分主要以神话色彩描述畲族始祖龙麒的神圣出身和英雄事迹,以增强畲族人民的民族认同感和自豪感,那么在后半部分,随着龙麒由神化人,《高皇歌》的主要内容就是对畲族人民的日常生活和民族迁徙与繁衍的史诗画卷的描绘。

龙麒受封之后,离开京城来到广东潮州,自愿去凤凰山开山创业,用自己的劳动哺育子孙:

65

凤凰山上去开基,作山打铳都由其;

山林树木由其管,旺出子孙成大批。

在龙麒去世后,畲族人民将祖先龙麒安葬在凤凰山,并叙说后来迁移各地的原因是山上食物稀少,人多粮食不够。于是畲民开始往外迁徙,迁出凤凰山,分散在潮州各乡村:

82

凤凰山上安祖坟,荫出盘蓝雷子孙;

山上人多难做食,分掌潮州各乡村。

畲族祖先在广东居住一段时间后,生活条件和社会条件开始恶化起来。于是畲族先辈又继续往广东外面迁徙。《高皇歌》将畲族迁徙的原因分为两点。其一,受到当时汉族地主统治阶级的欺压:

85

今下唔比当初时,受尽阜老几多气;

朝中无亲难讲话,处处阜老欺侮你。

············

90

山场来契阜老争,山无粮纳争唔赢;
朝里无亲话难讲,全身是金使唔成。

由于龙麒为追求自由独立的生活,放弃了京城的贵族生活,导致畲族后人"朝里无亲难讲话",受到阜老(汉族统治阶级)的欺凌,失去赖以生存的山场。其二,因为畲族人口增加,山上的生活越来越艰难,山高地少、缺少良田、食物短缺,畲族人只好迁往其他可以生存的地方:

96

广东掌了几多年,尽作山场无分田;
山高土瘦难做食,走落别处去作田。

97

走落福建去作田,亦何田地亦何山;
作田作土是辛苦,作田亦要靠天年。

98

福建田土也是高,田土何壮也何瘦;
几人命好做何食,几人命歹做也无。

99

兴化古田好田场,盘蓝雷钟掌西乡;
阜老欺侮难做食,走落罗源契连江。

100

福州大府管连江,连江罗源好田庄;
盘蓝雷钟四散掌,亦未掌着好田场。

101

掌在福建去开基,山哈四姓莫相欺;
你女若大我来度,我女若大你度去。

102

古田是古田,古田人女似花千;
罗源人子过来定,年冬领酒担猪归。

103

罗源是罗源，罗源人女似花旦；
连江人子过来定，年冬领酒过来扮。

104

连江是连江，连江人女好个相；
古田人子过来定，年冬领酒担猪羊。

105

古田罗源䘵连江，都是山哈好住场；
乃因官差难做食，思量再搬掌浙江。

106

福建官差欺侮多，搬掌景宁䘵云和；
景宁云和浙江管，也是掌在山头多。

107

景宁云和来开基，官府阜老也相欺；
又搬泰顺平阳掌，丽水宣平也搬去。

108

蓝雷钟姓分遂昌，松阳也是好田场；
龙游兰溪都何掌，大细男女都安康。

在《高皇歌》这几节的叙述中，畲族祖先从广东凤凰山往外迁徙，先是"走落福建去作田"，迁到福建的兴化、古田、罗源、连江等地，后来又继续往东南其他地区搬迁，"再搬掌浙江"，一部分族民来到浙江南部的云和、景宁、泰顺、遂昌、宣平、松阳、龙游等地区。《高皇歌》中记载的畲族迁徙路线为后来研究畲族历史提供了直观的佐证材料。现代研究也表明，畲族迁徙主路线就是从广东到福建，再迁往江西、安徽、浙江等地，这又印证了《高皇歌》中的内容。施联朱在《关于畲族来源与迁徙》一文就指出："根据畲族广泛流传的《高皇歌》、族谱记载以及民间故事传说等，都一致提到广东潮州凤凰山是他们民族的发祥地。从畲族迁徙路线来看，从长江中游南迁至广东后，从南到北，先从广东迁徙到福建，最后到达浙南、安徽，这一点是比较清楚的。"①根据 1999 年出版的《畲族简史》中的"畲族迁徙路线图"来看,畲族祖先从广东潮州外迁,一部分到了福建的长汀、宁化,再到江西的铅山、贵溪,最后又迁往贵州麻江等地;另一部分则迁到福建的漳州、安溪等地,后又分成两路,一路经福建南平、建阳等地到达江西铅山、贵溪,另一路则经福建古田、莆田、连江、罗源等地到达浙江和安徽等地区落户。② 这里对畲族迁徙路线描述得更加清晰、细致,而畲族由广东迁往福建、浙江的主流线路则与《高皇歌》中所描述的完全一样。

虽然《高皇歌》在第 96 条将祖先迁出凤凰山的原因归结为早期的刀耕火种的生产方式已无法适应生存,"山高土瘦难做食,走落别处去作田"。但民族压迫和战争才是畲族族民后来大规模迁徙的主要原因。《高皇歌》中也反复唱到"阜老欺侮难做食""乃因官差难做食""福建官差欺侮多""官府阜老也相欺"。施强、谭振华也认为:"刀耕火种的游耕生产方式而导致的迁徙是缓慢而有限的,因为战争、封建势力压迫等,畲民才开始了大规模的迁徙。"一个民族的迁徙对该民族的发展而言是极为重要的,影响着民族的生活方式、性格特征、风俗习惯等各个方面,也造就了该民族的民族心理、民族气质和民族文化。《高皇歌》对畲族迁徙史的描述和刻画,就是对畲族人民在长期迁徙、繁衍和发展的历程中逐渐形成的独特民族个性和文化的真实写照。

第二节　畲族文化的活化石

语言是文化的载体。一个民族的语言和文学作品都集中承载了这个民族的文化形态和特征,折射出该民族社会生活的方方面面。畲族《高皇歌》讲述了始祖龙麒出世、应召征边、开基凤凰山以及畲族先民离开凤凰山向北迁徙到闽东、浙南的历程。它不仅追溯了畲族的起源和历史,也是一幅畲族社会生活变迁和文化发展的灿烂画卷,生动刻画和反映了畲族先民

① 施联朱:《关于畲族来源与迁徙》,《中央民族学院学报(哲学社会科学版)》,1983 年第 2 期,第 34-43 页。

② 《畲族简史》编写组:《畲族简史》(修订本),北京:民族出版社,2008 年,第 36 页。

的日常生活、风俗礼仪及宗族宗教信仰等各个方面的特征,又经过畲族人民代代传唱而保存下来,成为畲族文化的活化石。

一、日常生活

作为畲族的民族史诗,《高皇歌》的主要内容是叙述畲族祖先的丰功伟绩和宗族繁衍的历程,但在这鸿篇巨制中,我们还是可以透过一些词句,窥探畲族先民日常生活的种种样态,了解畲族人民的日常生活特征。

早期畲族先民的劳作方式是以刀耕火种为主,畲民"随山种插","耕山时先劈倒草木,待树草干枯后,点火燃之,烧后等凉透再锄地播种,不耘而获。所耕之地多属缺水旱地,所种作物多为耐旱作物"[1]。《高皇歌》中叙述龙麒辞去京城高官,来到广东潮州凤凰山。"凤凰山上去开基,作山打铳都由其";"自愿唔爱好田地,山场林上自来开"。畲民开始在凤凰山上开山种地,过着自耕自足的生活。畲族名称的由来也正是与这种生活方式紧密相关。"畲",古字写作"畬",读音有二:一念"yú",二念"shē"。《尔雅·释地》云:"田,一岁曰菑,二岁曰新田,三岁曰畲。"郑玄《礼记·坊记》称"二岁曰畲",指刚开垦出来两三年的田地,此处"畲"音"yú"。《集韵》说:"畲,火种也,诗车切。"虽然"畲"有两种读音,但都有"开荒辟地、刀耕火种"的意思。

畲族祖先早先都生活在山林中,狩猎是他们维持生计的主要方式,如《高皇歌》所唱:"凤凰山上鸟兽多,若好食肉自去掳;手擎弓箭上山射,老虎山猪鹿鹿何。"这正是古代畲族先民狩猎生活的真实写照。但是"山上人多难做食",加上生态环境的变化,猎物也逐渐减少,打猎所获取的食物不能够满足畲民生活的需要,因此开辟荒山、种植农作物,就成为早期畲民主要的生产劳动方式。这种刀耕火种的生活方式可以给畲民提供一定的粮食,却由于山林种地多为贫瘠的旱地,畲民辛苦劳作却收获不大。《高皇歌》中也多次唱到"山高水冷难做食""山高土瘦难做食"。随着畲族的繁衍,这种状况必然难以满足畲民生活的需求,这也成为畲族后来外迁的主要因素。嘉靖《惠州府志》记载,直至明清时期,许多畲民还过着"随山散处,刀耕火种,采实猎毛,食尽一山即他徙"[2]的游耕生活。畲族逐渐迁入福建、浙江,

---

① 蓝木宗:《畲山风情——景宁畲族民俗实录》,福州:海风出版社,2012年,第18页。
② 姚良弼:《外志·徭蛋》,选自《惠州府志》卷十四,嘉靖三十五年刊本。

成为当地的垦荒者后,继续沿用开山作田的劳作方式,后随社会生产力的发展,才逐渐放弃。

《高皇歌》第 87 条唱道:"二想山哈盘蓝雷,京城唔掌出朝来。"这里提到的"山哈",就是畲族人民的民族自称,其意思是居住在山里的客人,"山客"在畲话中发音"山哈"。南宋王象之《舆地纪胜》在讲述梅州风物时说:"菱禾,……此本山客畲所种。"①这里的"山客畲"就是畲族自称"山客"和他称"畲",指的就是畲族。谢重光考证,"是粤省的汉人,他们用'畲'来形容'山客'的居住状态"②。从畲族人民自称"山哈"来看,一方面早期畲族先民就已经有了族群的自我意识,另一方面也反映了畲族先民的居住状况,即畲族先民主要居住在山区。嘉靖《惠州府志》记载,"粤人以山林中结竹木障覆居息为畲"③,说的就是畲族先民常居住在屋檐接地呈两面斜坡式的"竹木障覆"的房子里,畲族人民称之为"寮"。同样的称呼也出现在《高皇歌》第 9 条,"教人起寮造门楼"。

畲民称住房为"寮"。早期畲族先民生活比较艰辛,所居住的往往是用从山地取材的竹木茅草搭建的简易草棚。后来随着游耕农业逐渐转向定居农业,开始建造有泥墙的草寮或土木结构的瓦寮等。草寮"周围筑有泥墙","用料简单,用一条较大的木料作栋,数十条木料作椽,盖房用稻草或茅草结草片"④。瓦寮则是经济条件较好的畲族人家才能建造的,到了"清末至民国时期,部分畲民开始仿照当地汉民住房式样建造起瓦房"⑤。中华人民共和国成立后,特别是现在,畲族人民的居住条件得到明显的改善,许多畲族地区畲民已建成新式楼房。

除了对畲族人民的日常起居等有不少描述,《高皇歌》中也有很多词句是直接与畲族人民的饮食相关的,反映出畲族丰富的饮食文化。如《高皇歌》第 102—104 条唱道:

---

① 王象之:《舆地纪胜》卷一○二,《广南东路·梅州·景物上》,影印本,北京:中华书局,1992 年。

② 谢重光:《畲族与客家福佬关系史略》,福州:福建人民出版社,2002 年,第 167 页。

③ 姚良弼:《杂志·徭蛋》,选自《惠州府志》卷十五,嘉靖三十五年刊本。

④ 浙江省少数民族志编纂委员会:《浙江省少数民族志》,北京:方志出版社,1999 年,第 325 页。

⑤ 同上。

102

古田是古田,古田人女似花千;

罗源人子过来定,年冬领酒担猪爿。

103

罗源是罗源,罗源人女似花旦;

连江人子过来定,年冬领酒过来扮。

104

连江是连江,连江人女好个相;

古田人子过来定,年冬领酒担猪羊。

这三条主要是叙说畲族人施行族内通婚,男女双方订婚时往往要举行一定的仪式。结尾采用复沓的手法叙述了畲族人订婚时男方需要准备"酒""猪肉""羊肉"等作为礼品。从歌中所叙述的地名"古田""罗源""连江"来看,这里反映的应当是畲族人民迁往福建以后的生活。畲族先民住在凤凰山时以狩猎为生,"手擎弓箭上山射,老虎山猪麂鹿何"(第72条),山上的猎物是他们的主要食物。后来随着人口的增长和作田方式的应用,畲民垦土种田,粮食作物才成为畲民的主要食物,肉类食品除了偶尔的打猎所得以外,应当是圈养的家畜,且由于圈养家畜辛苦不易,畲民生活比较艰辛,这些肉类也只有在节庆日等才会大量食用。所以《高皇歌》第102—104条所提到的用于举办酒宴等的食物主要就是猪肉、羊肉等。

《高皇歌》中很少有直接描述畲族人民服饰方面的词句,全篇只有龙麒受赐封时不要纱帽而"自愿拣顶尖尖来"(第61条)和龙麒身死安葬时族人"头戴白帽两个耳,身着苎布尽戴孝"(第76条)这两处提及"尖顶笠"和"布衣"。在畲族先民看来,社会上的达官显贵往往穿金戴银,头戴"纱帽",而山区劳作的老百姓都是头戴草帽或竹编制的"尖顶笠",平时身上所穿的也不可能是富人穿的绫罗绸缎,而是自制的粗布麻衣。服饰是民族历史和文化的投影,既能体现该民族的审美情趣,又能反映该民族的社会经济状态。《高皇歌》中歌颂龙麒选择普通的"尖顶笠"既是对畲族始祖不羡高官厚禄而选择自力更生、艰苦奋斗的高贵品德的颂扬,又反映了早期畲族先民日常劳作时的艰辛状态。畲民着布衣、戴竹笠,这种穿着状态就是受畲族当时所生活的自然环境、经济条件的影响。《浙江省少数民族志》记载:"畲民男女喜穿青、蓝二色,夏天穿麻布(有少数贫困山区则终年穿麻布),冬天穿棉布。……随着与汉族同胞政治、经济、文化交往的日益密切,文化水平也逐步提高,经济条件好转,其服饰亦逐步改变。"①

二、风俗礼仪

《高皇歌》第102—104条讲述畲族人定亲时男方要担来酒水和猪肉、羊肉,这既反映了畲民的饮食生活状态,也是对畲族婚嫁风俗的真实写照。

畲族在婚配上,自古以来就强调族内通婚,很多畲族地区还将此作为族规流传下来。畲族族内各姓间相互通婚,因此直至中华人民共和国成立前,畲族与其他民族通婚的情况还很少出现。这种婚配制度在《高皇歌》中就有记述:

101

掌在福建去开基,山哈四姓莫相欺;
你女若大我来度,我女若大你度去。

畲族人认为,造成这种婚配形式的缘由是汉族统治阶级的压迫和欺凌,受到汉人欺负和压迫的畲族先人通过祖歌告诫后人:

91

当初皇帝话言真,盘蓝雷钟好结亲;
千万男女莫作践,莫嫁阜老做妻人。

92

当初皇帝话言真,吩咐盘蓝四姓亲;
女大莫去嫁阜老,阜老翻面便无情。

93

皇帝圣旨吩咐其,养女莫嫁阜老去;
几多阜老无情义,银两对重莫嫁其。

---

① 浙江省少数民族志编纂委员会:《浙江省少数民族志》,北京:方志出版社,1999年,第326页。

94

皇帝圣旨话言是,受尽阜老几多气;

养女若去嫁阜老,好似细细未养其。

95

当初出朝在广东,盘蓝雷钟共祖宗;

养女若去嫁阜老,就是除祖灭太公。

在畲族先民看来,"阜老"(欺负畲族人民的汉族官僚和富人)冷酷无情,"无情义",翻脸无情,畲族女儿长大后不可嫁给他们。如果有畲族人家的儿女和汉人通婚,那便是"作践"自己,违背了祖宗的训诫,"就是除祖灭太公"。随着社会经济的发展和畲汉人民之间相互交流的增多,在现实生活中,畲族人民和汉族以及其他民族之间的通婚现象常有发生。但《高皇歌》中反复吟唱"莫嫁阜老做妻人",反映了畲族这种族内通婚的婚俗,"从中我们还是可以看出畲族群体希望传承自身文化的决心和愿望"[①]。

畲族在婚姻制度上基本实行"一夫一妻"制,反对像封建时期的汉族大户人家那样纳妾,但在丧偶后再婚,相对汉族而言比较自由,婚配形式既有"女嫁男",也有"男嫁女"或"两家亲"等。这反映出与以往汉族婚姻观相比,畲民婚姻观中,男女地位较为平等。

由于不同地区畲族人民之间存在的地区环境等差异,畲族的婚俗礼仪形式也表现出一定的地区性差异。比如,闽东和浙南地区的畲族人在缔结婚姻关系的形式上,旧时浙南畲族人成婚既可通过自由恋爱也可通过做媒。民国时期对浙南畲民进行调查的《畲民调查记》载有"男女社交,极端自由,他们婚嫁之权,虽操于父母,但不过名目罢了"[②]。《景宁畲族自治县畲族志》则记载:"请媒人介绍成亲的占多数。"[③]而在闽东,畲民缔结婚姻关系的主要途径则是父母包办。《福建福鼎县畲族情况调查》(1958 年)记载:"过去,青年男女的婚姻皆取决于'父母之命、媒妁之言',自己不能做主。"[④]

①　张恒:《以文观文——畲族史诗〈高皇歌〉的文化内涵研究》,杭州:浙江工商大学出版社,2014 年,第 81 页。

②　《畲民调查记》,选自《东方杂志》第二十一卷,1924 年第 7 号,第 60 页。

③　景宁畲族自治县民族事务委员会:《景宁畲族自治县畲族志》,1991 年,第 87 页。

④　《中国少数民族社会历史调查资料丛刊》福建省编辑组:《畲族社会历史调查》,福州:福建人民出版社,1986 年,第 174 页。

除了婚配形式、婚姻关系等,不同地区畲族人民在婚姻礼仪的一些具体细节上存在不同,有的繁复,有的则相对简单,但各地的畲族人民都特别注重民族礼仪,体现出畲族特有的风俗习惯。如畲族婚礼中,不管仪式是繁是简,畲民的婚礼过程都会有定亲、迎亲、娶亲等礼节和仪式,且迎娶一方会赠送聘礼等给对方,嫁方也会回赠礼物。如《高皇歌》第102条叙述男方来女方家定亲,会"年冬领酒担猪𤞞"。这里所唱到的"酒""猪𤞞"以及第104条所说的"猪羊"等就是用于举办定亲酒宴,宴请男女双方各自嫡亲及本族亲朋吃定亲酒。在诗中,反复说到的定亲时间是在"年冬",也再次反映出旧时畲民的生活状况:婚嫁大型酒宴仪式等往往会放在冬天过年的时候。因为那时畲民一年耕作后收成到家,既有一定的余力,也有空闲时间来操办酒宴。当然,随着现在社会经济的发展,畲民婚礼过程中的聘礼等早已有了多种形式,但其中所蕴含的畲民对幸福生活的向往一直没有改变。

此外,畲民的婚礼过程还有一个最显著的特色,就是常常伴随着对歌,以增进彼此的了解和感情,这也成为"畲族婚礼的最大特色,犹如彩船漂行在情波歌河里"[①]。如在相亲时,畲族男女青年往往通过对歌来认识,了解彼此。定亲时,酒宴上要唱《嫁女歌》《劝酒歌》等,迎亲娶亲时唱《对盏歌》《留郎歌》《送郎歌》《感谢歌》《新娘动身歌》《调新郎》等。[②]

《高皇歌》中记叙了龙麒身死安葬的全过程,包括"入殓""超度""送葬""安葬"等,从中我们也可看出畲族丧葬的部分礼仪:

76

龙麒放落安棺掉,大细男女泪哭燥,
头戴白帽两个耳,身着苎布尽戴孝。

77

龙麒落棺未安葬,功德日夜做得忙;
间山法主来安位,又请三清师爷官。

78

河南祖师安两边,超度功德做你先;

---

① 郭志超:《畲族文化述论》,北京:中国社会科学出版社,2009年,第371页。
② 浙江省少数民族志编纂委员会:《浙江省少数民族志》,北京:方志出版社,1999年,第333-342页。

天神下降来超度,超度龙麒上西天。
79

凤凰山上去安葬,孝男孝女尽成行;
文武百官送上路,金榜题名占地场。
80

金榜题名实是真,文武百官送起身;
铁链吊棺未落土,缴去棺汗无官萌。
81

龙麒坟安龙口门,一年到暗水纷纷;
又何真龙结真穴,荫出千万好子孙。

第76条"龙麒放落安棺掉",说明古时畲族人奉行的是棺木收殓死者;亲人去世时,族人会痛哭流涕,且"头戴白帽""身着苎布",以尽孝道。这些丧葬仪式与汉族传统的棺木土葬及亲朋好友祭奠死者时要"披麻戴孝"、着白布麻衣等习俗有较大的相似,也与汉族在举行葬礼时往往会请和尚、道士等做各种法事以超度亡灵的仪式类似。如《水浒传》第六十回:"寨内扬起长幡,请附近寺院僧众上山做功德,追荐晁天王。"畲族在老人死后会请法师举行祭奠仪式,超度亡灵。对此超度仪式,闽东畲族称为"殡暝""会暝"或"道夜",粤东畲族称为"打斋超度",浙南地区畲族称为"做阴功德"①。《高皇歌》第77条记载龙麒死后,"龙麒落棺未安葬,功德日夜做得忙"。无论是闽东的"会暝"还是浙南的"做功德",都会请来法师主持,闽东的"会暝"是停尸在家或出殡下葬后进行,由法师二至三人执行。在浙南,做功德丧仪,由本族七位法师主持,入棺后不论做功德与否,都得请法师念经文,超度亡灵。② 做功德主要反映了后辈对逝世长者的尊敬,在做功德的过程中,法师又唱又跳,祭奠者也是哀歌不停,较为复杂。《高皇歌》第77、78两条对此有详细描述,大意是法师做功德时,要请"师爷"等众神灵,如闾山法主、道教的三清师爷、河南祖师以及其他天神等下凡来超度亡灵。

除叙述入殓、做功德等仪式外,《高皇歌》第79、80、81条还描述了畲族族人在龙麒死后送葬和安葬的一些场面,如"凤凰山上去安葬,孝男孝女尽

---

① 郭志超:《畲族文化述论》,北京:中国社会科学出版社,2009年,第395页。

② 同上,第396页。

成行""文武百官送起身""铁链吊棺未落土,缴去棺汗无官萌"等。特别是第 80 条提到的"铁链吊棺"说的是畲族一种独特的安葬仪式"悬棺葬"。《景宁畲族自治县畲族志》记载:"据畲族群众传说以及祖图介绍,畲族始祖盘瓠是用铁链捆着棺木吊在七贤洞里的,这是悬棺葬法。"①另孟国雄考察闽北松溪畲族发现,在当地花桥乡狮子岩有一个大岩洞,洞内架搁着数百具历代棺椁②,再次证明畲族古代有悬棺葬的风俗,只不过这种丧葬方式如今在畲族地区已经极难看见,以至于有的学者认为,"对于畲族早期曾行悬棺葬,还只是推测"③。根据戴艳华的论述,畲族葬式除《高皇歌》记述的古代悬棺葬之外,"历史上畲族曾盛行火葬,有的地区则实行土葬"④。郭志超进一步考察指出,清代以后,闽东、浙南的葬式主要有棺椁土葬和焚棺拾骨土葬等,"火葬、土葬分别与游居、定居相对应,在游居向定居过渡期间,出现火葬兼土葬这种混合型葬式"⑤。且对于所葬地点,畲族人民也十分讲究,他们希望为祖先选到好的"风水"。《高皇歌》讲述龙麒所葬之地时,就唱道"龙麒坟安龙口门,一年到暗水纷纷",认为龙麒所葬之地风水好,是葬在"龙口"处,因此可以"又何真龙结真穴,荫出千万好子孙",这体现出畲民对始祖强烈的崇拜之情,他们希望能在祖先的保佑下,民族发展长盛不衰。

　　丧葬风俗习惯作为畲族民族文化生活的一部分,同婚嫁等其他风俗习惯一样深刻反映了畲族的民族特征,成为畲族人民维系民族情感的纽带。《高皇歌》中对畲族丧葬活动的生动展示和描述,强化了畲族人民对族群的认同感和依附感,起到了促进畲族族群团结和凝聚族群力量的强大作用。

三、民族信仰

　　民族信仰是植根于民族传统文化之中,在民族传承过程中凝聚并形成的对祖先、神明及自然天象等的崇拜和信奉。它既包含在民间流传的民众对超自然力量的信奉与祭拜而形成的民间神灵信仰,如对龙、凤的崇拜,也

---

　　① 景宁畲族自治县民族事务委员会:《景宁畲族自治县畲族志》,1991 年,第 109 页。
　　② 孟国雄:《狮子岩悬棺葬》,选自《松溪文史资料》(第 14 辑),松溪:松溪县文史管理委会,1987 年,第 25 页。
　　③ 郭志超:《畲族文化述论》,北京:中国社会科学出版社,2009 年,第 399 页。
　　④ 戴艳华:《畲族》,长春:吉林出版集团有限责任公司,2010 年,第 119 页。
　　⑤ 郭志超:《畲族文化述论》,北京:中国社会科学出版社,2009 年,第 400 页。

有对本民族的历史和传说人物的神圣化而形成的祖先神明崇拜,以及受佛道思想影响而产生的佛道神明崇拜。

《高皇歌》以盘古开天地作为开篇,"盘古开天到如今",接着又讲述了三皇五帝的传说,这一方面表述了在族源上畲族和华夏始祖的密切关系,另一方面也体现了畲族人民对盘古等神明的信仰和崇拜。现今各地区畲族保存下来的族谱中都有对远古神灵的记载,畲族祖图中还附有人类始祖神的画像。在很多畲族村里,以盘古为主神的庙宇也很常见。

《高皇歌》主要讲述的就是畲族始祖龙麒的英勇事迹。龙麒作为畲族的始祖,在畲族人民心中具有不可动摇的神圣地位。本书前面章节对畲族的龙麒信仰已有详细论述。此外,畲族崇拜的民族神明还有三公主。《高皇歌》中讲述龙麒杀死番王得胜回朝后,金钟变身,娶高辛皇帝的三女儿为妻,三公主成为畲族的母系始祖,世世代代受到畲族人民的尊敬和爱戴。

在长期与汉族以及其他民族交往过程中,畲族的民族信仰也受到这些民族文化的影响,其中最主要的就是来自道教思想的影响。《高皇歌》中先后多次唱道:

"神仙老君来相帮"(第44条)
"一心闾山学法来"(第66条)
"神仙老君救凡人"(第68条)
"老君台上请仙宫"(第69条)
"女人来做西王母,男人来做东皇公"(第70条)
"闾山法主来安位,又请三清师爷官"(第77条)

这里的"老君"就是道教所信奉的神仙,又称"太上老君""道德天尊""太上道祖"等,是道教最高的祖神"三清祖师"之一。"三清"指的是玉清、上清、太清,是道教最高尊神,即玉清元始天尊、上清灵宝天尊、太清道德天尊(太上老君)。"西王母""东皇公"等也是道教中的神明。还有歌中提到的"闾山学法",指的就是道教的"闾山派",信奉闾山九郎,在福建地区及周边的浙江、广东等地有重大影响,是道教传承中的一个重要的分支。

道教是中国本土宗教之一,在汉族地区影响深远,在中国传统文化之中占有十分重要的地位。作为畲族史诗,《高皇歌》中描述的这些道教神明和道教仪式等深刻反映了畲族受道教的影响程度。畲族的高辛帝、龙麒王等祖先神明与道教神仙相融合,畲族民间祭祀和禁忌与道教法术相结合,使得道教成为畲族人民生活中重要的一部分。可以说,中国传统文化中的道教思想已经渗透到畲族民间信仰之中,深深融入畲族文化的血脉里。

第三节 《高皇歌》的文化传承形态

作为畲族文化的活化石,《高皇歌》的每一句唱词都体现了畲族人民对人类始祖神明的敬仰,对始祖龙麒的崇拜和颂扬,反映了畲族人民的民族自豪感和族群认同感。《高皇歌》成为凝聚畲族人民民族精神的纽带,成为畲族文化传统的核心。《高皇歌》自古以来在畲族人民中口耳相传,具有口头传承文化的一般性特征,同时作为畲族民族史诗,又在题材内容、语言艺术和传承方式等方面具有独特的民族特征,表现出畲族特有的文化传承形态。

一、畲族口头传承文化

文化指的是人类社会历史实践过程中所创造的物质财富和精神财富的总和。这些世世代代积累下来的物质和精神财富在社会发展的过程中不断传承下来,并不断增添和更新,推动着人类社会朝前发展。口头传承文化,又称口承文化,就是指以口头语言方式传承的人类文化信息,既有精神文化的理论概括,又有全部物质文化的经验总结。因为文字是在人类社会发展进程中才出现的,在文字出现之前的各个民族的早期历史中,口承文化就成为民族全部文化成果的唯一传承形式,对人类的发展起着极为重要的社会化作用,不仅可以传承原始的知识体系,贯彻传统的行为模式,而且还起着维护社会传统,传承久远的美学经验的作用。[①]

客观说来,在各个民族无文字历史时期,民间流传的传统口承文化都

---

① 王亚南:《口承文化论——云南无文字民族古风研究》,昆明:云南人民出版社,2011年,第20-21页。

是极为丰富的,有神话传说,也有民间歌谣等。一般按口承文化的基本内容和流传方式来划分,传统口承文化可以分为两大类[①]:一是民族的创世神话和远古传说,或是集神话、传说内容之大成的民族史诗、叙事诗和仪式古歌等。这些神话和史诗往往是一个民族的传统口承文化的经典作品,记述了该民族的文化历史的最核心最基本的内容,且往往由通才练识的祭司或巫师等传唱,在特定的仪式活动和场合中口头传授下来。另外一类就是民间流传的民谣、故事之类的作品,表现出较强的生活化、世俗化和情节的生动性等特点。这类作品所涉内容较为宽泛,有追忆民族历史源流,也有传授日常生活经验,还有对生活习俗和自然事物的理解和解释,等等。这些民间歌谣和故事同经典的史诗、创世神话等一样,都是各民族先人们在认识和改造世界的过程中,所形成的思想和经验总结,汇聚着民族历史上传承下来的社会生活中的伦理价值和信仰观念,具有规范民族成员的社会关系和行为观念的功能,影响着民族成员的行为模式,对民族社会的发展起着十分重要的作用。

畲族历史久远,又历经频繁迁徙。在不断适应和改变生活环境的同时,畲族人民逐渐形成了独特的民族风俗,创造了丰富的民族文化。这些风俗习惯通过畲族人民的口耳相传积累和传承下来,成为畲族的珍贵记忆,成为今天丰富多彩的畲族口承文化,承载着畲族的迁徙历史和族源记忆,反映了畲族人民的民族情怀和精神需求。

同其他民族的口承文化形式一样,畲族口承文化也拥有本族人民的创世神话和长篇叙事史诗,还有在民间流传着大量的传说、故事、歌谣、叙事诗等。畲族神话数量很多,神话内容也较为丰富,有创世神话,如畲族盘古神话《盘古王造天造地》,万物起源神话《火烧天》,人类发明创造神话《三公主引水脉》,自然神灵神话《畲家猎神》《十个日头九个月》,等等。畲族长篇叙事史诗是《高皇歌》,内容上融合了畲族神话、迁徙历史和畲族生活等。

畲族民间传说有反映本族历史人物的传说,如《雷大相的传说》《蓝洁妹智训三和尚》,也有历史事件传说《三公主的传说》,地方景物传说《兄弟山》,地方风俗传说《熰年猪》《初五拜年》,土特产传说《惠明茶》,等等。畲族民间故事主要反映畲民的日常生活,表达他们的理想和愿望,种类多样,

---

① 王亚南:《口承文化论——云南无文字民族古风研究》,昆明:云南人民出版社,2011年,第280-281页。

内容丰富,如机智人物故事《钟士根的故事》《畲家才女蓝姑子》,笑话故事
《大骗小拐》,幻想故事《蛙崽成亲》,爱情故事《刀配鞘》,伦理故事《畲娘行
医》,反对世俗迷信故事《前世为何没有天》,等等。

畲族民间歌谣大部分是一些短小的韵文民歌。畲族人民酷爱唱歌,无
论男女老少,人人善歌。歌谣按内容分有劳动歌《种田歌》《种油茶歌》,时
政歌《长毛歌》《歌颂红军歌》,生活歌《十二生肖歌》《劝孝歌》,仪式歌《娘家
歌》《孝顺歌》,情歌《阿妹恋郎愁又愁》,儿歌《细崽细》,等等。

畲族民间叙事诗同歌谣相比则篇幅较长,具有完整的故事情节,又称
长联歌。这些长联歌有的是反映畲族历史传说的叙事诗,如《封金山》《火
烧天火烧地歌》,有的是根据神话故事和民间传说改编的民间叙事诗,如
《姜太公钓鱼》《桃园三结义》等,另外一些是根据史实编成的叙事诗,如《长
毛歌》,还有部分叙事诗来源于本民族历史人物的传说,如《钟景祺》《插花
娘》等。①

作为畲族文明传承的主要载体,畲族口承文化表现出独特的民族特征
和文化特色。畲族口承文化与畲族人民生活紧密相关,是畲族人民世代相
传的集体智慧和劳动经验的结晶,传承和反映了广大畲族人民的思想、感
情和风俗习惯。综观畲族的口头叙事作品,无论是神话、传奇故事,还是民
间歌谣、叙事诗等,都可以看到畲族人民刀耕火种的影子,感受到畲族人民
对生活的热爱,体会到历史变迁带来的生活方式的变革对畲族人民生活的
巨大影响。从上山狩猎、种山垦荒到辗转迁徙,畲族人民在迁徙的历程中,
受到南方不同地区和民族文化的影响与渗透,畲族口承文化也就成为一种
融合客家文化、汉族文化、道家思想等多元文化特征的复合型的民族文化。

另外,畲族口承文化同其他无文字的少数民族文化一样,大部分是以
歌代言,演唱成为畲族口承文化传承的主要方式。畲族山歌中唱道"歌是
山哈传家宝,千古万年世上轮",畲族以歌代言,故称畲歌为"歌言","山哈
歌言"成为畲族人民的传世之宝。无论是日常劳作,还是男女青年的情感
交流,抑或是宗族祭祀、婚嫁迎娶等,畲族人民都以歌代言,抒发内心的思
想和情感。"畲民以歌为乐,以歌代言,以歌叙事,以歌抒情,甚至以歌代

---

① 以上对畲族口承文化的分类及作品等内容节选自邱国珍:《浙江畲族史》,杭州:杭州出版
社,2001年,第248—279页。

哭,长夜盘歌,每每通宵达旦,历数日夜而不衰。"①同时,畲歌在几千年传承中,都保持着相对稳定的传唱方式和韵律,且生活在相对封闭的山村环境中,畲族民歌中保留着相对原生的状态,不仅畲语中很多古老的发音和调式通过畲歌保存下来,而且畲族中众多的宗族仪式和习俗等也通过畲歌得以存留。畲歌成为畲族的民族记忆和畲族文化最为重要的一部分,是维系畲族人民团结的精神纽带。

二、《高皇歌》题材特征

从畲族的口承文化分类来看,《高皇歌》是畲族的民族史诗。从其题材内容上来说,《高皇歌》吟诵的既有创世神话,也有畲族始祖传说,还有畲族迁徙故事。在《高皇歌》恢宏的叙事中,畲族的思想文化、价值文化、历史文化、艺术文化等诸多文化信息都包含其中,畲族人民对世界起源的神奇想象,对始祖英勇事迹的膜拜以及对祖先千年迁徙历程的追忆等,都融汇在《高皇歌》的唱词里。

第一,《高皇歌》作为畲族的民族史诗,是畲族口承文化的杰出代表,包含着畲族人民对世界的原始的哲学思考和科学认知等丰富的思想文化信息。《高皇歌》前半部分是以神话的形式叙述畲族始祖龙麒的英雄业绩。虽然早期畲民受生存环境、实践能力和认识水平等的限制,对于世界万千事物的认知和解释还处于蒙昧状态,但他们将自己认识和改造世界而形成的原始的哲理思考和认知打上了民族特色,以神话的形式传承下来,而神话正是一个民族在早期发展过程中所形成的对世界认知的一种想象,是人类各民族历史发展的特定阶段的普遍产物。《高皇歌》前半部分叙述的盘古开天地和龙麒的神话故事体现的正是畲族先民对世界的认知程度,以及由此形成的原始的知识体系及其所包含的思想文化信息。盘古开天地的创世神话最早就是在我国南方少数民族中流传开来。畲族《高皇歌》以"盘古开天"开篇,符合畲族先民生存于我国南方地区的历史特征,描绘出了畲族先民所认识的世界图景,反映了畲民丰富神奇的想象力。歌中对畲族始祖龙麒的英雄业绩的描述也采用了神话传说的形式,并且《高皇歌》中借龙麒金钟变身的神话故事,既为畲族始祖的来源提供了合理的解释,又完成

---

① 邱彦余:《畲族民歌》,杭州:浙江摄影出版社,2014年,第12页。

了其在题材上由神话传奇到人类生活的转换,为史诗第二部分叙述畲民的生活变迁做了很好的铺陈。

第二,《高皇歌》讲述的内容中蕴含丰富的畲族价值观,既有传统伦常规范,也有畲族信仰观念等,反映出畲族先民之间的人际社会关系和畲族传统的行为模式。歌中,畲族人民以宏大的篇幅讲述始祖龙麒的英雄业绩,通过龙麒的神圣出身、迎娶三公主和受封忠勇王等传奇故事来歌颂祖先的伟大和圣明,传递出畲族深厚的崇先敬祖的价值信仰。《高皇歌》中,除了反复出现的要求后代畲民敬仰祖先的内容——"莫来相争欺祖亲",在第二部分讲述畲族先民的生活和迁徙历程中,还出现了不少教导畲族人民日常行为规范和反映畲族人民崇尚清闲隐逸的思想的内容。如要求畲族人民相亲相爱的内容——"山哈四姓莫相欺""亲热和气何思量";反映畲族人民向往山林、乐于农耕的恬淡清闲的思想——"做得何食是清闲""山场林土自来开"。特别是在畲族信仰观念中,来自汉族文化的道教思想对畲族先民影响较大,其崇尚隐逸的生活方式与畲民追求的清闲种山的农耕生活相一致。《高皇歌》中多次出现的道教仪式和畲民的恬淡超脱的思想描述反映出畲族先民在坎坷波折的迁徙征程中,希冀找到一块属于自己的乐土,能够安居乐业、休养生息。

第三,《高皇歌》是畲族古老的历史记忆,反映了畲族人民对自身发展和民族历史的回顾,体现了畲族特有的古老社会传统,具有极高的历史文化价值。历史是由人类的实践活动和认识活动所创造出来的,是人类对自然演化和生命发展自觉意识的成果。一个民族的历史表现为一种持续不断的社会传统,其中既有文化上的民族习俗,又有心理层面的民族历史记忆,且这种习俗和历史记忆早期都是通过民族的口承文化传承下来的。《高皇歌》作为畲族的民族文化的活化石,既有畲族的神话古史,也有畲族的历史传说,特别是歌中对于畲族历史迁徙的描述已经成为畲族人民的珍贵的历史记忆。畲族的历史是一部迁徙的历史,一部畲族人民英勇斗争的历史。《高皇歌》描述了畲族先民从广东潮州到福建再到浙江的坎坷迁徙历程,以歌言的方式保存并传承给子孙本民族的历史记忆,告诫子孙不忘民族之本,激起他们内心的民族自豪感。

第四,《高皇歌》是畲族人民体验现实生活、描绘世界万事万物的情感再现,是畲族人民审美志趣的体现,囊括了畲族传承久远的艺术文化信息。

各个民族的口承文化都保存了民族长期以来所形成的审美特征和艺术情趣，并在传承过程中不断丰富其艺术文化信息，形成民族特有的艺术特质。畲族《高皇歌》在讲述畲族始祖的伟大业绩，颂扬始祖高尚品格的过程中，蕴含着畲族人民对美好生活的向往，对理想的田园耕作的生活方式的追求，对现实生活感受的诚挚表露，保存着畲族人民特有的艺术品质，体现了复杂而又丰富的艺术文化信息。而且这些艺术文化信息又是以长篇叙事史诗的艺术形式歌咏出来，在神圣的场合用宗族仪式传唱给后代，焕发出崇高神圣的艺术之美，成为启迪畲族人民心灵、陶冶畲民情操的重要的精神财富。

三、《高皇歌》的语言艺术

"语言是民族的重要特征之一，也可以说是最为重要的特征。"①《高皇歌》是用畲话演唱的畲族史诗，在全国畲族地区都广为流传，是畲族人民珍贵的口头文学遗产，是中华民族文艺宝库中的瑰宝。虽然《高皇歌》在千余年的传承过程中并无统一版本，但民间有汉字记录畲话语音形式的抄本流传，其主要内容基本相同，并且"深入浅出、雅俗共赏，唱了几千年，唱者、听者总是津津有味的"②，在语言表达上也较好地保存了古畲语的特征，歌中的唱词、韵律、结构和修辞等都具有浓郁的畲族风情和畲族文化特色，凝聚着畲族人民的生活智慧和情感体验，具有较高的艺术价值。

(一)丰富的民族词汇

语言是由众多的词汇构成的。畲语是畲族人民自己的语言，在各地区的畲话中都保留着畲族独特的词汇。用汉字记录下来的《高皇歌》中有不少畲族词汇，在语音和语义上还保留着古畲语的特点。

1

盘古开天到如今，世上人何几样心；

---

① 张文藻：《畲族〈盘古歌〉》序，《中南民族学院学报（人文社会科学版）》，1982年第4期，第65-66页。

② 同上。

何人心好照直讲，何人心歹佮骗人。

在第 1 条中，"何"字在每句中出现，但表示的并不是汉语"何"的意义，只是用来表现畲音/hɔ/①，表示"有"的意思。第 4 句中的"佮"，畲音为/hai/，表示"会"的意思。

像这种用发音大致相同的汉字来记畲音的现象，在《高皇歌》中还有不少，如：

> 造出田地分人耕（第 5 条）
> 掌在石洞高山头（第 9 条）
> 教人起寮造门楼（第 9 条）
> 一日三时仰其大（第 21 条）
> 领旨转身唔见影（第 36 条）
> 你女若大我来度（第 101 条）

这些例子中，"分""掌""寮""仰""唔""度"都是用汉字记畲音。"分"在此处意思是"给"，"掌"是"住宿"的意思，"寮"是"房屋"的意思，"仰"指"向远处看"的意思，"唔"是"不、没有"的意思，"度"指"迎娶"的意思。

同一个汉字记录的畲音，有时有多种意思，且彼此相互关联。如"分"在第 5 条"造出田地分人耕"为"给"（分给）的意思，但在"分出日月又分岁，一年又分十二月"（第 7 条）、"伏羲皇帝分道理"（第 11 条）又分别表示"分开来""分清楚"的意思，这些都与古汉语中的"分"的本意有紧密联系。《高皇歌》中类似的古汉语词汇还保存了不少，如：

> 大细辈分排成行（第 8 条）
> 树叶改布着巧软（第 14 条）
> 皇帝准本便依其（第 32 条）
> 兵营食酒闹纷天（第 39 条）
> 散了酒筵就去眠（第 40 条）

---

① 此处和下文所记畲音引自浙江省民族事实委员会：《畲族高皇歌》，北京：中国广播电视出版社，1992 年。

年冬领酒担猪爿（第 102 条）

上例中，"细""着""其""食酒""眠""爿"都是古汉语常用词，在现代一些地区的方言中还可见到。"细"表示"小"的意思；"着"为"穿"的意思；"其"是指第三人称的"他"或"她"；"食酒"中的"食"指"吃喝"，现代汉语一般用"吃饭""喝酒"表达；"眠"是"睡觉"的意思；"爿"为"整块"的意思。这些词语在畲语中被保留下来，一方面可以反映出畲语在历史变迁中受到的汉语语言的影响，同时因这些古词往往在口语中使用，也体现出《高皇歌》等畲族歌谣口耳相承的特征。

此外，汉文字记录的《高皇歌》中，还有一些新造字，即利用汉语形声字偏旁部首的结构特征另造新字来表示一些没有同音字可替代的特殊的音或意义。如：

有巢皇帝兲人讲（第 9 条）
扮作百姓肽田场（第 17 条）
便教朝臣喎先生（第 19 条）
金虫取出耳崲痛（第 20 条）
带上殿里去捋封（第 52 条）

以上例子中，"兲""肽""喎""崲""捋"都是根据畲音或意义新造的字。"兲"读音为/nuŋ/，表示"给或跟"的意思；"肽"读音为/tai/，意思是"看"；"喎"读音为/uɔ/，意思是"叫"或"喊"；"崲"读音为/mai/，意思是"不"；"捋"读音为/lɔ/，意思是"讨要""求"。

（二）整齐的句式结构

虽然《高皇歌》在各地有不同的版本流传，但基本内容较为一致，而且句式结构都统一整齐，绝大多数是七言为一句，四句为一节，畲歌中称为"条"，全篇多的有 112 条（浙江景宁），少的也有 66 条（《福建福州市畲族志》）。

盘蓝雷钟一路郎，亲热和气何思量；

高辛皇歌传世宝,万古留传子孙唱。

（选自《高皇歌》,第112条,浙江民族事务委员会编）

高辛皇帝好名声,龙皇打仗出大名,

龙皇子孙蓝雷钟,传分后代子孙听。

（选自《盘古歌》,第73条,中南民族学院学报1982年第4期）

这种七言四句的结构在我国古代诗歌中最为常见,形式规整,体裁多样,早在先秦时期《诗经》《楚辞》等就已有七言句式,后来七言体诗歌逐渐增多,到隋唐时代,七言诗歌达到鼎盛,李白、杜甫等创作的七言诗歌最负盛名。七言诗歌不仅可以是以七言为主的杂言体韵文,也可以是七言通俗韵文,在抒情叙事方面,是最富有表现力的一种诗歌形式,而且由于七言诗歌起源于民谣,读起来也朗朗上口。姜夔说:"放情曰歌,体如行书曰行,兼之曰歌行。"为了便于吟唱,《高皇歌》除了要求在音韵上每条一、二、四句要以畲音押韵,末字要符合畲音的平声,第三句末字用仄声外,在结构上还常用到"重叠"和"复现"等手法,重复咏叹,以增强情感表达的效果。

102

古田是古田,古田人女似花千；

罗源人子过来定,年冬领酒担猪爿。

103

罗源是罗源,罗源人女似花旦；

连江人子过来定,年冬领酒过来扮。

104

连江是连江,连江人女好个相；

古田人子过来定,年冬领酒担猪羊。

在这三条中,不仅每条中都有重叠词句出现,如每条中的第一句,重复地名,如"古田是古田",而且三条的整体结构也一样,重复相同的句法结构和语义,只不过更换了地名而已。另外,这三条中还有一种特殊的语言现象,后面两条中,第四句只是在前一条的基础上改变了句末个别字词,使得三条在形式上组成了一个整体。畲歌把这种现象称为"条变"。"条变"可以是两条连用,也可以是三条连用,称之为"二条变""三条变"等。这种在整体重复中又有局部变化的"条变"现象在《高皇歌》中多次出现,在反复吟诵中展开叙事,不仅增强了全篇歌词的整体感,也体现了畲歌变化多样的形式美。

(三)优美的曲调韵律

《高皇歌》每条都用畲语押韵,即相同的韵出现在每条的一、二、四句末尾字上,且都用畲语的平声押韵,第三句尾字用畲语仄声。如:

8

地皇过了是人皇,男女成双结妻房;

定出君臣百姓位,大细辈分排成行。

这条的第一、二、四句结尾字分别是"皇""房""行",都押/ɔŋ/韵。但要注意的是,《高皇歌》是用汉字记录畲音,并不是用汉字的发音来吟唱,因此《高皇歌》的每条都必须用畲音诵读,才能唱出这种押韵的效果。如开篇第1条:

1

盘古开天到如今,世上人何几样心;

何人心好照直讲,何人心歹佮骗人。

本条的第一、二、四句尾字分别是"今"(畲音为/ kin¹/[①])、"心"(畲音/ɕin¹/)和"人"(畲音/ ŋin²/)。如用汉字的发音来唱,"人"字的韵母与"今""心"的韵母完全不同,但在畲语中"人"与"今""心"的畲音韵母部分发音都类似。这种同韵的复现犹如一串串珠子,将涣散的发音串联起来,形成一个完整的曲调,整篇同韵更具有较强的语篇衔接作用,使得整篇歌词在衔接与连贯中具有和谐的节奏感和音乐美。《高皇歌》通篇不是一韵到底,条

---

① / kin¹/上的数字代码表示音高。代码 1 表示阴平,代码 2 表示阳平,代码 3 表示上声,代码 4 表示去声,代码 5 表示阴入,代码 6 表示阳入。

与条之间常换韵,但是全篇多以鼻音结尾押韵且出现次数最多。在景宁版本的《高皇歌》共 112 条中,有 77 条韵尾为鼻音/n/或/ŋ/,其中发育部位靠前的鼻音/n/有 37 条,发育部位靠后的鼻音/ŋ/有 40 条。一般说来歌谣在诵唱时,押尾韵往往落在句尾的长主音上,用重复来表示一段的起点和结束,这种诵唱的效果就往往要求在韵尾时吟唱者要把韵拖长,而鼻音就比较符合这种低声吟唱的要求。另外,前鼻音/n/较尖细清亮,后鼻音/ŋ/的声音则浑厚响亮。《高皇歌》用前后鼻音交替出现在每条的尾字上,既推动了语篇叙事的发展,又进一步增强了诵唱时的节奏感和曲调的庄严感,充分体现了畲族民歌较强的音韵美特点。

这种音韵美还表现在《高皇歌》中运用了很多叠音词。这些叠音词大部分是以 ABB 结构出现,A 为词根,BB 为叠音词缀。如:

五色花斑花微微(第 23 条)
众人来肽闹纷纷(第 34 条)
番王食酒醉昏昏(第 40 条)
高辛肽见笑嗳嗳(第 45 条)
香烧炉内烟浓浓(第 69 条)
凶神恶煞走茫茫(第 71 条)
崎岩石壁青苔苔(第 75 条)
一年到暗水纷纷(第 81 条)
无年无月水纷纷(第 84 条)

从组成叠音词的词语的词性分析,与现代汉语中的 ABB 叠音词词根(多为形容词)相比,《高皇歌》所使用的叠音词词根的词类更加多样,有形容词(花微微、青苔苔)、动词(闹纷纷、醉昏昏、笑嗳嗳、走茫茫)、名词(烟浓浓、水纷纷)。叠音词缀则对词根所描述的事物或情景进行补充说明,强化了词根的表达效果,突出了词语的意义,加强了对事物的形象描绘,增加了语言的形象性。

从叠音词出现的位置来看,《高皇歌》中的这些叠音词都出现在七字句的句尾,以四三式的节奏断句,前四个音节和后三个音节各为一顿,适于吟诵演唱,节奏整齐,律动和谐,产生一种回环往复的语音美感,充分体现了口头文学作品的语言艺术美，增强了作品的感染力。

《高皇歌》不仅全篇韵律和谐，吟唱起来乐感动人，而且在曲调上保持着古歌谣的原生态音乐形态。全篇曲调统一、整齐，大部分为 sol mi do 三声或 la sol mi do 四声曲调。冯明洋考察广东潮州和浙江景宁两地的《高皇歌》曲调时发现，"潮州调"《高皇歌》按照当地畲音演唱，"依字行腔，一字一音，每字都在大小三度之间运行，全曲只用 sol mi do 三音"，这种"三声腔，是南方古歌特有的原始形态之一"。"景宁调"《高皇歌》基本音调从 sol mi do 三声腔原形态有序、有层次地扩大为 la sol mi do 四音歌变体，然后又在突出 la 音中削弱 do 音，又转化为 la sol mi 三声腔形态。冯明洋认为，三音为歌是南方少数民族民歌中最古老的音乐形态之一，虽然各种三声歌的三音列，用法不一样，但都有一个突出的核心主音，全曲围绕核心主音变化发展，用平讲、宣叙性的调式展开叙事。①

另一位学者王涛在考察浙江景宁畲族 112 条唱词的《高皇歌》演唱曲调后，认为《高皇歌》"曲调式调性为升 F 宫，五声音阶，升 A 角调式，曲式结构为'两个对比乐句构成的单乐段'"。"整首歌曲的旋律皆由第 1—2 小节的主题核心发展而成。"②在他看来，《高皇歌》调式主音稳定，音程因素比较稳固，而音高因素、节奏变化比较活跃，始终遵循着在统一的基础上追求一定程度的变化，在变化发展的过程中保持着统一的特性，并且使用一曲多词的表现手法，核心曲调不变，每条歌词则不断变化，体现了统一性和多样性的辩证结合。"统一性"使得歌曲特色音调不断巩固，有助记忆；"多样性"则使歌曲有吸引力，能广泛传唱，百世流芳。

由此可见，《高皇歌》曲调蕴含着古老的畲族民歌所拥有的天然性、古朴性特征，围绕主音曲调以平白、平直、平常的平讲调铺陈叙事，在和谐整齐的音韵中讲述着畲族人民对祖先的崇拜和爱戴，追忆着先辈艰难的迁徙岁月，从而激起畲族人民内心深处的民族自豪感。

---

① 冯明洋：《岭南本土歌乐中的畲族民歌》，《星海音乐学院学报》，2005 年第 4 期，第 67-71 页。

② 王涛：《统一性与多样性的辩证结合——以两首浙江畲族民歌的抽样分析为例》，《民族艺术》，2010 年第 4 期，第 122-127 页。

（四）多样的修辞手法

畲族歌谣以歌言事，以歌抒情，以歌为乐。为了增强歌词的表达效果，使表达的内容显得生动具体，给人以鲜明深刻的印象，畲族歌谣唱词中会使用多种修辞手法，其中运用最为广泛的就是比、兴手法，这也反映了畲歌即兴创作的特点。"比、兴是畲歌中运用频率最高的辞格，是畲歌的重要表现手法之一，比、兴在畲歌中举足轻重，是使畲歌明快生动，含蓄隽永，耐人寻味，具有强烈艺术感染力之关键。"①"比者，以彼物比此物也"；"兴者，先言他物以引起所咏之辞也"。《高皇歌》是畲族经典叙事长篇史诗，歌中也多次用到比、兴修辞手法，借言他物引起所要叙述的对象，且多用譬喻，使之更加形象生动。如开篇第 3 条，以"山""水""人"起兴，引起下文详细叙述三皇五帝的丰功伟绩：

> 说山便说山乾坤，说水便说水根源；
> 说人便说世上事，三皇五帝定乾坤。

像这种先言他物以引起所咏之对象的起兴手法，《高皇歌》中还出现有：

> 凤凰山上鸟兽多，若好食肉自去捞（第 72 条）
> 崎岩石壁青苔苔，山林百鸟尽飞来（第 75 条）
> 凤凰山上一朵云，无年无月水纷纷（第 84 条）

比喻在《高皇歌》中也多次出现，如"枪刀好似林竹笋"（第 42 条），描写番兵追赶龙麒时，刀枪林立与此林中的竹笋一样多，以此来反衬龙麒的大无畏的英勇精神。再如"古田人女似花千"（第 102 条）、"罗源人女似花旦"（第 103 条），把畲族女子比作鲜花，赞美其容貌。

除了比、兴手法以外，重复的手法也在《高皇歌》中多次使用。上文已经提到《高皇歌》章节之间，重复相同的结构，只改变个别词句，从而产生

---

① 蓝七妹：《浅谈畲族山歌的比兴手法》，选自《畲族文化研究（下）》，北京：民族出版社，2007 年。

"二条变""三条变"的同中有异的变奏式重复效果。此外,同畲族众多歌谣一样,《高皇歌》还采用了一种"回旋式"的重复结构,即两条、三条等每条的首句相同,几条连起来吟诵,就会产生一种回旋环绕的感觉,畲族人民将这种回旋式重复称为"单扯头"[①],如:

91

当初皇帝话言真,盘蓝雷钟好结亲;

千万男女莫作践,莫嫁阜老做妻人。

92

当初皇帝话言真,吩咐盘蓝四姓亲;

女大莫去嫁阜老,阜老翻面便无情。

这两条首句相同,其余三句则变文同义,重复叙述相同的内容,使得两条在语篇形式上整齐统一,语义上完整连贯,凸显了畲族人民强烈的自尊自爱的民族情感。

《高皇歌》中所使用的修辞手法还有夸张、借代等。如:

"领旨转身唔见影,一阵云雾去番界"(第 36 条),此句中用夸张的手法突出畲族始祖龙麒的高超本领。

"纱帽两耳其唔得,自愿拣顶尖尖来"(第 61 条),这里的"纱帽"和"尖尖来"是借代的手法,分别指"高官"和"平民"。

"大子盘装姓盘字,二子篮装使姓蓝"(第 53 条),用拟声手法来给龙麒的子女命名。

这些不同的修辞手法大量应用到《高皇歌》中,不仅增强了歌词的表达效果,体现了畲歌即兴演唱的特点,也提升了《高皇歌》的艺术水平,使之成为畲族人民代代相传的经典史诗。

四、《高皇歌》的传承方式

《高皇歌》是畲族人民的传世之宝,家喻户晓,代代传唱。由于畲族没

---

① 翁颖萍:《从语篇衔接角度看畲族歌言对〈诗经〉的传承》,《贵州民族研究》,2011 年第 1 期,第 166-172 页。

有自己的文字,因此和其他口承文化的传承形式相似,《高皇歌》也主要是在畲族人民之间口耳相传。邱彦余在其编著的《畲族民歌》一书中指出:"畲族民歌代代相传至今,传承方式多种多样,主要有家庭传承、歌手传承、仪式传承、节庆传承、手抄歌本传承。"①家庭传承、歌手传承、仪式传承、节庆传承方式都属于口耳相传形式,这也是《高皇歌》传承的主要途径和形式,正如《高皇歌》结束部分所演唱的内容一样,"高辛皇歌传世宝,万古留传子孙唱",所说的"歌传"就是指畲族人民口耳相传《高皇歌》等畲族民歌,而且这种"歌传"也是最为古老的畲族文化传承形式。"畲人虽有本民族的语言,但没有本民族的文字,比如对《高皇歌》的传唱,一直采用畲语的方言俗语进行无音乐伴奏的清唱,这些唱法在唐朝之前,就在畲人中流传了。"②但《高皇歌》不同于一般的畲族山歌,它歌颂的是畲族祖先的丰功伟绩,往往是在祭祖等比较庄重的场合演唱。"《高皇歌》(又名《盘瓠王歌》),在每次祭祖时演唱。""通过文学的传播和风俗的传承,高辛、盘瓠、三公主等都成了畲族人民心中传奇式的英雄,由这些传说故事形成的祭祖风俗,世代相传,至今犹存。《高皇歌》等民间文学作品,成了祭祖活动中必唱的仪式歌。"③

畲族的宗教信仰主要是祖先崇拜。畲族人民相信祖宗有灵,能庇佑福荫子孙,所以将祖先视为保护神,虔加敬奉。长期以来,祭祖是畲族最隆重、最虔诚、最普遍的信仰习俗活动。④畲族祭祖时,"由有威望的老人(或房长)讲述族源和祖先盘瓠的一生功绩,唱《族源歌》或《盘瓠王歌》,跳各种祭祀舞蹈"⑤。另据邱国珍考察,广东潮州畲族人民"祭祖时,全族人集中于祖祠内紧闭大门并派人看守,不让别族人前来窥视,更不让人闯入。祭祖开始,挂上祖图即盘瓠像,像前摆满鸡、鸭、猪头及发糕等供品,当中摆有香蕉和煮熟了的番薯。长者宣布祭典仪式开始,鸣枪,奏乐,子孙分列两边跪

① 邱彦余:《畲族民歌》,杭州:浙江摄影出版社,2014 年,第 90-92 页。

② 张恒:《以文观文——畲族史诗〈高皇歌〉的文化内涵研究》,杭州:浙江工商大学出版社,2014 年,第 200-201 页。

③ 叶大兵:《畲族文学与畲族风俗》,《中南民族学院学报(哲学社会科学版)》,1982 年第 4 期,第 71-79 页。

④ 戴艳华:《畲族》,长春:吉林文史出版社,2010 年,第 112 页。

⑤ 邱彦余:《畲族民歌》,杭州:浙江摄影出版社,2014 年,第 83 页。

下,向祖图恭拜,接着族长宣读祭文,唱《高皇歌》,其仪式甚为庄严肃穆"①。

一般而言,畲族民歌多用假嗓演唱,曲调均属于五声调式体系,大都以宫音为中心,用角调式轻声演唱,音域较窄。但在祭祖等非常庄严肃穆的仪式上,畲族歌手用真嗓演唱,以敬先人。关于畲歌在祭祖仪式上用真嗓演唱而其他民歌多用假嗓演唱的原因,施王伟分析认为:"其假嗓主要应用于长时间的对歌和盘歌,以防止嗓子疲劳,且以在室内为主。而对歌、盘歌之外的,非长时间歌唱的,主要用真嗓。音域也稍有不同,假嗓一般为六七度,真嗓为八九度。"②

《高皇歌》除了在祭祖等仪式上演唱外,也出现在畲族人民的日常生活中,如比较庄重的节日、庆典和重要的歌场中,甚至在有客人来访时,畲族人会唱《高皇歌》来区分客人的畲族身份。如邱国珍在《浙江畲族史》中记载:"在畲族的歌场中,还有这样的规矩:远方陌生的客人必须先唱《高皇歌》和用歌回答自己的姓氏和辈分,让主方识别自己是不是畲族人。"③由于各地畲族流传的《高皇歌》版本不同,长短不一,所以在日常节庆歌场上演唱的《高皇歌》与宗教仪式上所演唱的《高皇歌》内容上各有所侧重。如"在传师学师第54节中有一个程序是'坐筵唱高皇歌',这里的《高皇歌》也称《太祖出朝》,它不同于一般意义上或平时所唱的《高皇歌》,内容基本与平时的《高皇歌》涉及的盘瓠传说和凤凰山传说相同以外,它的言辞更加缜密、深邃,表达出一种庄严、神秘的宗教哲理"④。但无论是哪种演唱场合,或是哪个演唱版本,《高皇歌》的传唱,早已深入畲族人民生活的方方面面,融入畲族人民的血脉里。

除了口耳相承外,畲族各地的《高皇歌》还以"手抄歌本"的形式保存下来。"民间有以汉字记畲音的抄本流传。无统一版本。"⑤"大多以手抄本形

① 邱国珍:《畲族"盘瓠"形象的民俗学解读》,《广西民族学院学报(哲学社会科学版)》,2003年第6期,第63-70页。
② 施王伟:《从歌舞角度谈畲族两个仪式中的文化借鉴因素》,《丽水学院学报》,2010年第6期,第11-15页。
③ 邱国珍:《浙江畲族史》,杭州:杭州出版社,2010年,第254-255页。
④ 施王伟:《从歌舞角度谈畲族两个仪式中的文化借鉴因素》,《丽水学院学报》,2010年第6期,第11-15页。
⑤ 浙江民族事务委员会:《畲族高皇歌》,北京:中国广播电视出版社,1992年,前言。

式在畲族民间广为流传,家喻户晓。"①由于这种手抄本的记录方式主要是以汉字记畲音,如直接用汉字来传唱畲歌,所以会出现一些误差。首先,所用汉字的意义与畲歌本来表达的意义并无关联,不能根据汉字来理解歌意,如"何人心好照直讲"中的"何"只是用来记录畲音/hɔ/,畲语中是"有"的意思,而与其汉字本来的意思并无关联。其次,在发音上,用汉字记录的歌本要按照畲语来演唱,才能有畲歌的韵味,如"盘古置立三皇帝,造天造地造世界"中结尾两字分别是"帝""界",汉字音无押韵,但畲音读来/tai/、/kai/,押/ai/韵。另外,《高皇歌》中还有一些畲族方言词,无法在汉字中找到对应的字来替代,只能利用汉字偏旁结构新造字,如"龑""喝"等。这些都表明,仅凭手抄歌本来传承《高皇歌》是不够的,需要歌手间的口耳传授等方式配合使用。在现有传承形式中,歌手间口耳相传是《高皇歌》等畲族民歌的主要传承途径。

人们生存环境的改变影响着人们生活方式。随着时代的发展和生活的需要,畲族人走出山区外出求职,这种现象越来越多,影响到畲族民歌的传承。外出的畲族年轻人所用的主要是汉语普通话,使用畲语的人越来越少,畲族语言的流失对畲族山歌的流传造成较大影响。口耳相传《高皇歌》的方式也发生了新的变化。邱彦余编著的《畲族民歌》中详细列出了七位畲族民歌的主要传人,大多数都是 20 世纪 30 至 40 年代出生,最年轻的蓝延兰出生于 1968 年。其中能演唱《高皇歌》的是位叫蓝细彩的老人,1939年出生,她"自幼爱唱山歌,是一位活跃在景宁山村的颇有影响力的畲族女歌手,会唱《高皇歌》《节气歌》《烧炭歌》和《念郎歌》等数十首祖辈流传下来的成'连'山歌"。该书所列出的其他歌手年龄也普遍较大。②

这些数据实际上反映出畲族民歌在传承上的危机。"随着畲语的流失,山歌老艺人的相继离世,畲歌的流失也就可想而知。"③传承畲族文化,保护畲族口头文化遗产,一方面需要大力保护畲族老歌手,为这些老艺人提供传唱畲歌的平台,让他们培养更多的会畲语、懂畲歌演唱方法的歌手,另一方面要做好畲族传统民歌如《高皇歌》等的搜集整理工作,重视纸质媒

---

① 浙江省少数民族志编纂委员会:《浙江省少数民族志》,北京:方志出版社,1999 年,第 209 页。
② 邱彦余:《畲族民歌》,杭州:浙江摄影出版社,2014 年,第 92-101 页。
③ 靳瑛:《山歌的生存现状与传承——以潮州凤凰山畲族为个案》,《首都师范大学学报(社会科学版)》,2010 年第 4 期,第 128-131 页。

介在保存传统口头文化上的作用,做好《高皇歌》等畲族传统民歌的文字记录、曲谱采编和国际音标注音等工作,并利用纸质媒介出版发行;此外,还要利用现代科技手段对《高皇歌》等民歌进行音像保存,通过现代媒介传播途径,使畲族民歌走出山区,让更多的人了解并喜欢畲族民歌,喜欢畲族传统文化。

第四节 《高皇歌》英译的动因

人类的社会性行为都具有目的性。笔者所从事的翻译实践活动同样具有一定的动因,引领并贯穿活动过程,以实现活动的目标。笔者尝试英译畲族《高皇歌》,就是出于对畲族文化的热爱,希望能传播和弘扬我国少数民族文化,同时也希望通过翻译和研究《高皇歌》,探索和积累少数民族典籍翻译经验,以拓展自身的翻译研究视域。

一、畲族文化研究与文化传播

2014 年冬,笔者到浙江丽水访友,来到丽水市景宁县,参观了位于景宁畲族自治县县城南边的中国畲族博物馆。这座土墙青瓦的现代建筑,以畲族民居为主调,融入了现代建筑元素,显得既古朴清秀,又庄重典雅。馆中展示了畲族各个历史时期保存下来的珍贵的陶器件、生产工具、传统服饰、手工艺品等,用图片和影像等形式为我们呈现了畲族深厚而又丰富的特色风貌和灿烂文化。

正是这次参观访问,让笔者对畲族及畲族文化产生了浓厚的兴趣,了解到畲族是有着丰富民族传统文化的少数民族之一。在访问中笔者还聆听了畲族人民演唱的精彩歌谣。畲族人民将自己民族的民族起源、历史变迁、生活习俗、宗教信仰、民族情感融入他们的口头文学作品之中,以畲族山歌形式口耳传唱。这些歌谣充满了畲族人民生活的智慧,体现了畲族人民的文化审美和价值观。这些歌谣既是珍贵的畲族文学文化遗产,也为中华民族的文化和文学宝库增添了无限的光彩。其中,被誉为畲族民族史诗的《高皇歌》更是畲族民族文学宝库中最为灿烂的瑰宝,代表畲族文化的最高成就。对于研究畲族文化来说,《高皇歌》是不可或缺的珍贵资料。

然而,笔者在参观和访谈中发现,这些珍贵的畲族文学和文化遗产在对外传播方面,特别是用外语译介并向海外传播方面,目前还处于空白。虽然在畲族博物馆中所陈列和展示的畲族文化精品和图片等都配有一些简短的外文介绍,可以帮助国外游客和学者等对畲族文化有一定的了解,但包含着丰富多彩的畲族文化内涵的畲族口头文学作品却依然深藏在民间,还有待于走向世界。众所周知,"民族的就是世界的",一个民族的文化要在世界人民面前展示其独特的民族性,从而为世界人民所认识和接受,就必须先走向世界,与世界其他民族文化交流互动。"文化有渊源,但文化无疆界,中华文化是人类共有的精神财富。积极传播和弘扬中华文化,能够向世界展示我们继承独特文化传统、独特历史命运、独特基本国情的鲜明中国特色,展示我们各民族多元一体、文化多样和谐的文明大国形象,展示我们兼爱非攻、亲仁善邻、以和为贵、和而不同的和平发展理念,有着重要的时代意义。"①翻译就是在不同文化间交流的桥梁,也是民族文化向世界传播的途径之一。促进文化传播与交流是语言翻译的根本任务。"事实上,在我国多民族文学史上,史诗的流传和翻译始终是没有停止过的。民族文学之间的互译和影响也同样值得探讨。"②正是基于促进民族间文化交流的目的,笔者尝试英译《高皇歌》,向英语世界的读者译介畲族口头文学经典,传播畲族优秀的传统文化,并且正如王宏印教授所说:"保持民族文化的手段有多种形式,如录音、录像、访谈、表演等,其中翻译是保持民族文化多样性的一个不可或缺的手段。"③笔者也期待通过向世界译介民族文化典籍,可以促进我们对畲族传统文化的深入了解,更好地传承畲族民族文化。

二、民族典籍翻译研究的探索

"中国少数民族文学作为历史的现实的存在,是汉语言文学主流和汉

---

① 王庚年:《中华大国学经典文库》总序,选自《高皇歌:畲族长篇叙事歌谣》,北京:中国国际广播出版社,2016年。

② 王宏印:《中华民族典籍翻译研究概论——朝向人类学翻译诗学的努力》,大连:大连海事大学出版社,2016年,第611页。

③ 同上,第609页。

族主流文化的重要补充,是中国文学文化全景的重要组成部分,舍此则中国文学是残缺不全的。""各民族自己独特的文学文化典籍,构成我们相互认识和相互交流的认识依据和人文价值,而对于这些文化典籍的翻译研究和对外传播,乃是我们中华民族子孙的文化使命,是责无旁贷的,不可推卸的。"①

但是纵览中国文化典籍向西方译介的历史,客观说来,汉语文化典籍译介的数量远超少数民族典籍对外翻译的数量。从早期西方来华的传教士翻译中国古代文化经典,如耶稣会士利玛窦、罗明坚把《四书》译成拉丁文,新教传教士理雅各英译"四书"、"五经"、《道德经》,以及李提摩太、苏慧廉等对中国佛教经典的研究与翻译,等等,一直到近年来国内学者有规模地向海外译介中国文化典籍,传统的儒释道经典一直是这些译介活动中的主流作品,有不少作品甚至反复重译。如《道德经》的德文版、英文版、法文版分别多达上百种。中华文化经典《诗经》自 1626 年被比利时传教士金尼阁译成拉丁文后,被反复重译、复译,迄今世界上每一种主要语言都有《诗经》译本。与汉语典籍外译相比,少数民族作品对外译介的数量少,还没有形成大的规模。高俊丽根据 2013 年第十届少数民族文化作品翻译会议资料统计,目前我国少数民族典籍翻译出版的数量为 100 多部。② "翻译与传播落差,在少数民族和汉族的典籍和文学作品之间,也是显而易见的。"③

与少数民族典籍对外译介情况相照应,我国民族典籍翻译研究也才刚起步。这可以从 2002 年召开第一届全国典籍翻译研讨会和 2012 年举行首届民族典籍翻译研讨会的举办时间反映出来。当然,从另一个角度来说,全国典籍翻译研讨会中已经包含民族典籍翻译研讨内容,而另行举办专门的民族典籍翻译学术会议,也正好突出了民族典籍翻译研究的重要性以及在国内翻译研究领域中的受重视程度。目前,国内民族典籍翻译研究领域也已经出现了一批较为引人瞩目的学术成果,出版了"中华民族典籍翻译研究"丛书。

---

① 王宏印:《中华民族典籍翻译研究概论——朝向人类学翻译诗学的努力》,大连:大连海事大学出版社,2016 年,第 610 页。
② 高俊丽:《我国少数民族典籍翻译问题研究》,《贵州民族研究》,2016 年第 9 期,第 157 页。
③ 王宏印:《中华民族典籍翻译研究概论——朝向人类学翻译诗学的努力》,大连:大连海事大学出版社,2016 年,第 59 页。

　　受这样的学术氛围的影响，笔者尝试英译畲族文化经典《高皇歌》，虽倍感才疏学浅，难以完美诠释出畲族优秀文化的精髓，但仍殚精竭虑，意在通过翻译实践，总结民族典籍翻译经验，并借鉴与民族典籍翻译研究有较强学科互涉性的邻近学科，如民族学、民族志诗学、口头诗学、文化研究等的理论方法，探索民族典籍翻译实践中的民族志特征、口头文本转写以及文化意象传递等问题，以期促进我国民族典籍的对外译介和传播。

第三章　《高皇歌》英译实践

英译畲族史诗《高皇歌》，需要对各个畲族地区现存的不同版本的《高皇歌》进行搜集整理，选择较为合适的版本作为原本。笔者选择被列为中国少数民族古籍由浙江省民族事务委员会编辑，中国广播电视出版社在全国出版发行的《畲族高皇歌》作为原本，在比较分析中英诗歌类型后，以诗译诗，用英语歌谣诗体翻译《高皇歌》，在韵格上按照古代汉语诗歌对句押韵形式，采用 AABB 韵格，四行一节，以尽可能传达原作优美的形式和丰富的内涵。

第一节　《高皇歌》英译的文体分析

《高皇歌》历来在畲族人民中间口耳相传，各地流传下来的版本不尽相同。根据一些学者统计，《高皇歌》有十几种版本。常见的有以下四种：凌纯声先生搜集到的福建版本，浙江省民族事务委员会搜集到的浙江景宁、松阳等县的版本，浙江省文成县畲族民间文学集成编委会搜集到的版本，广东潮安县凤南乡畲族雷楠先生搜集到的版本。①

笔者选择浙江省民族事务委员会编写的《畲族高皇歌》作为英译原本。首先，因为从现有搜集到的各种版本的内容来看，《高皇歌》在构成史诗时的核心内容是一致的，"都记述了畲族始祖龙麒不平凡的来历、征番的丰功伟绩、与三公主婚配和生儿育女的情况，以及率领全族子孙垦荒种田、进行

---

　　①　邱国珍：《浙江畲族史》，杭州：杭州出版社，2010 年，第 252-253 页。

迁徙的经过。"①但是不同地区的版本在篇幅以及叙述内容详略上存在一定差别。如《广东畲族古籍资料汇编:图腾文化及其他》一书中收录的由雷楠、陈焕钧搜集整理的《高皇歌》共 30 条,120 句;《福州市畲族志》所载的《祖宗歌》也只有 54 条;丽水市文化广电新闻出版局编写的《山哈遗韵》记载的遂昌地区的《高皇歌》有 62 条,248 句。在内容上,这些版本在记叙畲族从广东向福建、江西、浙江等地迁徙的历程时都比较简略,相比之下浙江省民族事务委员会编写的《畲族高皇歌》共 112 条,448 句,是目前内容最为详细的版本。其次,浙江省民族事务委员会编写的《畲族高皇歌》是经过多次田野调查,搜集了浙江省多个畲族地区的《高皇歌》手抄本,在充分吸收老歌手意见的基础上,整理形成的。所搜集的资料较为详细,搜集整理过程较为科学,搜集整理后的版本有详细的注释和国际音标注音,并附有《畲族祖图》摄影。可以说,这个版本的《高皇歌》是集体智慧的结晶,较好地呈现了畲族史诗的风貌。此外,该版本的《畲族高皇歌》也是目前唯一单独出版发行的《高皇歌》版本,其他版本的《高皇歌》大都是搜集列入地方志、歌谣集等书中。1992 年,浙江省民族事务委员会编写的《畲族高皇歌》被列为中国少数民族古籍丛书,由中国广播电视出版社在全国出版发行。2016年,该书又得到国家文化产业发展专项资金资助,列入"中华大国学经典文库",以《高皇歌:畲族长篇叙事歌谣》为书名再次出版发行,也进一步使该版本的《高皇歌》为全国读者熟悉,成为人们了解畲族文化的重要窗口之一。

一、《高皇歌》汉文诗体分析

笔者尝试英译《高皇歌》,在选定版本之后,所要面对的首要问题就是译文的体裁,是选择"以诗译诗"还是"散体译诗"。散体译诗无疑可以更好把握和传达原作的意义,然而诗之为诗,更重要的在于诗歌是形式和内容的高度统一。诗的神韵(意象、韵味、意境等)与诗的形式(诗体、节奏、语言、音韵等)是相互依存,神寓于形的。因而,将诗歌译成散文,虽说意思可以很好地表达出来,但诗的形式没有了。而诗的形式决定了诗的本质就是精妙地使用语言构成的不能用散文解释取代的东西。如此一来,以诗译诗

① 邱国珍:《浙江畲族史》,杭州:杭州出版社,2010 年,第 253 页。

就应当是译者的首选。然而,正如诗形是诗歌的身份一样,诗形的转换也是诗歌翻译中最大的障碍,也是诸多"诗歌是不可译的"观点的核心论断。俄裔美国作家纳博科夫(Vladimir Nabokov)就质疑说:"一篇翻译能在绝对精确地翻译整个语篇的同时,保持原文的形式——它的节奏和押韵吗?"[①]美国诗人弗罗斯特(Robert Frost)也说,诗依其定义就是"在翻译过程中失去的东西"。不可否认,将一首诗从一种语言译成另一种语言,势必会改变原文的说法,原诗的某些表达,即使用同一种语言来翻译,也需要用更多的词才能表达清楚。诗从技术上说存在不可译的成分。

但从翻译活动本质来说,诗歌和其他任何文体一样,又是可译的。尽管民族之间存在着语言与文化的差异,但也存在相似性和共性,这也是翻译之所以存在的基础。德国翻译理论家威尔士(Wolfrom Wilss)指出:"每一个译者都知道这个事实:相对不可译的语篇可能包含可译性最理想的段落,反之亦然。"[②]翻译家成仿吾也说过:"译诗并不是完全不可能的事情。即以我的些小的经验而论,最初看了似乎不易翻译的诗,经过几番的推敲,也能完全译出。所以译诗只看能力与努力如何,能用一国文字做出来的东西,总可以取一种方法译成别一国的文字。"[③]因此,以诗译诗,并不是要从技术层面上在另一种语言中复制出与源语诗歌相同或相似的形式,而是需要在译入语中找到能表达原诗相同神韵的译入语诗形。以"诗"译"诗",第一个"诗"就是针对译入语而言的,译者应当对译入语诗歌和诗学系统有相当的了解;第二个"诗"则是就原作而言,译者必须对原诗的神韵、情感、节奏、音韵、意境和风格等特征有细致深入的把握,才能在译入语中找到相贴近的诗歌形式,借形寓神,借用译入语诗歌(英诗)形式翻译源语诗歌,以再现或重构其神韵。

基于以上分析,为尽可能在英语语境中传达出原诗的神韵和文化内涵,以诗译诗,我们需要先了解《高皇歌》诗体特征。

在诗体形式上,《畲族高皇歌》共有 448 句,每 4 句诗组成一节,畲语称

---

① Venuti, Lawrence. *The Translator's Invisibility：A History of Translation*. London & New York：Routledge, 1995：72.

② Wilss, Wolfrom. *The Science of Translation：Problem and Methods*. Shanghai：Shanghai Foreign Language Education Press, 2001：151.

③ 罗新璋:《翻译论集》,北京:商务印书馆,1984 年,第 384 页。

为"条",共分112条。和现存的各种手抄本以及整理印刷出来的各种版本的《高皇歌》一样,《畲族高皇歌》也是以汉字记畲音,每句七字,每条四句二十八字,形式上与中国古代的七言诗一样。整首诗歌一方面围绕畲族始祖龙麒的英雄事迹和畲族迁徙历程这一线索将各条诗节串联成一个完整的整体,另一方面,又通过诗句重复、结构复沓,以及畲歌中特有的"条变"等手法在形式上使得各条之间联系更加紧凑。

在韵律上,《畲族高皇歌》每条第一、二、四句句尾字以畲音押韵,调类多为平声。条与条之间可以换韵。在节奏上,与中国古代的七言诗句节奏规律类似:"一三五不论,二四六分明。"即以两个音节作为一个节奏单位,每行诗的一、三、五不在节奏点上,可以不论;第二、四、六字在节奏点上,需要停顿。《畲族高皇歌》基本上每句诗分为三顿,落在第二、第四与第七字上,第六字停顿节奏则不明显。每句结束,顿音稍长,换条中间则时间稍长,以示一条结束,另起一条。如《高皇歌》第66条:

$$龙麒 \mid 自愿 \mid 官唔爱 \; / oi^1 /$$
$$一心 \mid 闾山 \mid 学法来 \; / loi^2 /$$
$$学得 \mid 真法 \mid 来传祖 \; / tsu^2 /$$
$$头上 \mid 又何 \mid 花冠戴 \; / t\eta i^1 /$$

在此条中,第一、二、四句句尾字的畲音押平声韵,标记代码1是表示阴平,2表示阳平。在节奏上都分为三顿,分别落在第二、四、七字上。

自最早的商颂算来,中国古诗已有3000多年历史。诗歌的形式也从《诗经》时的三言、四言发展到汉乐府时期的五言诗,以及唐宋时期古代诗歌鼎盛时代的五言、七言律诗和绝句。五言和七言诗因其字数增加,每句容纳的内容多,声调韵律有更强的表现力和音乐性,后来成为中国古代诗歌的主要形式。一般说来,"中国古代诗歌最初没有严格的形式和声律要求,齐梁以后由于翻译文学的发展增强了时人对汉语内在声律特指的认识,汉语诗歌也因此逐渐在诗句形式和声韵方面有所规范,至唐代完全成了一种规矩严格的诗歌,称为'律诗'或'近体诗'"[1]。中国古诗就有了古体

---

① 张旭:《视界的融合:朱湘译诗新探》,北京:清华大学出版社,2008年,第32页。

诗和近体诗之分。与近体诗(律诗、绝句)对诗歌的句数、字数、平仄、韵律有较为严格的规定相比,古体诗则比较自由,一般讲究押韵,但没有严格的平仄限制,甚至每句的字数也不完全固定。以此观照《畲族高皇歌》,很显然《高皇歌》的诗体形式可类属于中国古诗中的古体诗。从其所用诗歌语言来看,除了明显的畲语语音这一特点之外,《高皇歌》是以歌颂畲族祖先业绩为主的在畲族民间流传的历史长歌,诗中还使用了大量的畲族民间口头词汇,既朴实真挚,又通俗易懂。并且,《高皇歌》是通过传唱的形式在畲族民间流传的,在祭祀、节日和歌场中,畲民传唱《高皇歌》,表达对本民族英雄和祖先的崇拜之情。因此,《高皇歌》歌词还具有鲜明的民歌特征,音乐性强,多用复沓手法,在反复吟唱中抒情叙事,与我国古代早期的采集民间诗歌而成的《诗经·国风》《乐府诗》等类似,属于以"歌""行""吟"见长的古风诗歌。

结合前文诗形分析,我们认为《高皇歌》大多以七言为主,可以说是七言古诗,实际上它也具备七言古风的三个特征:一是押韵灵活多样,允许有不同的押韵形式。《高皇歌》并没有通篇一韵到底,而是逐条换韵,韵脚也比较宽泛自由。二是诗歌篇幅上可长可短。目前搜集到的不同地区的《高皇歌》有的长达上百条,有的只有几十条。三是兼有杂言。以我们选定翻译的底本《畲族高皇歌》来说,主要是七言诗句,但也有三条中夹着五言诗句。

二、《高皇歌》译文诗体探析

英译《高皇歌》,采用"以诗译诗"形式,那就必须了解英语诗歌诗体类型及特征,选择合适的英语诗体以传达《高皇歌》的神韵和内涵。

在诗体形式方面,英语诗歌有史诗、民谣、英雄双韵体、十四行诗、素体诗以及现代的自由体诗歌等。史诗(epic poetry)是歌颂民族英雄功绩和叙述重大历史事件的长篇叙事诗,体裁庄严正式,主题多涉及民族、宗教、历史事件等。和中国古代各民族的史诗一样,西方传统史诗也是在民间口头流传,随着时间变化而被不断增添情节,经过整理、加工,后来以文字记载成为统一的作品,以荷马史诗《伊利亚特》《奥德赛》为代表。也有一些史诗是文学家根据特定目的编写而成的"文学史诗",如约翰·弥尔顿的《失乐园》。

英语民谣(ballads)兴起于中世纪后期 12 世纪、13 世纪,在 14 世纪、15 世纪兴盛于英格兰和苏格兰地区,是英国最古老的诗歌形式之一。英国民谣以叙事为主,在民间以口头传唱形式流传,讲述的是民众喜闻乐见的生活中的故事,富有音乐性,曲调简单,多重复,容易传唱记忆。形式上,民谣以四行为一诗节,每节由八音节和六音节组成,每行押尾韵,韵律形式多样,押韵格式主要有 AABB,ABBA,AABA 和 ABCB,又以 ABCB 为最典型的押韵格式,即每节第二、四行押韵。

英雄双韵体(heroic couplet)是由两个押韵的抑扬格五音步诗行组成。两行诗常常构成一个完整的语法和逻辑结构,两行之间通常不留空白,句式较为均衡、整齐。如以四行诗节来说,其押韵格式有 AABB,ABBA,AABA 和 ABCB,而其中 AABB 型就是双行押韵,如果每行都是抑扬格五音步,那就称之为英雄双韵体。这种诗体由英国中世纪诗人乔叟首创,大量出现在他的《坎特伯雷故事集》序曲中。

英语诗歌中还有类诗歌也用五步抑扬格,那就是素体诗(blank verse)。这是一种无固定押韵的诗体形式,在长诗和诗剧中常用。因其没有固定的押韵,却有固定的韵步格式,形式较为灵活,富于变化,所以又称"无韵体诗"。

英语诗歌中在诗体形式和韵律上都有严格要求的当属十四行诗(sonnet)。它起源于中世纪民间抒情短诗,13、14 世纪开始流行于意大利,16 世纪传入英国,成为英语中的一种通俗文学形式。十四行诗,顾名思义,有十四行。"意大利十四行诗"分成两部分,前八行为一节(the octave),押韵格式为 ABBAABBA,主要是提出问题或交代境况;后六行为一节(the sestet),转为对问题作答,押韵格式为 CDECDE,CDCDCD 或 CDCCDC。"英式十四行诗"是在意大利十四行诗基础上发展而来的,由三组四行诗和一组对句组成。押韵格式为 ABABCDCDEFEFGG。这些十四行诗通常都遵循五音步抑扬格的韵步格式。

英语诗歌发展到近现代出现了很多不固定韵步的诗歌,长短不同的诗行存在于同一首诗中,不讲究押韵与格律,只注重诗歌中的意象和情感传达,通过重复词句或语法结构的巧妙安排去获得诗歌韵律的内涵。人们将这类较为自由开放的诗歌称为"自由体诗"(free verse)。

综合比较上述各类英语诗歌的诗体形式及韵律特点,笔者认为,选择英语歌谣诗体形式翻译《畲族高皇歌》较为贴近原诗的诗体。从题材上来说，《高皇歌》讲述的内容有创世神话、始祖神话、祖先功绩、民族迁徙等重大主题和历史事件，全面反映了畲族人民的生活习俗、民族风情，是畲族人民的民族史诗。在英语诗歌中也有叙述民族英雄功绩和重大历史事件的史诗诗体，那么以"史诗译史诗"就应当成为译者考虑的对象。但是对比《高皇歌》和英语史诗的篇幅、结构、语言等，我们不难发现，两种类型的史诗在诗体形式上并不匹配。《高皇歌》虽长达 112 条，但篇幅上没有西方史诗宏伟，结构上也不如它们复杂。如西方荷马史诗《伊利亚特》全诗分 24卷，15693 行；维吉尔的《埃涅阿斯纪》全诗共分两部 12 卷，10000 余行；弥尔顿的《失乐园》全诗 12 卷，计 10565 行。在结构上，西方史诗多是长篇连贯，按主题分卷分部；《高皇歌》采用的是中国古诗常见的七言古诗传统歌体，每四句为一节，每节之间彼此承接和关联，围绕祖先功绩展开铺叙，结构较为紧凑。这种诗体形式则与英语民谣极为相近，四行一节，行尾押韵，每条换韵灵活，易于表达歌者情感。在叙述语言和手法上，《高皇歌》和英语民谣都多用民间口语词汇，且不同于西方史诗多用第三人称讲述故事，《高皇歌》多采用第一人称叙述，更有利于歌者的主观情感的表达，使之与诗歌的情节紧密融合，用朴素的口头语言把祖先的功绩娓娓唱来，显得从容舒缓，极易让听众产生共鸣。

　　用英语民谣体翻译中国民族史诗，著名翻译家戴乃迭为我们做出了很好的典范。"戴乃迭认为英国民谣和彝族撒尼叙事诗都是口头传唱艺术，二者都是本民族喜闻乐见、世代相传的故事，她以经过调整的英国民谣体翻译《阿诗玛》，为这首诗找到了对应的最佳形式。"[①]畲族《高皇歌》在内容、体裁和表现形式上，同彝族撒尼叙事诗《阿诗玛》具有很多相同特征，都为我国南方少数民族口头流传的长篇叙事诗。借鉴戴乃迭成功翻译经验，笔者采用英语民谣诗体翻译《高皇歌》，在形式上同为四行一节，与原诗相对应；在韵律上主要以行尾押韵形式，押韵格式为 AABB，这种格式既常用在英语四行诗中，也照顾到了原诗押韵格式，符合中国传统对句押韵的习惯。在音步上，不追求英语诗歌中严格的五音步抑扬格形式，根据原诗内容需要采用四音步、五音步等，偶有三音步和六音步出现，符合民间歌谣形式灵

---

①　王宏印，崔晓霞：《论戴乃迭英译〈阿诗玛〉的可贵探索》，《西南民族大学学报（人文社会科学版）》，2011 年第 2 期，第 203 页。

活的特点,如《高皇歌》第 23 条笔者试译为:

> At his five-color spots people stare,
> The twelve-feet dragon is exotic and rare.
> He has dragon head and unicorn body;
> After His figure, King named Him Longqi.

对"龙麒"采取音译,并加注释以解释其文化含义:*Longqi*(龙麒)in Chinese is composed of two Chinese characters "龙"(*long*)and "麒"(*qi*), referring to the deified and auspicious creatures of dragon and unicorn respectively。

当然,作为翻译初学者,笔者因能力所限,可能还无法完美地传递原作的神韵,尝试译之,旨在抛砖引玉,以期在异域为弘扬民族文化尽一份力。

第二节 《高皇歌》汉英对照

《高皇歌》①
Song of Gaohuang

1

盘古开天到如今,
世上人何②几样心;
何人心好照直讲,
何人心歹侩③骗人。

---

① 浙江民族事务委员会:《畲族高皇歌》,北京:中国广播电视出版社,1992 年。
② 何:畲语称"有"为"何"。
③ 侩:畲音"嗨","会"的意思。

1

Since the beginning of the world,
Different human beings, the earth holds.
Some are always nice and kind;
Some are liars with filthy minds.

2

盘古开天到如今,
一重山背一重人;
一朝江水一朝鱼,
一朝天子一朝臣。

2

Since the beginning of the world,
Many majestic views it unfolds.
Though mountains stand, rivers flow;
Change of ministers, a new sovereign will show.

3

说山便说山乾坤,
说水便说水根源;
说人便说世上事,
三皇五帝定乾坤。

3

Every mountain has its own traits;
Every river has its own source;
Human beings can't live out of all;
In the world our sage kings fall.

4

盘古置立三皇帝，

造天造地造世界；

造出黄河九曲水，

造出日月转东西。

4

*Pangu*①, the creator, separated heaven and earth;

His eyes became Sun and Moon after death;

His body turned into mountains, blood into rivers;

Running the legends of our sacred maker.

5

造出田地分人②耕，

造出大路分人行；

造出皇帝管天下，

造出人名几样姓。

5

He made farmland for people to plough;

And the first path he broke out;

He gave people different names;

Kings of later ages inherited his fame.

6

盘古坐天万万年，

---

① *Pangu*: the first living being and the creator of the world in Chinese mythology. According to legend, in the beginning, there was only darkness and chaos, and the sky and earth were one blurred entity which coalesced into a cosmic egg for about 18000 years. *Pangu* emerged (or woke up) from the egg and began creating the world by separated the Earth (murky *Yin*) and the Sky (clear *Yang*) with a swing of his giant axe.

② 分人：给别人。

天皇皇帝先坐天；
造出天干十个字，
十二地支年年行。

6

Pangu's sovereign ran thousands of years.
Then came the Emperor of Heavenly Sovereign[①];
He created ten heavenly stems, twelve earthly branches[②],
To calculate the changing seasons and passing years.

7

天皇过了地皇来，
分出日月又分岁；
一年又分十二月，
闰年闰月算出来。

7

After Heavenly Sovereign was the Earthly One[③],
Who divided one year into twelve months;

---

① The Emperor of Heavenly Sovereign, *Tianhuang*, was the first Chinese legendary emperor after *Pangu*'s era and was the first in the "Three Emperors and Five Sovereigns" in Chinese mythology. According to *Book of History*, *Tianhuang* who had twelve heads, cast his magic to fill the earth with water. He lived until his age of eighteen thousand.

② Heavenly stems and earthly branches, collectively known as Stem-Branch or *Gan-Zhi*, are used to record the years, months, days and hours in the traditional Chinese calendar. In Chinese mythology, it was *Tianhuang* who built the system of 10 heavenly stems and 12 earthly branches. The 10 heavenly stems are *Jia*, *Yi*, *Bing*, *Ding*, *Wu*, *Ji*, *Geng*, *Xin*, *Ren* and *Gui*. The 12 earthly branches are *Zi*, *Chou*, *Yin*, *Mao*, *Chen*, *Si*, *Wu*, *Wei*, *Shen*, *You*, *Xu* and *Hai*. Each heavenly stem is paired with an earthly branch to form the *Gan-Zhi* sexagenary cycle that starts with *Jia-Zi*.

③ The Emperor of Earthly Sovereign, *Dihuang*, was the second Chinese legendary emperor after *Pangu*'s era and was the second in the "Three Emperors and Five Sovereigns" in Chinese mythology.

And created a leap month in his lunar calendar①,

To make it consistent with the law of nature.

8

地皇过了是人皇，

男女成双结妻房；

定出君臣百姓位，

大细辈分排成行。

8

Then Human Sovereign② followed on，

Who built marriage for couples depending upon.

And conceptualized monarch and subjects，

So that everyone knew their status.

9

当初出朝真苦愁，

掌③在石洞高山头；

有巢皇帝銎人讲④，

教人起寮⑤造门楼。

9

Life was hard in the primitive days；

---

① There is an intercalation in Chinese lunar calendar in timekeeping. It is to insert a leap day, week, or month into some calendar years to make the calendar follow the seasons or moon phases. In the myth of *She* Minority, it was Earthly Sovereign (*Dihuang*) who built the system of intercalation.

② Human Sovereign, *Renhuang*, was the third Chinese legendary emperor after *Pangu*'s era. According to *Yiwen Leiju*（《艺文类聚》），he was the third and last in Three Sovereigns.

③ 掌：畲语称"住"为"掌"。

④ 銎人讲：跟人讲，和别人讲。畲音"侬"。

⑤ 寮：畲音为"唠"，住房或家中称"寮"，造房子称"起寮"。

Only in the mountain caves did people stay.

It was Emperor *Youchao*[①] who built the first nest house;

Then people didn't live in the dark holes like mouse.

10

古人无食食鸟兽，

夹生夹毛血流流；

燧人钻木又取火，

煮熟食了人清悠[②]。

10

Life was hard in the primitive days;

Eating raw birds and beasts was the normal way.

It was Emperor *Suiren*[③] who drilled wood to make fire;

To him, people enjoying the cooked food, forever admired.

11

三皇过了又五帝，

五个皇帝先后排；

伏羲皇帝分道理[④]，

神农皇帝做世界。

11

After three Sovereigns were five sage Kings,

---

① Emperor *Youchao*, is the inventor of houses and buildings, according to Chinese ancient mythology. He is said to have been one of The Three Sovereigns in ancient China.

② 清悠:舒服的意思。

③ Emperor *Suiren*, was included on some ancient lists of the legendary Three Sovereigns in ancient China. He was credited with introducing the practice of drilling wood for fire. The character "燧" includes the character "火"(fire) on its left side, while the character "人" means "people," or "person."

④ 伏羲是中华文明的人文始祖。这里"分道理"可以按人文理解。

Who in turn took the world under their rulings.
Among them, King *Fuxi*① ranked the first,
Creating Chinese culture for the best.

12

神农就是炎帝皇，
作田正何五谷尝②；
谷米豆麦种来食，
百姓何食正定场③。

12

The second was King *Shennong*④, the divine Farmer,
Who was the *Leisi*, a ploughshare's inventor.
He taught the ancients to grow grains,
Making the world rich and people enjoy their gains.

13

神农皇帝真聪明，
教人采药医病人；
亲尝百草医毛病，
后来成佛做灵神。

---

① King *Fuxi*, is a legendary ancient Chinese ruler and culture hero, credited with creating humanity and the invention of the writing system of Chinese characters. In the myth of *She* Minority, *Fuxi* is counted as the first of the Five Sage Kings after the Three Sovereigns at the beginning of the Chinese dynastic period.

② 作田正何五谷尝：种田才有五谷尝。

③ 何食正定场：有吃的才安定。

④ King *Shennong*, means Divine Farmer or God Peasant, a mythical sage ruler of prehistoric China. In the myth of *She* Minority, *Shennong* is among the Five Sage Kings after King *Fuxi*, and have been traditionally given credit for the invention of the *Leisi* (a plowshare for farming), digging wells, and agricultural irrigation and so on.

13

King *Shennong* was kind and brave；
All the sick and patients He wanted to save.
Hundreds of medical herbs，He tasted；
And as the Father of Chinese medicine①，is venerated.

14

神农过了是轩辕，
造出何车又何船；
衫衣亦是轩辕造，
树叶改布着巧软②。

14

Then King *Xuanyuan*③ followed by，
Who made boats and carts of the first kind.
He also invented warm and soft clothing，
That the tree leaves can't make the feeling.

---

① In Chinese mythology，*Shennong*，besides having taught humans the use of the plow together with other aspects of basic agriculture，tasted plants to test their qualities on himself and cured diseases by the use of medicinal plants. According to some versions of the myths about *Shennong*，he eventually died as a result of his researches into the properties of plants by experimenting upon his own body，after，in one of his tests，he ate the yellow flower of a weed that caused his intestines to rupture before he had time to swallow his antidotal tea. For his great contribution，people honored Him as the father or founder of Chinese medicine.

② 着巧软：穿起来较软。

③ King *Xuanyuan*，also known as the Yellow Emperor，is one of the legendary Five Sage Kings and culture heroes in Chinese mythology. In traditional Chinese accounts，the Yellow Emperor is credited with the inventions of carts，boats，and clothing and of. He teaches the nomadic hunters of his tribe how to build shelters，tame wild animals to improving their livelihood. For His numerous inventions and innovations，the Yellow Emperor is now regarded as the initiator of Chinese civilization，and said to be the ancestor of all Chinese.

15

轩辕过了金天皇①，

何道何理坐大堂；

传位颛顼管大下，

历书出在颛顼皇。

15

Next was the sage King *Jintian*②，

Governing the world with morals and intelligence.

To King *Zhuanxu*③，He passed the crown；

By whom the Chinese calendar was worked down.

16

颛顼以后是高辛，

三皇五帝讲灵清；

帝喾高辛是国号，

龙麒④出世实为真。

16

Of five sage Kings，the last was King *Gaoxin*⑤；

---

① 金天皇：指古代神话中西方天神少昊金天氏，为五帝之一。

② King *Jintian*，also known as *Shaohao*，is usually identified as a son of the Yellow Emperor and is counted in some myths as one of the legendary Five Sage Kings.

③ King *Zhuanxu*，also known as *Gaoyang*，is the grandson of the Yellow Emperor，and is listed as one of the legendary Five Sage Kings by many resources. He made contributions to a unified calendar. According to *The Bamboo Annals*，*Zhuanxu* "invented calendric calculations and delineations of the heavenly bodies."

④ 龙麒：畲族族谱称龙麒为畲族始祖。

⑤ King *Gaoxin*，usually referred to as *Ku* or *Diku* that means Emperor *Ku*，also known as the "White Emperor," is the fifth one of the Five Sage Kings according to many versions of the list. In *The Bamboo Annals*，one of the earliest sources，it is mentioned that when Emperor *Zhuanxu* died，a descendant of *Shennong* named *Shuqe* raised a disturbance，but was destroyed by the prince of *Sin*，who was *Ku* (*Gaoxin*)，a descendant of *Huangdi*，who then ascended to the throne.

Whose legends people always sing.
He is also known as Emperor *Ku*；
And the story of *Longqi*'s birth[①] is true.

17

盘古传到高辛皇，
扮作百姓眙田场[②]；
出朝游行天下路，
转去京城做朝皇。

17

Inheriting the virtues of his forefathers，
King *Gaoxin* loved his sisters and brothers.
To know better his subjects' life，
He often traveled around in disguise.

18

贤皇高辛在朝中，
刘氏君秀坐正宫；
正宫娘娘得一病，
三年头昏耳又痛。

18

When King *Gaoxin* was busy in the royal court，
A sick feeling，Queen *Liu*[③] sometimes caught.
It was a small pain from her ear，
But lasted three years and made her fear.

---

① In the genealogy of *She* ethnic group, *Longqi*, also named as *Panhu*, *Gaohuang*, *Longhuang*, was depicted as the ancestor of *She* nationality. *The Song of Gaohuang* is a long epic of *She* nationality extolling the great achievements and contributions of the *She*'s ancestor, *Longqi*.

② 眙田场：眙，畲音"太"，"看"的意思。看某一地方称为"眙田场"。

③ Queen's surname is *Liu*（刘），and given name *Junxiu*（君秀）。

19

高辛坐天七十年，
其管天下是太平；
皇后耳痛三年久，
便教朝臣喎先生①。

19

When back to the capital city of the nation,
He devoted all his life to its civilization.
Over seventy years under his govern;
A peaceful and prosper land was the nation. ②

20

先生医病是明功，
取出金虫何三寸；
皇后耳痛便医好，
金虫取出耳焓痛。

20

At last, an imperial doctor was invited in;
Taking out a golden worm from ear of Queen;
Then the chronic pain disappeared;
And Queen *Liu* no longer feared.

21

取出金虫三寸长，

---

① 喎先生：请先生。喎，"叫，喊"的意思。

② English stanza 18 and 19 are reordered for a logic and concise expression of the source meaning. Stanza 18 in the English version is mainly translated from line 1 and 2 of stanza 19 in the original Chinese version. English stanza 19 is translated from Chinese stanza 18 and line 3 and 4 of Chinese stanza 19.

便使金盘银斗装；
一日三时仰①其大，
变作龙孟丈二长。

21

The golden worm was three inches long；
A big golden plate was used to put it on.
But it grew up too fast，
In a day a twelve-feet dragon② at last.

22

变作龙孟丈二长，
一双龙眼好个相；
身上花斑百廿点，
五色花斑朗毫光。

22

The twelve-feet dragon bore a majestic looking；
His eyes seem to be in commanding；
His body has hundreds of colorful spots；
The brilliant lights are shining from these dots.

23

丈二龙孟真稀奇，
五色花斑花微微；
像龙像豹麒麟样，

---

① 仰：较远地看称"仰"。

② Dragon, a symbol of the emperor and supreme power, is a deified and auspicious creature in the traditional culture of China. Like other nationalities in China who call themselves "the descendants of the dragon," the *She* ethnic group also firmly believe that their ancestor, *Longqi*, transformed from the dragon and they are the offspring of the dragon.

皇帝取名喎龙麒。

23

At his five-color spots people stare;
The twelve-feet dragon is exotic and rare.
He has dragon head and unicorn body;
After his figure, King named him *Longqi*[①].

24

龙麒生好朗毫光，
行云过海本领强；
人人眹见心欢喜，
身长力大好个相。

24

His colorful spots are shining;
His long strange body is amazing.
He can ride upon clouds across sea;
People all adore Him with great joy.

25

当朝坐天高辛皇，
国泰民安谷满仓；
番边番王恶心起，
来争江山抢钱粮。

25

At the time of King *Gaoxin*'s Reign,
People enjoyed the life with abundant grain.

---

① *Longqi*（龙麒）in Chinese is composed of two Chinese characters *long*（龙）and *qi*（麒）, referring to the deified and auspicious creatures of dragon and unicorn respectively.

The Chieftain of west frontier，out of envy，
Wanna rob the country's peace and prosperity.

26

番王作乱反过边，
手上兵马无万千；
争去地盘几多郡，
边关文书报上京。

26

Holding thousands of troops and horses，
The Chieftain led his rebel forces.
And seized lots of cities and towns，
The country's unity and stability was gone.

27

番边大乱出番王，
高辛皇帝心惊慌；
便差京城众兵起，
众兵差去保边疆。

27

Informed of the news of frontier revolt，
King *Gaoxin* was very shocked.
At the rebellion，he got so angry；
And sent forth his armies in hurry.

28

番边番王过来争，
齐心去守九重城①；

---

① 九重城：古制，天子之居有九重门。这里是指京城。

京城众兵无千万，

众兵使力①守京城。

28

King's well-guarded palace in capital,

A symbol of power, the Chieftain aimed for;

Though troops in the city were rare,

Its security was all men's first care.

29

调去兵马十万人，

打了一仗失了兵；

又差上将带去打，

高辛皇帝是劳心。

29

Ten thousands soldiers answered His call;

But King *Gaoxin* lost his first battle.

In order to get rid of the hard trouble,

King sent out his most powerful chief general.

30

番边兵马来的强，

高辛兵马难抵挡；

打过几回都输了，

退兵回转奏高皇。

30

The rebels' forces were, however, so strong;

---

① 使力：用力。

That the power of King's army couldn't go beyond.
After several tough resistances to foe's fierce attack，
The chief general had to withdraw his army back.

31

高辛接本心惊慌，
便唱朝官来思量；
一切办法都使尽，
挂出皇榜招贤郎。

31

Heard of the terrible news of defeat，
King *Gaoxin* was scared to fall off his seat.
Ministers and courtiers were called for advice；
An able man they suggested to invite.

32

皇帝准本便依其，
京城四门挂榜词；
谁人平得番王乱，
第三公主结为妻。

32

King had to agree with the proposal；
An imperial notice was put on city wall.
Whoever could knock down the insurgence，
Would be rewarded to marry my third princess.

33

皇榜内里表灵清，
谁人法高挂帅印；

收服番边番王乱，

招为女婿再封身。

33

The message in the notice was clear；

King wants an able man as his troops' leader,

To suppress the rebellion，he promised the man,

A royal marriage and high position if he could win.

34

榜词挂在四城门，

众人来肽闹纷纷；

千万人子肽过了，

无人何敢揭榜文。

34

On gates of the capital were posted King's rewards；

Thousands of people flocked in city to see his words；

Wow！What a great temptation！

But nobody dared to accept the invitation.

35

挂出皇榜三日正，

龙麒晓得近前仰；

随手便来收皇榜，

收落皇榜在身边。

35

When it was hotly discussed，

Three days had passed；

Heard of the news，*Longqi* came to one gate；

Pulling down the notice，he wanna decide his own fate.

36

朝官带其见皇帝，

龙麒自愿去平西；

领旨转身唔①见影，

一阵云雾去番界。

36

Longqi followed courtiers into the court，

And told King his humble thought；

That he'd like to serve King to beat the traitors.

Getting King's order，he rode clouds to west border.

37

龙麒来到番王前，

番王眈见快活仙；

带在身边实欢喜，

时时刻刻綮其行。

37

At the first sight of *Longqi*'s figure，

The Chieftain was pleased to give all his favor.

He liked *Longqi* very much，

And gave him absolute trust.

38

龙麒自愿去番边，

服侍番王两三年；

---

① 唔:"不"的意思。

何计何谋何本事，
天地翻转是我赢。

38

How brave and wise *Longqi* was！
When he voluntarily came to the west，
He carefully planed to serve the Chieftain for a while，
Then to kill the traitor with a hidden dagger in a smile.

39

番王出兵争江山，
回回打仗都是赢；
喝拢将兵来请酒，
兵营食酒闹纷天。

39

Since he had sent troops to rob King's city，
Every time the Chieftain won King's army.
To celebrate his triumph，
The Chieftain feasted his men each time.

40

兵营请酒闹纷纷，
番王食酒醉昏昏；
一日连食三顿酒①，
散了酒筵就去眠。

40

The Chieftain feasted his men each time，

---

①　三顿酒：三餐喝酒。

And was served too drunk.

Even three meals a day，he spared no alcohol；

Then into dead sleep，he definitely fell.

41

番王酒醉眠高楼，

身盖金被银枕头；

文武朝官唔随后，

龙麒割断番王头。

41

On a golden bed，the Chieftain was snoring aloud；

Off the grand palace，all his servants were kept out.

Pretending to do service，*Longqi* seized the opportunity，

And cut the head of the drunken Chieftain.

42

割断王头过海河，

番边贼子赶来多；

枪刀好似林竹笋，

追其唔着无奈何。

42

Carrying the Chieftain's head，*Longqi* fled quickly；

Revenging，flocks of rebels chased him closely.

As many as the bamboo shoots in spring，

Their sharp swords and spears stabbed nothing.

43

番兵番将追过来，

云露雾来似云盖；

番边番兵追唔着，

其追唔着往后退。

43

When *Longqi* was hunted for，

Heavy fog rose up and no trace the rebels saw．

Seeing no chance to catch him anymore，

Resentfully，the rebels had to withdraw．

44

割来王头过海洋，

神仙老君来相帮；

腾云驾雾游过海，

官兵接头使盘装。

44

On his way back，a vast sea，*Longqi* had to cross；

*Laojun*① helped him with supernatural force．

Riding clouds，he crossed the boundless ocean；

Back to the capital，he handed the head to King's men．

45

带转王头上殿来，

高辛眹见笑嗳嗳②；

番王作乱都平服，

龙麒公主结头对③。

---

① *Laojun* is commonly known as *Taishang Laojun*（太上老君），The Grand Supreme Elderly Lord in Chinese Taoism．The prototype of *Laojun*，in many resources，is *Laozi*，the Taoist ancestor，one of the most famous thinkers in pre-Qin dynasty．

② 笑嗳嗳："笑嘻嘻"的意思。

③ 结头对:结姻缘。

45

Winning the war，*Longqi* came back to the court；
King *Gaoxin* was delighted to listen to his report.
Since the rebellion had been suppressed，
Longqi could marry princess as King had said.

46

官兵接头使盘装，
奉上殿里去见王；
皇帝眈见心欢喜，
愿招龙麒做婿郎。

46

The Chieftain's head was placed in a box；
King's servant took it into the royal court.
Seeing the dead head，King was very pleased，
To marry his princess to *Longqi*.

47

文武奏上皇帝知，
皇帝殿里发言辞；
三个公主由你拣，
随便哪个中你意。

47

All the courtiers hailed in chorus their supports；
For their King could willingly keep his words；
Anyone of my three princesses you fancied，
To whom you could get married.

48

头是龙孟身是人，
好度皇帝女结亲；
第三公主心唔愿，
龙麒就讲去变身。

48

With a dragon head, *Longqi* looked uncommon;
To marry a princess, he had to be a human.
The princess was indeed unwilling to marry a monster;
Longqi promised to change himself into a new figure.

49

金钟内里去变身，
断定七日变成人；
皇后六日开来眈，
龙麒钟里变成人。

49

He was covered with a golden bell; In this way,
Longqi would become a man in the seventh day.
On the sixth day, Queen couldn't wait to see;
The bell opened, *Longqi* had taken a human body.

50

龙麒平番是惊人，
公主自愿来结亲；
皇帝圣旨封下落，
龙麒是个开基人。

50

Deeply touched by his heroic contribution，
The third princess agreed to marry *Longqi*，a normal human.
To whom，King *Gaoxin* awarded a piece of land；
Where *Longqi*，as our *She* ethnic founder，would stand.

51

龙麒平番立大功，
招为驸马第三宫；
封其忠勇大王位①，
王府造落在广东。

51

Killing the rebel Chieftain in the war，
Longqi hence became the King's third son-in-law.
With a title of *Zhongyong Wang*②，the brave prince，
He built his palace in *Guangdong* province.

52

王府坐落在广东，
忠勇平番显威风；
亲养三男一个女，
带上殿里去捞封③。

52

In *Guangdong*，*Longqi* was allowed build a mansion，
For his faithful service and brave action.

---

① 忠勇大王位：高辛帝封龙麒为忠勇王。
② *Zhongyong*（忠勇）in Chinese means being loyal and brave. Only kings，princes，dukes or high ministers could be praised with the title of *Wang*（王）in traditional Chinese culture.
③ 捞封：求封赐。"捞"，讨求的意思。

He raised three boys and one girl there;
And requested King to name them as a favor.

53

亲养三子生端正，
皇帝殿里去捞姓；
大子盘装姓盘字，
二子篮装使姓蓝。

53

The three boys all had noble looks;
King gave them surnames in the court.
Carried on a tray, the eldest son was named *Pan*①;
Packed in basket, the second got the name of *Lan*②.

54

第三细崽③正一岁，
皇帝殿里捞名来；
雷公云头响得好，
笔头落纸便姓雷。

54

His one-year-old youngest son was also brought into the court;
King heard a loud sound of thunder when in deep thought.
Inspired, King named the boy *Lei*④ after God Thunder,
And wrote down the Chinese character *Lei* on paper.

---

① A tray or plate is sounded as *Pan*（盘）in Chinese.
② The basket sounds *Lan*（蓝）in Chinese.
③ 细崽：最小的儿子。
④ Thunder is called as *Lei*（雷）in Chinese.

55

忠勇受封在朝中，

亲养三子女一宫；

招得军丁为驸马，

女婿本来是姓钟。

55

After entitled *Zhongyong Wang* in the capital city,

Back to his fief, *Longqi* raised up four kids.

Married to a soldier named *Zhong*,

His daughter took her husband's family name.

56

三男一女封端正，

好奊皇帝管百姓；

掌在广东潮州府，

留传后代去标名。

56

All his children were entitled with official names;

Longqi governed his fief well and won a good fame.

His fief was located at *Chaozhou*, *Guangdong* province;

A place kept in the heart of all his offsprings.

57

皇帝圣旨话难收，

敕封龙麒掌潮州；

皇帝若末你未末，

你奊日月一同休。

57

King appointed *Longqi* the governor of *Chaozhou*;
And King's powerful decree could not be revoked.
If one didn't abide by his words,
Down in the west as sunset, he would fall.

58

龙麒自愿广东去，
皇帝圣旨讲分你；
六个大仓由你拣，
随便哪仓中你意。

58

Before *Longqi* was going to his fief,
King had issued another edict to reward him;
"Of six trunks filled with different kinds of objects,
As a reward, you can pick the one you like best."

59

六个大仓共一行，
金银财宝朗毫光；
六个大仓都一样，
开着一个是铁仓。

59

All casting brilliant golden glow,
The six trunks were lined up in a row.
While other trunks had gold and silver,
One trunk was filled with ironware.

60

六仓都是金锁匙，

皇帝圣旨交付你；

金银财宝使唔着，

开来一仓是铁器。

60

All trunks were equipped with golden locks;

King allowed *Longqi* to take a look.

Those trunks with treasures he didn't care;

But opened the trunk full of ironware.

61

问其纱帽爱唔爱，

锁匙交其自去开；

纱帽两耳其唔得，

自愿拣顶尖尖来①。

61

When asked whether he liked gauze cap or not;

Longqi wanna not the cap of high official,

As picking up the key to the trunk with ironware,

He would rather choose a straw hat②.

62

龙麒自愿官唔爱，

京城唔掌广东来；

① 自愿拣顶尖尖来：自愿选一尖顶笠。

② In ancient China, officials wore a black gauze cap on formal occasions, while the ordinary people wore the straw hat. The gauze cap was, therefore, compared to the position of official and the straw hat the common public.

自愿唔爱好田地，
山场林上自来开。

62

Wanting not to be a top official，
To *Guangdong*，*Longqi* left the capital.
Giving up King's fertile fields，
He cultivated lands in mountains.

63

龙麒自愿去作山^①，

去辇皇帝分江山；

自耕林土无粮纳，

做得何食是清闲。

63

Cultivating lands in mountains，
Longqi wanna to be self-dependent.
Farming on his private lands，
He lived an easy life without paying grain tax.

64

龙麒起身去广东，

文武朝官都来送；

凤凰山上去落业，

山场地土由其种。

64

When he was going to leave for *Guangdong*，

---

① 去作山：去种山。

All high officials came to see him off.
He started his pioneering work on Phoenix Mountain①,
Where forests and fields were waiting for his cultivation.

65

凤凰山上去开基，
作山打铳都由其；
山林树木由其管，
旺出子孙成大批。

65

Farming，hunting and cultivating，
Longqi worked hardly on everything.
He pioneered fertile lands on Phoenix Mountain；
That fostered generations of his offspring.

66

龙麒自愿官唔爱，
一心闾山学法来；
学得真法来传祖，
头上又何花冠戴。

66

Instead of seeking high rank and great wealth，
Longqi went to Mountain *Lü*② to learn magic spells.
Wearing colorful crown and robe，

---

① Phoenix Mountain，located at *Chaozhou*，*Guangdong* province，is the holy ancestral birthplace of the *She* ethnic group. In Chinese culture，Phoenix，the king of birds，is a symbol of auspicious happiness. The *She* people worship Phoenix totem and regard themselves as the descendants of the phoenix.

② Mountain *Lü*（闾山），located in *Liaoning* Province，north part of China，is one of the famous Taoist Holy Land.

He cast the spells to protect his people.

67

当初天下妖怪多，

闽山学法转来做；

救得良民个个好，

行罡作法斩妖魔。

67

In ancient times, ran wild demons and ghosts.

Learning well the magic spells,

Longqi killed demons and drove ghosts,

Leaving his people a clean and peaceful world.

68

闽山学法法言真，

行罡作法斩妖精；

十二六曹①来教度，

神仙老君救凡人。

68

The spells were truly powerful;

Demons were killed and ghosts driven off.

Instructed by twelve Mages② and praying to *Laojun* the immortal,

His descendants could learn the spells and save more our mortals.

---

① 十二六曹：畲族举行传师仪式时，有法师 12 人，统称"十二六曹"。

② To teach descendants the spells, the *She* people will perform sacred rites and invite twelve mages as the instructors. The mages are called *Liucao*（六曹）in *She* dialects.

69

香烧炉内烟浓浓，

老君台上请仙宫；

奉请师爷①来教度，

灵感法门传子孙。

69

Burning incense,

Praying to *Laojun*,

A young pupil worshipped his ancestors,

To pass on him the magic spells.

70

灵感法门传子孙，

文牒奉请六曹官；

女人来做西王母②，

男人来做东皇公③。

70

To pass on the magic spells,

Mages should be invited to hold a formal ceremony;

---

① 师爷：畲族老祖先人物，尊称为师爷。

② 西王母：畲族举行传师学师仪式时，对女法师的称谓。

③ 东皇公：畲族举行传师学师仪式时，对男法师的称谓。

The women Mages are addressed as *Xi Wangmu*[①],

And the men Mages *Dong Huanggong*[②].

71

盘蓝雷钟学师郎，

收师捉鬼法来强；

手把千斤天罗网，

凶神恶煞走茫茫。

71

All young pupils are *Longqi*'s descendants,

Who learned the spells to kill demons.

With mighty power, they spread huge trap;

Any evil monsters, they can catch.

72

凤凰山上鸟兽多，

若好食肉自去捯[③]；

手擎弓箭上山射，

老虎山猪麂鹿何。

---

① *Xi Wangmu*（西王母）is the title of a female Mage when holding an instructing rite to teach the young *She* people the magic spells. *Xi* in Chinese means the west, and *Wangmu* refers to the woman who takes high position. In the traditional Chinese culture, the two term *Yin* and *Yang* are used to describe how the seemingly opposite or contrary forces may be actually complementary, interconnected, and interdependent in the natural world. Though semantically complex, *Yin* is characterized as slow, soft, yielding, diffuse, cold, wet, and passive; and is associated with water, earth, the moon, the west, femininity, and nighttime. *Yang*, by contrast, is fast, hard, solid, focused, hot, dry, and active; and is associated with fire, sky, the sun, the east, masculinity and daytime.

② *Dong Huanggong*（东皇公）, is the title of a male Mage. *Dong* in Chinese means the east, and *Huanggong* refers to the man with high position.

③ 若好食肉自去捯：如要吃肉，自己到山上去猎取。

72

On Phoenix Mountain live wild animals，
Which are the food to our *She* people.
With bows and arrows，
Our ancestors hunted animals.

73

凤凰山上是清闲，
日日擎弩去上山；
乃因岩中捉羊崽，
龙麒斗死在岩前。

73

Shooting animals in the Mountain，
Longqi enjoyed the ease life of hunting.
As a storm may arise from a clear sky，
Accidentally falling off a steep cliff，he died.

74

龙麒身死在岩前，
寻了三日都唔见；
身死挂在树桠上，
老鸦来唰正寻见。

74

For a lamb on cliff，*Longqi* lost his life.
Three days has gone by；
When his men did，his body find，
By a magic crow as their guide.

75

崎岩石壁青苔苔，

山林百鸟尽飞来；

吹角鸣锣来引路，

天地灵感放落来。

75

Holden by a tree branch on the slippery moss cliff，

His body was surrounded by hundreds of crying birds.

Beating drums and blowing horns，

People prayed Heaven to put his body down.

76

龙麒放落安棺掉，

大细男女泪哭燥；

头戴白帽两个耳，

身着苎布尽戴孝。

76

When putting *Longqi*'s body in coffin，

People cried their eyes out in mourning.

Wearing white hat and linen apparel①，

All his descendents attended his funeral.

77

龙麒落棺未安葬，

功德②日夜做得忙；

闾山法主来安位，

又请三清师爷官。

---

① In traditional Chinese culture，people dressed in white to attend the funeral.

② 功德：畲族老人死后的祭奠仪式称"做功德"。

77

Before burying his coffin into earth，
People held memorial activities to lament his death.
Praying the Mage of Mountain *Lü* for his bless，
People also invited Taoist Masters. ①

78

河南祖师安两边，
超度功德做你先；
天神下降来超度，
超度龙麒上西天。

78

After bowing to their ancestral tablets，
People performed the memorial ceremony，
Wishing the Immortals to protect *Longqi'* soul，
A peaceful living in Heaven World.

79

凤凰山上去安葬，
孝男孝女尽成行；
文武百官送上路，
金榜题名占地场。

79

People from all works of life mourned their Lord，
And attending the funeral possession were all officials.

---

① Chinese Taoism has a great influence on the culture of *She* ethnic group，who worshiped the Three Pure Ones，the three highest Gods in the Taoist pantheon，and usually invited Taoist Masters when holding a funeral ceremony.

With a grand monument inscribed of King's words,

His dutiful sons buried him in Phoenix Mountain.

80

金榜题名实是真,

文武百官送起身;

铁链吊棺①未落土,

缴去②棺汗无官荫。

80

The monumental inscription was granted by the King,

All officials deeply mourned his passing.

Longqi's coffin was hung by an iron chain③,

To keep his soul flying up to Heaven.

81

龙麒坟安龙口门,

一年到暗水纷纷④;

又何真龙结真穴,

荫出千万好子孙。

81

Longqi's grave sits at the gate of a Dragon cave,

In traditional geomantic omen a treasure place.

In the shade of the magic Dragon,

Longqi's offspring would be blessed by Heaven.

---

① 铁链吊棺:指畲族悬棺葬习俗。

② 缴去:揩去。

③ The hanging-coffin funeral is one of the Chinese burials in the southern ancient ethnic minorities. To worship their ancestors, the *She* ethnic group hung the coffins of their ancestors on the cliff to give eternal rest to the ancestors' souls.

④ 一年到暗水纷纷:终年下毛毛雨。

82

凤凰山上安祖坟，
荫出盘蓝雷子孙；
山上人多难做食，
分掌潮州各乡村。

82

His grave lies in the treasure land of Phoenix Mountain.
Under the blessings of the ancestor and Heaven,
His descendants flourished so much in population;
That they had to move to rural villages for a living.

83

当初掌在凤凰山，
做得何食是清闲；
离田三丈无粮纳，
离木三丈便种山。

83

When our ancestors living in Phoenix Mountain,
The life was easy and food was abundant;
No tax grain they had to pay to state;
And lots of woods from mountain they could freely take.

84

凤凰山上一朵云，
无年无月水纷纷；
山高水冷难做食，
也无谷米枭何银。

84

Living in the clouds-wreathed Phoenix Mountain,
People had to get over the bad weather of year-round raining.
Living in the high and chilly Phoenix Mountain,
His increasing descendants found no more land for farming.

85

今下唔比当初时,
受尽阜老①几多气;
朝中无亲难讲话,
处处阜老欺侮你。

85

Time had changed a lot;
His death cut down our support from royal court.
Circumstance had changed a lot;
Bullyings from *Han Fulaos*② got more and more.

86

一想原先高辛皇,
四门挂榜招贤郎;
无人收得番王倒,
就是龙麒收番王。

86

In deep memorial of *Longqi*,

---

① 阜老:畲族称汉人为"阜老",这种称呼含有贬义。由于历史的局限,古代畲族人民不可能认识到欺压他们的是汉族统治阶级,而不是所有汉人。

② Bullied and oppressed by some *Han* officials, the ancient *She* ethnic group called the *Han* people the "*Fulao*," which was slightly derogatory. Due to historical limitations, the ancient *She* people could not be fully aware that they were tyrannized not by the common *Han* people but those *Han* officials in the ruling class.

Our *She* people recalled his heroic deeds:
Answering the call of King *Gaoxin*,
Longqi killed the rebel Chieftain.

87

二想山哈①盘蓝雷，
京城唔掌出朝来；
清闲唔管诸闲事，
自种林土山无税。

87

In deep memorial of *Longqi*,
Our *She* people thought of his decision:
Leaving away the imperial capital,
He wanted to be a free hunter, not high official.

88

三想陷浮四姓亲，
都是南京②一路人；
当初唔在京城掌，
走出山头受苦辛。

88

In deep memorial of *Longqi*,
Our *She* people recalled his four offsprings:
Following their father to live in mountain,
They got a lot of sufferings.

---

① 山哈：畲族自称。
② 南京：指当时的都城，不是现在的南京。

89

收倒番王何主意，

京城唔掌走出去；

唔肯龚皇分田地，

子孙无业乃怨你。

89

To answer the King's call,

You made wise decision, my Lord!

To choose the hard life in mountain,

Why had you not taken careful consideration?

90

山场来龚皁老争，

山无粮纳争唔赢；

朝里无亲话难讲，

全身是金使唔成①。

90

Those greedy *Fulaos* of *Han* people,

Came to grab our land more and more.

Since nobody in court spoke for us any more,

The precious lands, we lost a lot.

91

当初皇帝话言真，

盘蓝雷钟好结亲；

千万男女莫作贱，

莫嫁皁老做妻人。

---

① 使唔成：没有用。

91

King *Gaoxin* once instructed our ancestor：

She people should keep endogamy① forever.

Don't marry those greedy *Fulaos* indeed，

For that would make us insulted.

92

当初皇帝话言真，

吩咐盘蓝四姓亲；

女大莫去嫁阜老，

阜老翻面便无情。

92

King *Gaoxin* once instructed our ancestor：

She people should be close to each other.

Don't marry those ruthless *Fulaos* indeed，

For they are always cold-blooded.

93

皇帝圣旨吩咐其，

养女莫嫁阜老去；

几多阜老无情义，

银两对重莫嫁其。

93

Do not marry *Fulaos* of *Han* people；

These are King *Gaoxin*'s words.

None of *Fulaos* could show any mercy；

What they cherish is only money.

---

① Owing to class oppression and ethnic oppression，the ancient *She* ethnic group practiced a custom of ethnic intermarriage within their race. This restriction has now been abolished.

94

皇帝圣旨话言是，
受尽阜老几多气；
养女若去嫁阜老，
好似细细①未养其。

94

King's instructions are reasonable;
Those *Fulaos* often bullied our *She* people.
If our daughter married into a *Fulao*'s family,
She were no more our dear sweety.

95

当初出朝在广东，
盘蓝雷钟共祖宗；
养女若去嫁阜老，
就是除祖灭太公。

95

With his four children, *Longqi* came to *Guangdong* Province,
And built the birthplace of our *She* people by every means.
If our daughter married into a *Fulao*'s family;
She would be a shameful traitor of our family.

96

广东掌了几多年，
尽作山场无分田；
山高土瘦难做食，
走落别处去作田。

---

① 好似细细：就像很小。

96

For many years in the Phoenix Mountain,
Our forefathers mainly lived on hunting.
More population, less lands for farming,
They had to find other place for a living.

97

走落福建去作田,
亦何田地亦何山;
作田作土是辛苦,
作田亦爱靠天年。

97

When arriving at *Fujiang* Province,
They found many lands for farming.
Though sparing no efforts on plowing,
Sometimes they lived on Heaven's providing.

98

福建田土也是高,
田土何壮也何瘦;
几人命好做何食,
几人命歹做也没。

98

As it differs from man to man,
The rich soils yield more than the barren.
Though our forefathers worked hard on farming,
The poor lands brought them almost nothing.

99

兴化古田①好田场，
盘蓝雷钟掌西乡；
阜老欺侮难做食，
走落罗源篓连江②。

99

Settled in *Xinghua* County and *Gutian* County③,
They built on countryside, our *She*'s family.
The greedy *Fulaos* bullied again our *She* people;
To leave for *Luoyuan* and *Lianjiang*④ once more.

100

福州大府管连江，
连江罗源好田庄；
盘蓝雷钟四散掌，
亦未掌着好田场。

100

Under the jurisdiction of *Fuzhou*⑤, *Lianjiang* County,
Is neighbored with Luoyuan County.
Though the two counties have abundant fertile land,
Living scattered, our forefathers took little in hand.

---

① 兴化、古田：兴化即现在福建莆田市，古田现在为福建的一个县。浙江畲族有不少支族由古田迁来。

② 罗源、连江：现均为福建的县名。浙江畲族有不少支族由罗源、连江迁来。

③ The ancient *Xinghua* County is now *Putian* City in *Fujian* Province. *Gutian* is also now a county of *Fujian*. There are many *She* families whose ancestors moved from *Gutian* to *Zhejiang* Province.

④ *Luoyuan* and *Lianjiang* are now two counties of *Fujian* Province. Many *She* families in *Zhejiang* migrated from *Luoyuan* and *Lianjiang*.

⑤ *Fuzhou* (福州) is the capital city of *Fujian* province.

101

掌在福建去开基，
山哈四姓莫相欺；
你女若大我来度①，
我女若大你度去②。

101

Reclaiming wasteland in *Fujian* Province,
They built a new living space for our *She* ethnic.
Deeply attached to each other,
Our *She* families kept intermarriage forever.

102

古田是古田，
古田人女似花千③；
罗源人子过来定，
年冬领酒担猪乑④。

102

Gutian, our *She*'s home place,
Raised up our girls with beautiful face.
Boys from *Luoyuan She* families,
Raced in sending rich betrothal gifts⑤.

103

罗源是罗源，

---

① 你女若大我来度：你家女子长大后，我家来娶。
② 我女若大你度去：我家女子长大后，嫁给你家。
③ 似花千：形容容貌很漂亮。
④ 领酒担猪乑：结婚时，男方给女方送酒菜和整乑猪肉等彩礼。
⑤ In the traditional wedding custom of the *She* ethnic, the bridegroom should give the bride lots of gifts for the engagement and wedding feasts. Usually these gifts are wine, meat and grain.

罗源人女似花旦；
连江人子过来定，
年冬领酒过来扮①。

103

Luoyuan, our *She*'s home country,
Raised up our girls like beautiful fairy.
Boys from *Lianjiang She* families,
Carried plenty of foods for wedding feast.

104

连江是连江，
连江人女好个相；
古田人子过来定，
年冬领酒担猪羊。

104

Lianjiang, our *She*'s hearth home,
Raised up our girls everyone wants to take home.
Boys from *Gutian She* families,
Hurried to bring their lovers wedding money.

105

古田罗源暨连江，
都是山哈好住场；
乃因官差难做食，
思量再搬掌浙江。

---

① 过来扮：到女方摆酒宴。

105

Gutian，*Luoyuan* and *Lianjiang*，
Our *She*'s lovely hometown.
As bullied and oppressed by *Han* officials，
Our forefathers moved to *Zhejiang* once more.

106

福建官差欺侮多，
搬掌景宁龚云和①；
景宁云和浙江管，
也是掌在山头多。

106

Persecuted by *Han* officials in *Fujian* Province，
Our forefathers moved to *Zhejiang* Province，
And settled down in the mountain country，
Of *Jingning* County② and *Yunhe* County③.

107

景宁云和来开基，
官府阜老也相欺；
又搬泰顺平阳④掌，
丽水宣平⑤也搬去。

---

① 景宁、云和：景宁，即现在景宁畲族自治县，现有畲族 17300 余人。云和，现为浙江丽水地区的一个县，现有畲族 9100 余人。

② *Jingning* County is now *Jingning She* Autonomous County under the jurisdiction of *Lishui* City，*Zhejiang* Province. It has over 17300 *She* people.

③ *Yunhe* County，now a county of *Lishui* city，*Zhejiang* province，has over 9100 *She* people.

④ 泰顺、平阳：均为温州市属县，平阳现有畲族 9600 余人，泰顺现有畲族 15000 余人。

⑤ 丽水、宣平：丽水即现丽水市，有畲族人口约 18550 人。宣平过去为丽水地区的一个县，现已撤销，并入丽水市和武义县。

107

As they dwelled in Jingning and *Yunhe* not long,
The *Han Fulaos* and officials pushed them around.
Some moved to *Lishui* and *Xuanping*①,
Some to *Taishun* and *Pingyang*②.

108

蓝雷钟姓分遂昌③,
松阳④也是好田场;
龙游兰溪⑤都何掌,
大细男女都安康。

108

Some resided in *Suichang*⑥;
Some settled in *Songyang*⑦;
In *Longyou*⑧ and *Lanxi*⑨ lived our *She* people;
All wanted to enjoy a life that's peaceful.

109

盘蓝雷钟一宗亲,
都是广东一路人;

---

① *Lishui*, now *Lishui* City in *Zhejiang*, has more than 18550 *She* people; and *Xuanping*, once a county under the jurisdiction of *Lishui* City, is now incorporated into *Lishui* City and *Wuyi* County.

② *Taishun* and *Pingyang*, with the *She* population of over 9600 and 15000 respectively, are both the counties under the jurisdiction of *Wenzhou* City.

③ 遂昌:丽水地区的县名,现有畲族 13900 余人。

④ 松阳:丽水地区的县名,现有畲族 5400 余人。

⑤ 龙游、兰溪:龙游为浙江衢州市属县,现有畲族 9300 余人。兰溪为浙江金华市属县,现有畲族 3000 余人。

⑥ *Suichang*, a county of *Lishui* City, has over 13900 *She* people at present.

⑦ *Songyang*, a county of *Lishui* City, has over 5400 *She* people at present.

⑧ *Longyou*, a county of *Quzhou* City, has over 9300 *She* people at present.

⑨ *Lanxi*, a county of *Jinhua* City, has over 3000 *She* people nowadays.

今下分出各县掌，
何事照顾莫退身。

109

Wherever our *She* people go to live,
We are all belonging to the same family.
Though scattering in different regions,
We should keep close and good relation.

110

盘蓝雷钟在广东，
出朝原来共祖宗；
今下分出各县掌，
话语讲来都相同。

110

Wherever our *She* people go to reside,
We all keep *Guangdong*，our birthplace in mind.
Though our living places are different，
We all speak the same *She* accent.

111

盘蓝雷钟一路人，
莫来相争欺祖亲；
出朝祖歌唱过了，
子孙万代记在心。

111

Wherever our *She* people settled down，
The good tradition should be carried on.
Following the instructions of our ancestors,

We should always love and help each other.

112

盘蓝雷钟一路郎，

亲热和气何思量；

高辛皇歌传世宝，

万古留传子孙唱。

112

Wherever our *She* people settled in,

We all share the same origin.

Singing the Song of *Gaohuang*,

We will pass it on and on.

第四章　《高皇歌》英译的民族志阐释

在汉字记录的手抄本基础上整理编辑而成的《畲族高皇歌》，既是对畲族民族发展历史和社会生活习俗的记录，同时又因书中保存着丰富的畲族民族史料，也是众多民族志学者和歌手经过田野调查得来的非常珍贵的民族志研究资料，具有重要的民族志研究意义。英译《畲族高皇歌》需要借鉴民族志诗学研究方法，深入畲族人民之中进行田野调查，了解畲族独特的民族文化，还要仔细分析蕴含在民族志文本中的民族志特征，在双语转换过程中，尽量在译入语中保存和传达出畲族风俗习惯和文化特征。

第一节　民族志、民族志诗学、民族志翻译

一、民族志

"民族志"这个词语从其构成上来看，包括"民族"和"志"两个成分。"志"，动词为"记载"的意思，名词指"记载的文本"。《说文解字》：志，从心，之声。又记也。《正字通》记载凡史传记事之文，曰"志"。《周礼·春官》：小史掌邦国之志。因而，"民族志"从其词义构成上来说，就是指记录、描述一个民族生活方式的文本。

民族志文本描写的内容是多方面的，可以说，囊括一个族群生活的方方面面。民族志作者通过"民族志"文本，将一个族群的生活方式、思维习性、制度体系以及文化创造等方面系统地描述并呈现出来。描述、记录族

群的生活方式，就成为民族志的首要任务。当然，民族志文本不仅仅停留在记录族群生活方式上，在记录的过程中，也融入了民族志作者的情感和态度，还投射出该族群的文化特征。因而民族志文本的呈现方式也是多样的，既有民族志作者在异族见闻的游记和考察记录，也有在深入田野调查后的族群研究理论阐述。"作为文体，民族志的独特性在于，它既不是纯粹的学术论文，又不是纪实的历史文本，也不是虚构的文学作品，但又包括或可以包括这三种文体的成分。民族志的叙述有相当灵活的表现空间，对事实和现象进行记录、描述的'志'，对'所志对象'进行分析、解释的'论'，对情节冲突、人物个性的刻画及其间融入表述者感情和文学性修辞策略、艺术技巧所体现出来的'文'，三者以不同的比重被不同的民族志作者加以匹配。"①

这种"志""论""文"三者在民族志文体上的体现，又反映出民族志在形成的过程中民族志作者所采纳的写作方法，即为了写作民族志，民族志作者需要对族群生活和文化现象进行细致记录，以及基于现象的描述抽绎出关于族群对象世界的理解和理论推演，从深层去把握族群文化的实质。因此，从事民族志写作与研究的人类学家又把民族志理解为一种了解某一个社会或族群及其文化形态的手段，一种与"民族"有关的研究方法。在当代文化人类学中，民族志是其最重要的研究方法，两者联系极为紧密。"作为方法的民族志，其最大特点是田野作业，亦即长时间生活在对象世界里，通过参与观察和深度访谈获取研究所需要的信息。"②田野作业作为一种实地调查的方法，在人类学研究中很早就有学者使用，但"真正把实地调查的要求贯彻到底的人还是马林诺夫斯基（Bronislaw Kaspar Malinowski）"③。他在 1922 年出版的《西太平洋的航海者》是民族志代表作。书中，作者认为人类学家应尽可能地详细了解土著人实际生活的各个方面，为"把握土著人的观点及他与生活的关系，搞清他对世界的看法"，"在较长一段时间中，民族志学者参与人们的生活，观察发生了什么，聆听他们说什么，并提出问题"。他把这种方法称为"参与观察法"，且认为是民族志方法体系的

---

① 李立:《民族志理论探究与文本分析》,北京:人民出版社,2017 年,第 5 页。
② 同上,第 2 页。
③ 同上,第 3 页。

核心内容。① 实际上,马林诺夫斯基的这种参与观察法,并不同于一般意义上的调查,而是把田野作业、理论和民族志等三者相结合,用一套有效的科学规则把研究者与资料收集者两种身份相结合,民族志的写作者需要在价值无涉的前提下,描述他者文化,揭示文化的真实性,从而使得民族志研究方法具有严密的科学性。也正是自马林诺夫斯基以后,民族志的发展从早期的"业余民族志"转变为"科学民族志"②。他所创造的"参与观察法"也使得人们认识到一般意义上的田野作业在民族志实践和研究中的重大意义,成为人类学学科基本方法论。

由此,从马林诺夫斯基以后,民族志就具有这样两层含义:一是指涉一种特殊的学术研究方法,即人类学家对研究对象的现场性参与观察;二是指涉运用这种方法取得的研究成果,即在调查基础上进行描述性写作所产生的文本。当代西方民族志研究已经进入高丙中所概括的"反思(实验)民族志"时代。在后现代意识形态背景下,以马林诺夫斯基为代表的功能主义民族志书写模式不断受到质疑,人类学家开始反思和推敲民族志书写的客观真实性,开始把研究的目光从对象转向研究者本身及其自我体验,从作者的客观描述转向作者、读者等的对话参与,从无涉价值的第三人称描述转向有浓厚主观色彩的第一人称叙述。在这些反思浪潮中,书写着的价值认知、族群的文化心理等特征开始为人们所重视。而其中,阐释人类学家格尔茨(Clifford Geertz)所开创的"深度描写"(thick description)显微研究方法极富启迪意义。他借鉴哲学家赖尔(Gilbert Ryle)提出的"深描"术语,提出民族志也是深描的观点,认为文化是行为化的符号,深描可以将任何一种人类行为和文化现行的本意尽可能地还原。利用深描的手法,可以揭示族群内在的认知结构和文化语法。"目前,由于民族志这种方法重视

① Malinwoski, Bronislaw: *Argonauts of the Western Pacific*, Prospect Heights. Illinois: Waveland Press, Inc., 1984: 25.

② 高丙中把西方民族志发展历程概括为三个阶段:业余民族志、科学民族志和反思(实验)民族志。业余民族志是异域见闻的产物,带有史学、游记色彩。科学民族志肇始于19世纪末,一批具有自然科学背景的人类学家用科学思维考察族群文化,强调科学考察的真实性,以把人类学打造成真正的科学。反思民族志是在20世纪60年代出现的,那时人类学界出现了反思人类学的潮流,质疑民族志文本的真实性描述是否可行,挑战经典人类学权威、命题和方法。参考高丙中:《〈写文化〉与民族志发展的三个时代(代译序)》,选自詹姆斯·克利福德,乔治·马库斯著,高丙中,吴晓黎,李霞等译:《写文化:民族志的诗学与政治学》,北京:商务印书馆,2006年。

研究对象的社会行为及其与整个社会文化之间的关系,具有跨学科的性质,所以又被广泛运用到其他学科的研究中。"[1]

基于上述对民族志概念的分析,民族志是人类学者研究族群时所使用并形成一定范型的民族志研究方法以及所书写的文本。

二、民族志诗学

"民族志诗学"最早出现在 1968 年出版的杂志《多石的小溪》(*Stony Brook*)中。诗人罗森博格(Jerome Rothenberg)以"民族志诗学"命名该杂志的一个栏目,以此表达他寻求一种更好地翻译和转写口头诗歌(主要是北美印第安人诗歌)手段的愿望。1970 年,他再次用"民族志诗学"作为自己与泰德洛克(Dennis Tedlock)合办的杂志《黄金时代:民族志诗学》(*Alcheringa:Ethnopoetics*)刊名,刊发一些对非洲、亚洲、大洋洲和美洲本土口头艺术的转录、翻译和录音整理作品。随着诗人大亭·安亭(David Antin)、加里·斯奈德(Gary Snyder)、斯坦利·戴尔蒙德(Stanley Diamond)等的加入,"民族志诗学"这一术语也由此逐渐在学术界传播开来。

民族志诗学是在民俗学研究和人类学研究等多学科思潮影响下而产生的一种多学科阐释框架。而在民族志诗学诞生之前,西方民族学、民俗学、人类学研究普遍奉行欧洲中心主义传统,注重书写传统的研究,对非欧洲的、口头的传统存在明显的偏见,甚至忽视。20 世纪 60 至 70 年代,西方人类学中口传文化研究和表演理论的影响力越来越大,一些对人类学感兴趣的诗人和对诗歌有较深入研究的语言学家、人类学家在口传文学作品和表演艺术上找到了共同的兴趣点,关注并重视民族文化传承中的口耳交流方式,如用说话、吟唱方式呈现的谚语、谜语、寓言、咒语等各种叙事。他们反对用西方的标准来衡量非西方的语言艺术,反对用作家文学的理念来看待口头传统,以纠正欧洲中心主义书写传统对非西方的、口头的传统所存在的偏见。他们认为世界上每一种特定文化都有各自独特的诗歌,这种诗歌在艺术结构和美学表达上都有其独有的特征,应该充分尊重和欣赏不同文化所独有的诗歌及其艺术特点,在揭示和挖掘这些独特的诗歌艺术特征

---

[1]　张进:《民族志》,《国外理论动态》,2006 年第 3 期,第 62 页。

的时候,应将这些民族文本置于其自身所在的文化语境中加以考察和分析。一个新的学术方向于是开始形成:

> 在世界范围内探讨文化传统,特别是无文字文化传统中的诗学,希望通过对人类诗歌创作的充分探索,达成以下目的:1)拓展我们怎样理解一首诗的问题;2)提供一个空间,为我们对部落的/口头的诗歌的翻译进行实验,提供一个园地,使得我们可以基于彼此极为不同的语言和文化,来探讨翻译中的问题以及连译的可能性;3)鼓励诗人积极参与部落的/口头的诗歌的翻译;4)鼓励民族学家和语言学家从事相关领域中被长期忽视的口头艺术研究,强调部落诗歌自身所具有的价值,而不仅仅将它们视作民族志的材料;5)在诗人、民族志学者、表演者和其他人之间开展合作项目;6)通过文本呈现的样例和评述,强调部落诗歌在今天的意义。①

民族志诗学的核心在于尊重不同民族及其文化信仰,在民族文化语境中考察具有独特民族文化特征的口头诗歌文本,探讨口头文本转写和翻译方法,并且通过对文本呈现方式的探寻,对口头表演中的表达方式和修辞方式进行观照,从而把握口头表演的艺术性,在书面写定的口头文本中完整再现该文本所具有的表演特性。罗森博格在研究北美印第安人口头传统文化时发现,早期的一些学者所转写或翻译的土著民族诗歌出现了很多的改写和增删,书面文本中为避免口头诗歌中大量的反复,会改变原来口头文本中的一些语词或将其完全删除,还有一些原本诗歌中没有的意象和观念被转写者或翻译人员按照西方观念加进来,原有的口头诗歌风貌丧失殆尽。作为民族志诗学的倡导者,罗森博格认为,这些改写和增删显然是按照西方传统而做出的,而在民族文化语境中,这些被删除的口头上的重复等特征对于民族诗歌而言,是十分重要的。因此,罗森博格等主张民族志诗学的学者们恢复那些被篡改过的民族诗歌的原貌,主张在口头生活世界的语境中转写和翻译民族诗歌。他采用一种"完全翻译"(total

---

① 巴莫曲布嫫,朝戈金:《民族志诗学》(*Ethnopoetics*),《民间文化论坛》,2004年第6期,第90页。

translation)的做法,结合具体语境,不仅重新翻译了这些口头诗歌的语句,而且尽可能利用一些符号等在书面文本中再现原有诗歌的声音等音乐性特征,使得口头诗歌的口头性和表演性都能在翻译和转写中表现在书面文本上。因此,民族志诗学的实质就是扎根于民族文化与信仰,用富有民族色彩的叙事来寻求民族文学根本性特征的表达,从而深入表现民族的文化表象和心理性格。

民族志诗学的真正价值在于其民族性和异质性。对于无文字民族而言,其独特的民族文化往往体现在民族的口传文学作品之中。民族志诗学所关注的最为重要的一个方面就是在活态的话语语境中对口头艺术所呈现的声音等形式进行诗学分析。《黄金时代:民族志诗学》杂志的合办者之一、民族志诗学倡导者泰德洛克指出,口头艺术是由多种声音构成的。[①] 对于口头文本而言,声音的意义大于其他许多因素。他在对美国新墨西哥州祖尼(Zuni)印第安人的口传诗歌进行转写时,就侧重于口头诗歌"声音的再发现",设计出一整套的符号记录各种口头声音的特质,以从内部复原印第安诗歌的语言传达特征。并且,他还进一步评估了以往对口头文本转写和翻译后的书面文本,分析这些文本中没能再现原来口头文本特征的原因。他认为,要精细、准确地呈现口头文本的叙事特征,需要将原作的表演风格和声音等融入书面文本之中。比如,重音词语可以用大写字母来表示,发声轻的词语就用细小的字体,叙述中的停顿可以用句子的中断来表示,拉长符号可以用来表示拖音,等等,而圆括号或注释等可以用来表示口头文本讲述者的表情、手势,甚至听众的反应等。在泰德洛克的倡导和引领下,大批的民族志诗学的实践者在民族志撰写和录入中开始重视在书面文本中再现口头叙事的声音特质,多采用分行录入方式,力求完整表现口头文本中的语气变化、声音顿挫等特征。

除了"声音的再现"外,民族志诗学关注的另一个重要内容就是民族文本的"形式的再现",重视在转录过程中忠实传达民族文化,特别是口传作品表演形式上的独特特征,以再现民族文化的民族性和异质性。戴尔·海默斯(Dell Hymes)在对美国西部海岸印第安部落进行田野调查时,发现用书面文本记录下来的民间叙事也可以采用民族志诗学来分析。他注意到

---

① 杨利慧:《民族志诗学的理论与实践》,《北京师范大学学报(人文社会科学版)》,2004 年第 6 期,第 49-54 页。

这些土著诗歌结构上存在内在规律性的"韵律"（measure），即在诗歌内部结构上存在一种"语法——语义上的反复"①，因此他用以确定诗歌分行的标准不是泰德洛克所注重的停顿，而是文本组织形式背后的法则，即为什么在一定的间歇点产生停顿，通过这些停顿使文本形式上具有什么样的结构等，于是民族诗歌的诗行、诗句、诗节、场景、动作、音步等因素都被纳入他所关注的对象范围中。他号召民俗学研究者要关注民族文学的呈现形式，注重口头表演的诗学特质，如口语的范型、平行式、修辞结构等，并通过记录、描述、阐释来保存这些民族文化传统。

总的说来，民族志诗学的基本理念认为："口头语言民俗的诸多文类都可能具有诗性，这种诗性可以通过分行的形式来再现，在关注口头艺术诗学特性的同时，也关注其表演性等等。"②基于这样的理论认识，民族志学者为了在书面转写中呈现口头艺术丰富的表演特性，发展出了整套关于在书写文化中进行口头艺术文本转录和翻译的符号形式，并在民族文化转写实践中提炼出民族志转录的理论与方法，从而极大地丰富了书写文化对口头艺术的表现力，为深入研究和传承民族文化提供了新的视角和领域，也为深化人们对自身所属群体、族群的口头传承的认识和鉴赏提供了极有价值的途径。

三、民族志翻译

对于"民族志翻译"，我们可以从以下三个方面来理解：首先是民族志和翻译两者之间的联系。作为文本和研究方法的民族志与翻译之间有天然的紧密关系，民族志文本书写的过程，其实就紧密包含了语言和文化的翻译转换。其次是作为文本的民族志在向外传播过程中的翻译实践，如我国少数民族典籍外译。最后，民族志研究方法和民族志诗学理论具有天然的跨学科性质，其方法和理论必然可以为同具跨学科性质的翻译实践及其研究给予借鉴和指导。因而，"民族志翻译"也包含了民族志理论在翻译实践和研究中的应用及其指导作用。

---

① Quick, Catherine S., Ethnopoetics. *Folklore Forum*, 1999 30(1-2):30.
② 杨利慧：《民族志诗学的理论与实践》，《北京师范大学学报（人文社会科学版）》，2004 年第 6 期，第 53 页。

（一）民族志和翻译的关系

前文在介绍民族志时指出，民族志一般是人类学家对族群及其社会进行观察、搜集资料、记录、描述后所形成的具有独特民族特征的文本，也指涉他们对观察结果进行解释评价的研究方法。可以说，无论是作为文本的民族志还是民族志研究方法，民族志与翻译之间具有十分紧密的关系。

作为文本的民族志，其书写的过程实际上就是对民族文化的进行阐释性描述的过程，也是翻译的过程。民族文化，特别是很多无文字的少数民族文化，往往是以口头形式保存并流传下来的，表现为丰富的口头文学和表演艺术形式。民族志学者在搜集和整理这些口头文学作品之后，经过观察加工，以本族语言文字的形式转写下来，这本质上就是两种语言文化的翻译过程。语言层面上，民族志文本是对无文字的他族文化的文本化转换的结果；符号层面上，民族志文本在转写过程中也必然要求用文字符号尽可能保留那些口头语言特征和表演仪式等，这就是雅克布逊所说的"符际翻译"①；文化层面上，民族志文本包含丰富的跨文化属性，民族志文本就是民族志学者跨文化实践和跨文化研究的结果。在面对族群文化的时候，民族志学者是这些他族文化的"读者和作者"，其目的就是以民族志的形式，将他族文化和异域风貌尽可能客观真实地再现出来。民族志就是对他族文化的一种书写方式。在对他族文化的阐释方面，民族志和翻译是共同的、一致的。"民族志和翻译的根本性质和最终目的是文化之间的互动和文化的交流，这是两者能够相互阐发的基础。"②也正是基于此，文化人类学者埃文斯·普理查德（Evans·Pritchard）将"文化翻译"视为民族志研究的中心任务③，他认为："向他者叙述异域部落成员如何思考的问题是作为翻译问题被提出来的，并且变得十分重要，与此同时，也要求在翻译中，原本

---

① 美国语言学者罗曼·雅克布逊（Roman Jakobson，1896—1982）认为解释语言符号的方式可以分为三种：它可以被翻译为同种语言的其他符号，可以被翻译为另一种语言，还可以被翻译为非语言系统的符号。由此，他将翻译分为三类：语内翻译、语际翻译和符际翻译。

② 段峰：《文化翻译与少数民族文学对外译介研究　基于翻译研究和和民族志的视角》，北京：外语教学与研究出版社，2016 年，第 60 页。

③ 由人类学家埃文斯·普理查德（Evans Pritchard）于 1951 年提出。转引自段峰：《文化翻译与少数民族文学对外译介研究　基于翻译研究和和民族志的视角》，北京：外语教学与研究出版社，2016 年，第 60 页。

就存在与异族语言中的、具有一致性的原始思维可以用我们的语言思维清楚地再现出来。"①跨文化性就成为"民族志"和"翻译"之间共同的属性。对此,民族志研究刊物《黄金时代:民族志诗学》在创刊号中直接将"翻译"纳入其办刊目的之中:

> 提供一个空间,为我们对部落的/口头的诗歌的翻译进行实验;提供一个园地,使得我们可以基于彼此极为不同的语言和文化,来探讨翻译中的问题以及连译的可能性,鼓励诗人积极参与部落的/口头的诗歌的翻译。②

(二)民族志文本的翻译实践

在面对民族志文本时,对于民族志学者的本族读者而言,它是民族志学者跨文化阐释和翻译的结果,是了解和认识民族文化及其社会习俗的一个窗口。然而,在传承和发展民族文化的途径中,除了对民族文化的他族语言进行书面转写外,还存在一种十分重要的文化传播方式,那就是民族志文本本身的对外翻译实践。

首先,从翻译的途径上来说,作为他族语言翻译结果的民族志文本的再次外译,这是一种再翻译,即翻译的翻译。在民族志文本的书写语言选择上,一般因为英语作为全球主流语言,西方世界民族志研究者对非洲、美洲土著民族社会生活等的描述往往采用英语书写;我国少数民族,特别是没有文字的少数民族文学作品主要也是借助汉字来记录书写,以使民族文化习俗得以更好地传承。因此,这些英、汉语等语言书写的民族志文本在世界范围内传播就必然涉及再次互译的问题。例如,美国学者马克·本德尔(Mark Bender)总结中国少数民族语言转换为外语的三种方式为:

> 第一种是利用既有的汉文译本来进行基本的外文翻译;第二

---

① Lienhardt, Godfrey. Modes of Thought. In Edawrd Evans-Pritchard, ed. *The Institutions of Primitive Society*. Oxford: Basil Blackwell, 1954: 95.
② 巴莫曲布嫫,朝戈金:《民族志诗学》(*Ethnopoetics*),《民间文化论坛》,2004 年第 6 期,第 90 页。

种是从口头的原语言直接翻译为目标语的文字,比如说从达斡尔语翻译成英文;第三种是利用书面(或经过编辑的)双语译本来进行翻译。①

马克·本德尔这里提到的第一种和第三种方式就与用他族语言书写的民族志文本外译途径一致,即都涉及三种语言的转换:少数民族语言(口语)—汉语—英(外)语。

其次,民族志文本再翻译过程涉及的不仅仅是三种不同的语言,而是更为复杂的语言中所蕴含的丰富的民族文化、伦理等问题,其复杂性已经远超我们传统意义上的文本翻译。民族志学者在书写民族志时因其面对的民族文化大部分是以口头文学形式存在,可以说这是对一种没有原文本的他族文化的理解和书写,因而这种书写过程往往赋予民族志学者很大权力,会受到书写者所有的主流文化意识的很大影响。虽然在西方民族志发展的"科学民族志"时代,马林诺夫斯基总结自己的田野调查经验,确立了"科学人类学的民族志"的准则,要求科学的民族志必须做到搜集资料的主体与理论研究的主体的合一,做到客观科学再现民族文化,但在现象学哲学、解释学、后现代主义思潮等的影响下,人们反思实地调查等经验研究方法的客观性,拉比诺(Paul Rabinow)等学者将这种客观民族志研究置于反思性审视思维之中,认为民族志书写不可能是一个完全"主体无涉"的客观和科学性的过程,他们认为这是"对求知主体的一种客观化"。布迪厄(Bourdieu)在给拉比诺的著作《摩洛哥田野作业的反思》所作的跋中认为,这"标志着另一种更具有决定性的决裂,即与实证主义对科学工作的观念决裂,与对'天真的'观察的自满态度决裂,与对尼采所谓的'纯洁受孕的'教条的毫无杂念的自信决裂,与不考虑科学家,而把求知主体降低到登记工具的科学所依赖的奠基思想决裂"②。

在实际的田野调查和民族志书写过程中,无论哪个时代的民族志研究者都会将自己的主体意识带入写作之中。在西方民族志诗学产生之前,西

---

① 马克·本德尔著,吴姗译,巴莫曲布嫫审校:《中国少数民族口头文学的翻译》,《民族文学研究》,2005 年第 2 期,第 142 页。

② Rabinow,Paul. *Reflections on Fieldwork in Morocco*. California:University of California Press. 1977:163.

方民族学、民俗学研究奉行欧洲中心主义传统和书写传统,对口头传统存在偏见,认为非洲、拉美等地的口头诗歌原始粗鄙,缺乏艺术价值,故而民族志学者多采用改写的方式,用规则的韵文进行改造,使之符合西方读者的口味。民族志诗学产生之后,民族志学者明确反对这种偏见,提出要尊重这些口头传统,在文本书写中要尽量还原这些声音、表演到各类叙事之中,但这种"还原"虽然在表面看来涉及的是语符之间的转换,是将他族口语材料进行文本化的过程,但这个过程更多的还是"将他族整个文化作为理解、翻译的对象,所以,在民族志的文化翻译中,我们经常找不到一个具体、固定的源语文本的存在,我们所看到的是民族志学者基于自己的文化心理和文化框架,理解、解读、记录他族文化的过程,即所谓翻译的过程"①。因而在这种整体性的"文化翻译"(转换)和民族志学者主观性因素的参与下,民族志学者从异族文化转写而来的这些民族志文本就必然是多方阐释的结果,涉及多种文化。

与民族志的书写相比,民族志的外译实践则有了相对固定的原文本——民族志,这是一种文本翻译过程,但其复杂性又远远超越了一般的文本翻译。一方面,民族志外译从民族志文本出发,需要在技术层面上考虑民族志文本语言和目的语言之间的语言差异,这就要求译者应在翻译过程中认识到对这些语言差异进行分析的重要性,文本翻译如离开语言对比分析和语符转换这一基本方法,那就仅仅是一个隐喻而已;另一方面,民族志文本是对民族口头文化的转写,还保留了大量的民族口头文化特征,因而即使在民族志文本的外译实践中,为尊重民族语言文化,这些原始的口头性文化特征同样需要得到尊重。这就要求译者在文本翻译中,倾听他族文化的声音,在语言符号的转换中尽可能保留那些他族语言文化的独特性。由此,译者在转换民族志文本的过程中所遇到的制约因素远大于一般的双语转换,即既要受到民族志文本所使用的语言文化制约,考虑到民族志书写者的阐释、修辞和写作特征,又要考虑到民族志文本所书写的对象民族的语言文化因素,在这三重的跨文化语境中,在分析语言差异中寻找到文化差异,并进行跨文化比较和沟通,从而更好地推动民族文化走向世界。

---

① 段峰:《文化翻译与少数民族文学对外译介研究 基于翻译研究和民族志的视角》,北京:外语教学与研究出版社,2016年,第26页。

此外,在民族志文本的外译所处的三重跨文化语境中,译者所处的不同的社会文化语境也会对译者的文化心理产生影响,从而制约译者的民族志文本的翻译实践行为。以我国少数民族典籍外译为例,我国许多少数民族典籍都是一些汉语学者在长期搜集和田野调查的基础上用汉语转写的,这种转写本实质上就是民族志文本。在对这些民族志文本进行外译时,一些国外译者由于内在的西方中心主义意识,以及对中华少数民族文化的了解还不够深入等,在翻译伦理和翻译职责方面表现出较多的任意性,甚至是抱着猎奇的文化心理来处理这些少数民族作品,以迎合西方读者的文化猎奇心态。如已故英国汉学家阿瑟·韦利(Arthur David Waley)在翻译我国蒙古族民族典籍《蒙古秘史》时,所采用的文本就是明朝的汉语总译本。他从纯文学角度理解这本具有丰富民族文化的蒙古典籍,仅仅将其视为一部文学故事集,忽视了文本珍贵的历史文化价值。"不同于一些学者,我认为《蒙古秘史》的历史价值几乎为零,我在这里是把它作为传说故事而不是历史来呈现的。"[①]韦利后来在其生前出版的最后一部文集《蒙古秘史及其他》中坦言,吸引他翻译这部汉语《蒙古秘史》的是作品中迥异于他所在的西方工业文明的特质,他是把《蒙古秘史》作为异族的新鲜故事讲给他的西方读者听的。从迎合西方读者的口味出发,他在《蒙古秘史》英译过程中删除原文的韵味形式,简化原文中众多的复沓和叠唱,剔除不少蒙古民族善用的形象比喻等就不难理解了。

因此,民族志的再翻译实践是涉及语言、文化、伦理等众多问题,是超越传统的两种语言文本互换的三重跨文化转换过程,其复杂性远远超过传统的忠实于原文和等效原文意义的翻译行为。这要求民族志翻译者一定要在尊重民族语言文化的前提下,充分认识民族志文本的语言文化特质,了解民族志文本外译过程中的复杂性,选择合适的翻译策略和措施,以有利于推动民族文化向外传播。

(三)民族志理论在翻译实践和研究中的作用

随着民族志研究的深入发展,特别是民族志诗学理论的兴起,作为研究方法的民族志研究已经走出人类学研究领域,成为社会研究的一种普遍

---

① Waley, Arthur. *The Secret History of Mongols and Other Pieces*. London: George Allen & Unwin Ltd., 1963: 8.

途径,为许多学科及应用领域所使用。天然具有跨学科属性的翻译研究在其学科发展过程中,也是不断借鉴和吸收相关学科的理论和方法。民族志将"文化翻译"视为其书写过程中的首要任务,这一点与以不同语言文化间的转换为研究对象的翻译研究如出一辙,因而民族志研究方法和理论必然对翻译研究具有天然的吸引力。而"在人类学的视野中,民族志和翻译具有长久的渊源关系。很长一段时期,翻译理论都是在人类学的背景下发展的,文化交流和再现他族文化是民族志和翻译聚合在一起的可能性所在"①,基于这种共同的聚合点,民族志理论对翻译实践和研究必然具有巨大的借鉴和指导价值。

首先,民族志书写中的"文化翻译观"提升了文化转换在翻译研究中的地位和作用。民族志文本的书写过程实际上是民族志学者在对他族文化的田野研究中,将对他族文化的理解用本族语言书写出来的过程,同样包含了一般意义上翻译过程的两个部分——理解和表达,即民族志学者是将所考察的他族文化整体上作为一个文本来阅读、理解和阐释,并呈现出来。而在这种文化翻译过程中,民族志书写者面对的并不是现有的固定文字文本,而更多的是活态的口头语言文化。对此,民族志学者凯特·斯特奇用"文化作为文本"来概括民族志的这种文化翻译观。她在《表现他者:翻译、民族志学和博物馆》一书的摘要中就指出:文化人类学一直以来就将翻译作为一种文本实践,翻译经常被用作一种隐喻来描写民族志的阐释过程和跨文化比较。② 这与一般意义上的基于源语文本的翻译概念就有差异,翻译在民族志研究中成为阐释和表现民族文化的途径和方式,而民族文化又成为其翻译转换所操作的具体文本对象,文化翻译由此成为民族志书写实践的实质和根本性任务。

翻译研究在其学科发展历程上也经历了从传统的重视语言文本层面上的分析到注重文本所在的文化语境的考察这种过程,特别是在翻译研究的"文化转向"之后,翻译研究学者开始将文化研究中的问题集合在翻译的隐喻之下,借鉴文化研究的理论观点,讨论不同文化语境之下的翻译标准、

---

① 段峰:《文化翻译与少数民族文学外译研究 基于翻译研究和民族志的视角》,北京:外语教学与研究出版社,2016 年,第 67 页。

② 转引自段峰:《文化翻译与作为翻译的文化——凯特·斯特奇民族志翻译观评析》,《当代文坛》,2013 年第 3 期,第 153 页。

意识形态和翻译权力、性别和翻译、翻译与殖民化、翻译是改写等问题。以原文为中心的翻译研究观也已经让位于以过程为中心和以译本为中心的翻译研究。在这种文化研究的影响下，翻译研究自身的范围也在不断扩大，除了继续关注语言差异和文化差异为目的的翻译转换外，更多的是关注这些差异背后所体现出来的文化霸权、权力和意识形态等语言层面之外的对翻译活动带来深刻影响的因素。翻译研究的这种发展变化历程和重心迁移，与民族志研究所经历的"业余民族志""科学民族志"和"反思民族志"三个时代在对他族文化调查方法和文化观的改变上极其类似。从参与观察他族文化到力求准确再现他族文化再到对他族文化的阐释和书写，民族志的文化翻译观与翻译研究的文化观无疑都是从隐身于语言走向研究者视野的前台，特别是民族志研究将他族文化作为文本的书写过程，强调其写作过程中的修辞性和创造性，更是同翻译研究的文化学派提出的"操纵"和"改写"论在本质上不谋而合，强调在接受文化和译语文化语境中考察语言文化转换，强调接受文化或译语文化所在的诗学规范、权力、意识形态等因素在民族志书写和翻译中的影响。而在翻译研究和民族志研究相类似的发展历程中，在推动文化翻译成为民族志研究和翻译研究共同重心的过程中，许多翻译研究学者的理论背景就恰恰来自民族志研究所隶属的社会人类学。如后殖民视角的文化翻译概念就是由英国社会人类学家霍米·巴巴（Homi K. Bhabha）在其著作《文化的定位》（*The Location of Culture*）①中首次提出。他用"文化翻译"一词来表现那些非主流文化学者在主流文化中的生存状态，既缺乏对自我身份的确定，又无法认同主流文化，处于一种"第三空间"或"第三文化"的状态。这种文化翻译与后殖民研究中的文化混杂、文化迁徙等意思类似，表达出人类学者在后殖民语境中对非主流文化的关注和重视。也正是在这后殖民研究思潮的引领下，文化翻译概念从民族志、人类学领域不断延伸到文化研究和翻译研究等其他学科中，产生了巨大的影响，文化及其转换在翻译研究中的地位得到空前的提升。在民族志研究、后殖民主义、解构主义等的共同影响下，翻译研究领域出现了众多以探讨存在于文本之外的文化关系、权力、意识形态等因素的翻译文化研究力作，如苏珊·巴斯内特（Susan Bassnett）的《翻译研究》

---

① Bhabha, Homi K. *The Location of Culture*. London: Routledge, 1994: 212.

(*Translation Studies*)、尼兰贾娜(Tejaswini Niranjana)的《为翻译定位：历史、后结构主义和殖民语境》(*Siting Translation*)、道格拉斯·罗宾逊(Douglas Robinson)的《翻译和帝国：后殖民理论解读》(*Translation and Empire：Postcolonial Theories Explained*)等。尽管当前有不少学者质疑这种文化翻译观在后殖民和后现代话语中存在借翻译之名过度夸大文化因素、消解文本等的负面影响，但不可否认的是，民族志本质上是跨文化和多元的，来自民族志书写实践的文化作为文本书写的翻译观对翻译研究是具有较强的启示和促进作用的。

其次，民族志诗学主张重视和重译一度被忽视的本土口头传统，重现民族文化的口头性、表演性等特质，这种理论观念有利于翻译研究学者进一步审视翻译文本的概念内涵，口头文本进入翻译研究视域之中，丰富了翻译文本的范围。与相对固态化的书面文本比较，口头文本存在于歌手的大脑之中，是"脑文本"(mental text)，保存着关于故事主要线索、叙事的技巧、相应的表演方式和风格等信息内容，且因具体的表演场景而具有无限的开放性和灵活性。因而对于看重固定书面文本的翻译研究学者来说，这些口头文本所表达的信息是一次性的，是不能被再次体验和审阅的，因而算不上文本。但在民族志诗学中，这些口头文本往往包含着丰富的交际意图和文化内涵，对于文化交际事件而言，这些口头文本同样是交际事件中的一个部分，且在交际意图传达中相比一些固定的文本更为宏大和重要。因此，文本的概念被拓展为"不仅包括选择一段语言产物并用书面形式使其得以再现的过程，同时也包括记录一段语言产物的真声及影像的过程"①。在民族典籍翻译过程中，译者不仅要认识到原本的书面文本特征，还应深刻理解原本最初所存在的形态，既然是从口头文本转写而来，文本的口头性特征就应纳入译者在双语转换过程中必须要考虑的因素。

最后，在具体的研究方法上，翻译研究，特别是民族典籍翻译研究需要善于借助民族学的理论研究成果。王宏印教授指出："在研究方法上，新的民族典籍则需要民族学的基础，在珍贵的以口传文学为源头的书面文献的基础上，特别注重人类学的田野工作和民俗学研究，以及把地下资料的发掘作为二重证据法，再加上国际上相关学科的比照，才能完成王国维所谓

---

① 刘雪芹：《少数民族口传文学翻译过程探微》，《民族翻译》，2014 年第 4 期，第 69 页。

的三重证据法的构想和实施。在这个意义上,民族典籍是民族学、古典学与翻译学三个学科的结合与综合研究,舍去其中任何一个,都是不完全的,也是不可能付诸操作和最后完成的。"①

第二节 《高皇歌》的民族志书写

作为畲族人民世代口耳相传的民族史诗,《高皇歌》以朴素的民族感情,追溯了畲族的起源和历史,叙述了畲族始祖的英雄事迹,描绘了畲族人民的迁徙历程和生活画卷,深刻反映出畲族人民的宗教信仰、民俗风情和道德审美等,体现了畲族人民丰富的民族文化,不仅具有史学、文学、美学方面的价值,还具有极高的民俗学、民族志等社会人类学研究价值。以文本形式保存下来的《高皇歌》是借用汉字转写而来的,从《高皇歌》的文本写作和传播过程来看,《高皇歌》的文本化过程就是一部民族志的书写过程,《高皇歌》文本就是民族志书写的文化成品,且随着传承方式的更新和畲族文化的发展进步,还在不断书写之中。以何谓民族志和如何判断民族志的标准来分析,作为文本的《高皇歌》具有许多典型的民族志特征,《高皇歌》既是畲族人民的史诗,也是畲族人民世代创作和传承的民族志。

一、民族志《高皇歌》的文本书写

(一)《高皇歌》的文本化过程

《高皇歌》传承历史十分久远,但最早出自哪里却无法知晓,因为并没有史料记载《高皇歌》源自何时何地。我们目前所了解到的《高皇歌》都是畲族人民口耳相传,随着畲族历史的发展和变迁,不断充实完善而成的。浙江民族事务委员会专家"认为《高皇歌》是在唐朝之前,畲族在广东凤凰山安居时期就开始流传,迁到闽、浙后,又增添了新歌词,形成了现今较完

---

① 王宏印:《中华民族典籍翻译研究概论——朝向人类学翻译诗学的努力》(上卷),大连:大连海事大学出版社,2016 年,第 3 页。

整的《高皇歌》"①。

由于畲族有自己的语言，却没有自己民族的文字，历史上《高皇歌》都是以口头传承的方式在畲族人民中间代代传唱。后来，随着与汉族人民交往的日益增多，畲族人民都会使用汉语进行交流。"畲族内部交际时，使用本族内部通行的语言，与外族交往时，则使用畲族居住地的汉语方言或汉语普通话。"②畲族人民就借用汉字来记录本族的歌谣、族谱等，以便更好地记忆和传承畲族民族文化。手抄本形式的《高皇歌》就是其中之一。这些抄本以汉字符号来记录畲音，一般以七字为一句，每四句为一条，每条中句尾字以畲音押韵。由于各地区畲族人民口头传唱的《高皇歌》不一样，又历经世代手抄相传，以及受手抄本流通范围的限制，《高皇歌》并无统一版本。如以浙江畲族为例，在畲族相对集中的景宁、遂昌、云和、松阳、兰溪等地都保留有《高皇歌》手抄本，所流传的抄本条数，多则百余条，少则五六十条，但主要内容都是叙述畲族始祖龙麒的英雄故事和畲族迁徙的历程。虽然这些手抄本只是借用汉字符号记音，且无统一版本，流传范围也很小，一般仅限于家庭和宗族内部，但毫无疑问，手抄本就是《高皇歌》最早的文本形式。

可以说，这种手抄本《高皇歌》在畲族人民中保存和流传的时间也相当久远。20 世纪 70 至 80 年代，我国大力弘扬和发展少数民族文化，推进各民族的思想文化交流，加强民族团结，地方政府和社会组织越来越重视畲族优秀传统文化的传承和传播研究。而作为畲族民族文化的经典传世史诗，《高皇歌》凝聚着畲族人民对祖先的崇拜之情，体现了丰富的畲族民族生活特色和艺术特质，反映出畲族人民的优秀品质和对生活的热爱之情。搜集、整理和出版《高皇歌》就成为当时人们传承和发扬畲族优秀传统文化的最重要的民族文化项目之一。

张文藻说："《盘古歌》亦称《龙皇歌》《高皇歌》，在畲族民间流传甚广，但无完玉。1979 年印发了《征求意见稿》，征求了福建、广东、江西、安徽、浙江等省一百多位畲族同志的意见，做了两次对照整理。最近又根据在中央民族学院干训部学习的福建、浙江两省同志的意见，做了第三次修正，并对某些不能译成汉文的畲语词汇，用国际音标及汉文注释音、义。歌名按畲

---

① 浙江民族事务委员会：《畲族高皇歌》，北京：中国广播电视出版社，1992 年。
② 游文良：《畲族语言》，福州：福建人民出版社，2002 年，第 2 页。

族人民习惯用《盘古歌》，但不同于专指盘古开天传说的民歌《盘古歌》。"①
张文藻和李挺等整理的《盘古歌》，即《高皇歌》，长达 300 行，发表在《中南
民族学院学报》1982 年第 4 期上，大大促进了学界对《高皇歌》的传播和畲
族文化的深入研究。

　　随着畲族文化研究的持续深入，越来越多的畲族地区政府机构和组
织，特别是民族宗教事务办和地方志办公室都开始搜集和整理畲族文化和
文学作品，各地区的一些优秀畲族民歌如《高皇歌》等就被编入一些地方志
或歌谣集中，如福建省《福州市畲族志》，安徽省《安徽省民族宗教志》，江西
省《铅山畲族志》，浙江省《景宁畲族自治县畲族志》《中国民间歌曲集成·
浙江卷》《闽东畲族歌谣集成》，等等。这些地方志或歌集中的《高皇歌》也
是采用汉字记音方式书写而成，歌行长短不一，有的加上一些简单的注音
释义，以方便读者理解。

　　目前，国内对畲族《高皇歌》搜集最全、诗行条数最多、注释较为全面、
发行数量和影响最大的版本是由浙江省民族事务委员会 1992 年所搜集整
理并出版的《畲族高皇歌》。《莲都文史》第四期刊文《我所经历的畲族古籍
〈高皇歌〉出版过程》中提到："1986 年 6 月，全国少数民族古籍整理出版会
议将《高皇歌》列为《1986—1990 年全国少数民族古籍整理出版规划》的重
点项目。浙江省人民政府民族事务局（后为省民族事务委员会）于 1987 年
1 月在丽水召开有关地、市、县民族工作部门负责人和浙江省畲族民族民间
文艺学会理事扩大会，传达贯彻全国少数民族古籍整理出版会议精神，部
署《高皇歌》的征集整理工作，并确定由省畲族民族民间文艺学会具体承担
这项任务。"②从这里我们不难看出，早在 20 世纪 80 年代，畲族《高皇歌》的
整理出版工作就得到了国家的大力支持，从 1987 年 1 月部署《高皇歌》的征
集整理工作开始，到 1992 年 9 月《畲族高皇歌》一书由中国广播电视出版社
正式出版发行，前后历时 5 年完成了这项畲族史诗的整理出版工作。并且
为完成这部文本整理工作，编辑人员前往浙江畲族人口所在的县市调查访
问，付出巨大的努力，"共征集到 19 种内容大同小异的高皇歌资料"。对

---

① 　张文藻：《畲族〈盘古歌〉》序，《中南民族学院学报（人文社会科学版）》，1982 年第 4 期，第
65 页。

② 　参见丽水乡土网：http://xt.inlishui.com/html/2011/sj_0517/437.html，2017 年 8 月 30
日。

此,《畲族高皇歌》一书的前言中就有清楚的说明:

"《高皇歌》是畲族的重要古籍之一,我们根据国家关于搜集、整理、出版民族古籍的有关文件,搜集了本省景宁、丽水、遂昌、云和、松阳、青田、兰溪、文成等县保留的手抄本。根据搜集的资料,在吸收老歌手意见的基础上,整理出征求意见稿。浙江省人民政府民族事务局召集本省有关人士及畲族老歌手,对征求意见稿进行了数次认真的讨论,而后整理成这本《高皇歌》。"①

这是《高皇歌》首次以单独文本形式出版的著作,且编辑委员会在书内配上与《高皇歌》内容紧密相关的畲族祖图,并对《高皇歌》进行国际音标注音,提供注音说明,方便更多的读者理解和欣赏诗歌,也使得该版本的《畲族高皇歌》成为国内最有影响的畲族史诗文本。2016 年,这本由浙江省民族事务委员会编写的《畲族高皇歌》又与其他民族典籍一起被列入"国家文化产业发展专项资金资助项目"。作为"中华大国学经典文库·少数民族卷"畲族唯一的经典作品,该版本的《高皇歌》以《高皇歌:畲族长篇叙事歌谣》为书名在中国国际广播出版社再次刊印出版,让更多的人认识和了解了畲族文化,为畲族文化传播打开了新的局面,进一步推动了畲族文化的传承和发展,让畲族和畲族文化走向世界。

(二)《高皇歌》能否作为民族志的评判

从口传史诗到文本化的《高皇歌》著作,《高皇歌》的文本化过程就是一些从事民族研究的学者在长期的田野调查之后用他族语言对畲族歌手传唱的口头歌谣进行书写的过程,这种书写在形式上与民族志文本基本相符,都涉及两种语言的转换。那是否可以说,文本形式的《高皇歌》就是一部畲族民族志呢?这需要我们从民族志概念及其文本书写过程来分析。

前文已有陈述,民族志既是民族学研究方法,又是民族志学者对民族文化书写的文本。作为文本的民族志就是对一个民族文化面貌的描述。严格意义上的民族志是西方学术界在 20 世纪 20 年代由马林诺夫斯基基于功能主义和社区研究而提出来的一种写作文本,是通过田野调查来获取研究材料的对异族文化的详细描写。李立概括民族志书写特征时指出,一部

---

① 浙江民族事务委员会:《畲族高皇歌》,北京:中国广播电视出版社,1992 年,前言。

文本之所以能称为"民族志"就必须要求：所志的对象为异民族的文化；"志"的方式为详尽的记录、描述及其延展出来的文化解释与"深描"；记录和描述的材料必须是从实地调查得来。他把上述定义的民族志概括为狭义的民族志，而把部分具有民族志特征的文本和研究，包括调查报告、游记、见闻志等看作是广义的民族志，称为"类民族志"。① 这样的区分是有道理的。因为民族文化因其地域不同而纷繁多样，民族志书写者的主体性特征又各有不同，我们可以说，"民族志的理解和文本是多元化的"，具有丰富文化意蕴的民族志文本是动态的文本，是处于变动中的。

西方有其严格、科学的民族志研究学术传统，中国同样有自己的民族志传统。根据《中国民族学史·上卷》②，中国的民族志传统最远可以追溯到《史记》和《山海经》，《史记》就有专门记录边疆和四裔传的章节，而各地方政府还有专门从事地方志书写的机构和官吏等，这些都形成了中国数量庞大的民族志文本基础。但与西方追求对异族文化"深描"的科学民族志文本传统不一样，长期以来，中国民族志书写的传统和主流是本土民族志，与西方的异域民族志研究形成强烈反差。

另外，文本的撰写者不同，就必然在文体上体现出主体性的差异，在文本的体例、对象上有所区别，这取决于不同学者所具有的人类学关怀。持文化相对论的博阿斯派，记录细致，轻理论而重描述，认为过多的理论抽象对认识对象有害无益；持结构功能主义的马林诺夫斯基则认为民族志的意义不在于事无巨细的记录，而是透过每个社会文化单位以小窥大，理解社会文化何以可能有这样的理论命题。③ 在中国民族志撰写历史上，虽然主流的撰写者大部分是汉族，少数民族文化的面貌被归入汉族人士编写的各种史书和地方志里，但还有不少民族志性质的地方志、史书等是由少数民族人士自己完成的。如 2008 年我国人类学界出版的"新民族志实验丛书"，其主体是由 10 个少数民族村寨的村民自己撰写的、时长超过一年的"日志"。对于这种类型的民族志书写，何明称之为"文化持有者的单音位文化撰写"，以区分西方马林诺夫斯基的科学民族志由异族人士书写和反思（实验）民族志学者所提倡的异族对象同民族志学者一起参与的"多音位

① 李立：《民族志理论探究与文本分析》，北京：人民出版社，2017 年，第 184 页。
② 王建民：《中国民族学史·上卷（1903—1949）》，昆明：云南教育出版社，1997 年，第 39 页。
③ 李立：《民族志理论探究与文本分析》，北京：人民出版社 2017 年，第 5 页。

书写"。①

　　既然对民族志文本的理解是多元的,在满足民族志文本内涵的前提下可以把描述民族文化的方志、记录等称为"类民族志",那么对照这一定义,浙江省民族事务委员会编辑的《畲族高皇歌》就无疑具有民族志文本的性质。《畲族高皇歌》所描述的对象是我国的少数民族——畲族及其社会文化;所描述的内容既有畲族歌手演唱的史诗,又有对记录演唱方式和体例方面的说明以及民族文化词汇的注释;所记录的材料是编辑人员长达数年田野调查、实地走访畲族人士整理而成的;参与书写的人员包括所记录的民族文化持有者和民族志学者,是"多音位书写"的文本。因此,这本经过民族志专家田野调查后用汉文书写的《高皇歌》既忠实地用文字形式再现了畲族人民长期口耳相传的民族史诗内容,又对畲族文化进行了详细考察,具备了李立对民族志文本所说的"志""论""文"三个基本内容,即"对事实和现象进行记录、描述的'志',对'所志对象'进行分析、解释的'论',对情节冲突、人物个性的刻画及其间融入表述者情感和文学性修辞策略、艺术技巧所体现出来的'文'",三者以不同的比重在《畲族高皇歌》中加以匹配。② 这显然与畲族历史上一些歌手用汉字记录的手抄本《高皇歌》有本质的区别,"这种'抄本'实际上只是'备忘录'性质,若无'歌师傅'口授,光凭'抄本'是很难唱出畲歌来的"③。

　　为评判某一文本是否为民族志,李立在其著作《民族志理论探究与文本分析》中还专门提出了"民族志的四项指标":"一是以异文化为对象。所谓异文化之异,是与民族志研究者自己所属和所熟悉的文化(本文化)相对而言。二是民族志以特定的社区为研究单位。三是民族志获取研究资料的方式为田野作业。四是民族志以科学研究为目的。"④对照这四项标准,我们来评判《畲族高皇歌》,就不难发现浙江省民族事务委员会编写的《畲族高皇歌》是以浙江省西南部地区的畲族人口为调查单位,所编辑而成的文本不仅可以用于记录传承畲族史诗,而且为广大畲族文化研究者提供了

---

　　① 何明:《文化持有者的"单音位"文化撰写模式——"村民日志"的民族志实验意义》,《民族研究》,2006 年第 5 期,第 51-60 页。

　　② 李立:《民族志理论探究与文本分析》,北京:人民出版社,2017 年,第 65 页。

　　③ 游文良:《畲族语言》,福州:福建人民出版社,2002 年,第 622 页。

　　④ 李立:《民族志理论探究与文本分析》,北京:人民出版社,2017 年,第 185-186 页。

很好的民族研究材料,具有鲜明的科学研究特征。因而,我们可以说,《畲族高皇歌》是研究畲族及其文化的民族志文本。

二、《高皇歌》的民族志特征

如上节所述,从其书写的过程和方式来看,《畲族高皇歌》在文本体例上就是畲族的民族志。而作为畲族的文化典籍和民族史诗,《畲族高皇歌》以饱蘸民族情感的笔触,生动描绘了畲族人民生活和文化习俗,是凝聚和团结畲族人民民族情感的纽带。"各省畲族虽然相隔数千年,相距数千里,但《高皇歌》都以畲族崇拜的'盘瓠'神话传说故事梗概为依托,一一记述畲族的民族史、历史人物、历史事件。"①因而,在其书写的语言风格和所描述的内容上,《畲族高皇歌》作为畲族民族文化的表征,同样体现了丰富的民族志特征。

(一)从民族民间语言角度来看《高皇歌》的民族志特征

语言是文化的载体,是文化传承和传播的工具。文化就积淀在语言之中。"在一个民族的传统文化中,不论是精神文化还是物质文化,任何一个文化层面,都可能在本族语言中发现痕迹,找到证据。"②

语言是随着社会的发展而发展的。畲族有自己的语言,但没有自己的民族文字。畲族语言在历史的发展过程中,经历古代畲语(隋唐时期)、近代畲语(宋元时期)、现代畲语(明清到现在)这三个阶段。在历史的发展长河中,不同阶段、不同时期的畲族语言经过畲族人民生活的洗涤、积淀,既保留和传承了部分古代的畲语成分,又吸收了其他民族语言的表达方式,发展成为今天的现代畲族语言。游文良考证认为,现代畲语中包含的古代畲语的底层成分有三种类型:一部分与壮侗语族语言有同源关系;一部分与苗瑶语族语言有同源关系;一部分与这两种语族语言都没有同源关系,可能是隋唐时期畲族先民中的另一支古越人或"武陵蛮"的语言。近代畲语则主要是古代畲语融合了客家先民的语言成分发展而成。宋元时期,客

---

① 石中坚,雷楠:《畲族长篇叙事歌谣〈高皇歌〉的历史文化价值》,《广东技术师范学院学报》,2009年第4期,第12页。

② 游文良:《畲族语言》,福州:福建人民出版社,2002年,第15页。

家先民迁入畲族人所在的闽、粤、赣等地,带来客家语言和文化。畲客文化相互影响,一方面使得当地的畲族先民使用的古代畲语中融入了客家先民的语言成分,形成近代畲语;另一方面也把部分古代畲语成分逐渐融入客家先民的语言中。现代畲语则是在明清以后,畲族迁入新的居住地而与当地汉族交往,在适应新环境的过程中,畲语中开始融入了新居地的汉语语言成分,形成现代畲语。[①]

正是基于以上这种畲族语言历时发展的角度,游文良把现代畲语的特征概括为:(1)现代畲语是多层面的语言成分的结合体,有作为底层的古越人或武陵蛮等古畲语成分,有作为中层的客家先民使用的中原汉语客家方言成分,还有作为表层的现畲族居住地汉语方言成分。(2)现代畲语是一种多来源的语言成分的混合体。现代畲语至少包含了壮侗语族语言、苗瑶语族语言、汉语客家方言和现今畲族居住地汉语方言,如闽东话、闽南话、吴方言、赣方言、潮州方言等语言成分。[②]

以此观照浙江民族事务委员会编写的《畲族高皇歌》,即使该书是用汉字转写而成,但书中语言层面上依然有不少痕迹可以让我们窥见畲族传统文化的丰富样态和独特的畲族民族风貌。在本书第二章分析高皇歌的语言艺术时,我们已经观察到,《畲族高皇歌》中用汉字记录了不少古畲语词汇:

"何"人——有人

"唔"去——不去

"度"亲——娶亲

"掌"京城——住在京城

"仰"其大——看他长大

有些特殊音义的畲语表达则是利用汉字的一些偏旁结构另造字来记录:

"䂊"你讲——跟你讲

"喎"人——叫人

"男娒"歌——男女对歌

"捋"封——讨封

---

① 游文良:《畲族语言》,福州:福建人民出版社,2002年,第16-26页。

② 同上,第26-27页。

"肽"戏——看戏

这些具有独特民族语言特征的词汇作为一种活态的民间文化现象是畲族人民审美意识、文化心理和精神方式的外化,凝结着畲族民众的民族精神和民俗心理,是畲族最重要的存在标志。这些民族词汇在历经千年的畲族迁徙中,在与其他民族语言文化的交往中,依然保留下来,具有鲜活的生命力和丰富的内涵与张力,呈现出古老畲族丰富独特的民族语言风貌。如畲语中把房屋、家等称为"寮"(/lau²/),《畲族高皇歌》载有"教人起寮造门楼"(第9条),游文良考察布依语、傣语等都有/lau²/音词,指"围栏""鸡舍",闽东罗源畲话把简易屋子也叫寮/leu²/,粤语方言广州话"简易的小棚子"叫寮/liu²/,这些都源于古壮侗语族,畲语中的"寮"(/lau²/)是古畲语中的古壮侗语成分保留下来的。① 现代畲语中也保存着古畲语的成分,古苗瑶语族语言成分的词汇在《畲族高皇歌》中也有体现,如第101条"你女若大我来度,我女若大你度去"。这里的"度"(/tʻu⁴/)在畲语中的意思是"娶",与标准瑶语中的"娶"(/thu³/)音近(调不合),意义相同,可证明是由古畲语保留下来的古苗瑶语族语言。

在词语的构成方面,现代畲语中还保留了一些古畲语的形容词加后缀的表达式,如《畲族高皇歌》中录写的"花微微"(/huo¹/ /mi²/ /mi²/)、"醉昏昏"(/tsui¹/ /fun¹/ /fun¹/)、"闹纷纷"(/nau⁴/ /fun¹/ /fun¹/)等,游文良比较壮侗语族语言后认为,畲语形容词加重叠后缀的形式源于古壮侗语,在古壮侗族语言中同样存在这种形容词带重叠后缀的形式,如壮语/dam¹/ /daːt⁷/ /daːt⁷/(黑××)、侗语/səm³/ /siu¹/ /siu¹/(酸××)。虽然在客家话中,部分地区也有这样的重叠后缀形式,且历史上这些地方都是畲族先民与客家人混居之地,而多数地方的客家话并没有上列形式,因而可以说是古畲语的某些语言形式融入了客家话,也反映了畲语对其他语言的影响。②

从这些古畲语成分传承至今可以看出,畲语在历史长河中与苗瑶语族、壮侗语族、客家方言、汉族方言等相互影响,不断延承和发展,体现了畲族民族语言的演变历程,具有民族志的意义。《畲族高皇歌》中这些具有典型畲族文化特征的畲族民间语汇在书中用汉字记音加国际音标注音方式

---

① 游文良:《畲族语言》,福州:福建人民出版社,2002年,第459页。

② 同上,第455页。

得以保存下来,使极富生命力的畲族民间语言文化遗产得以彰显并得到较好的传承。

(二)从民族民俗信仰角度来看《高皇歌》的民族志特征

作为我国古老的民族之一,畲族历史上以血缘宗族为核心,崇敬祖宗;又受到不同时期周边地区的汉族等文化的影响,接纳了道教等宗教信仰,并将其融入本民族的风俗之中,表现出畲族独有的民俗信仰特征。

畲族《高皇歌》前半部分以讲述畲族始祖龙麒的英勇事迹为主要内容,从"龙麒出世实为真"(第16条)到"龙麒平番立大功,招为驸马第三宫,封其忠勇大王位,王府造落在广东"(第51条),从"凤凰山上去开基"(第65条)到"凤凰山上安祖坟,荫出盘蓝雷子孙"(第82条),畲族始祖龙麒一生的主要功绩在史诗中娓娓道来,一个勇敢机智、爱护族民、不慕荣华、勤劳朴素的畲族英雄形象就在质朴的言辞、和谐优美的韵律中生动地展现在读者面前,反映出畲族人民对始祖龙麒的无限崇敬之情。书中对龙麒一生的事迹描述方式犹如《史记》中的列传,"列传者,谓列叙人臣事迹,令可传于后世",体现出典型的民族志特点。而且这种"列叙事迹"的写"志"方式在《畲族高皇歌》后面部分同样再次被史诗的讲述者所采用,用来追溯畲族的迁徙历史,既生动描绘了畲族人民不同时期的生活状况,也充分表达了畲族人民对祖先的崇拜之情,在畲族民众中发挥着教育、鼓舞和团结的作用和影响。特别是史诗结尾部分在讲述畲族艰难迁徙的历程后,讲述者更是从"志"到"论",用包含真挚感情的言辞呼吁畲族人民和睦相亲,不要忘祖背宗,"盘蓝雷钟一路人,莫来相争欺祖亲"(第111条)、"盘蓝雷钟一路郎,亲热和气何思量"(第112条)。

畲族《高皇歌》不仅在歌中告诫畲族后人"莫来相争欺祖亲",表达出强烈的始祖崇拜和崇敬祖先之情,而且还在诗中用生动细致的语言描绘了龙麒逝世后畲族人民举行"做功德"仪式的场景,进一步体现出畲族人民对始祖龙麒的爱戴和崇敬。歌唱始祖龙麒的功绩就一直成为畲族祭祀祖宗的民俗活动最重要的一部分,表现出畲族独特的民族特色。祭祀祖先是中国民俗中最为普遍最为久远的礼仪,凝聚着中国数千年来以孝为本的人伦思想。但与汉族祭祀祖先相比,畲族祭祖,特别是集体祭祖仪式与汉族有许多不同。畲族祭祖要请本族法师设坛,悬挂祖图,开启族谱,请立盘瓠(龙麒)祖杖,还要请长辈讲述族源和始祖龙麒的功绩,唱《高皇歌》等,表现出独特的民族心理、强烈的民族意识和鲜明的畲族民族特征。

《畲族高皇歌》在讲述内容方面的民族志特征还体现在诗中对道教在畲族人民信仰中的情况所做的描述上。无论是在前半部分讲述畲族始祖龙麒的英勇事迹,还是后面对"做功德""传师学师"等民俗活动的描写中,畲族《高皇歌》多次提到道教中的"太上老君""西王母""东王公"和"闾山学法"等,表现出浓厚的道教色彩。如歌中讲述龙麒在番边智取番王首级之后,在归途中前有海河后有追兵的危急关头,得到"神仙老君来相帮"才得以"腾云驾雾游过海"(第43条)。龙麒为除妖救民前往闾山学法,也是得到"神仙老君"相助"救凡人",在传法给子孙时,要"香烧炉内烟浓浓,老君台上请仙宫"(第69条),希望得到"老君"的佑护,顺利传法,庇佑畲族子孙,这后来成为畲族人民心中最重要的"传师学师"的仪式。

"太上老君"是道教中的始祖,即道教中具有开天创世与救赎教化的太上道祖。道教,是中国本土宗教,是一个崇拜诸多神明的多神教,主要宗旨是追求长生不死、得道成仙、济世救人,在中国传统文化中占有重要地位。从《畲族高皇歌》中所讲述的这些道教成分来看,畲族在历史上与汉族的交往中,受到道教文化的影响很深。然而,"畲族虽然接纳了道教众神明,但是对它们的崇信程度和崇拜方式与汉族不尽相同"①。畲族在接纳汉族地区的道教信仰时,是与畲族的原始宗教信仰融合在一起的,将道教神明世俗化。这突出表现在畲族对道教的三清祖师(玉清元始天尊、上清灵宝天尊、太清道德天尊即太上老君),尤其是对太上老君与始祖龙麒表现出同等尊重,将其视为本民族的保护神,在世俗化神明和信仰情形上更表现出本民族的特色。

(三)从民族民间文学角度来看《高皇歌》的民族志特征

一个民族的民间文学是该族群民众口头创作、口头传承的文学形式,反映出该族群民众的生活方式、思想情感、文化历史等民族风貌,在思想内容和艺术形式上都体现出独特的民族特色。民间文学的体裁多样,有民间歌谣、民间故事、史诗、神话与传说等。民族志作为记录和书写民族文化的

---

① 邱国珍:《浙江畲族史》,杭州:杭州出版社,2010年,第213页。

文本,其书写所涵括的内容和范围自然就包括民族民间文学在内。《高皇歌》作为畲族的民族史诗,就其体裁本身而言,就是畲族最为重要的民间文学样式之一。而从《高皇歌》所志的内容来看,歌中既有宏大的创世神话,也有流传畲族民间的传奇故事,此外还有一些民间格言和谚语等民间文学形式也穿插在歌中。《高皇歌》中这些民族民间文学的遗存,也是其民族志特征的体现。

《高皇歌》开篇第一句"盘古开天到如今",说的就是中国古代流传最为久远的创世神话——"盘古开天辟地"。盘古是中国神话体系中最古老的神,长期在民间口耳相传,直到三国时吴人徐整作《三五历纪》才有文字记载。和其他民间口头文学一样,盘古神话的内容也是活态的,不断发展的,但其主要内容还是在人民群众口耳相传中保留下来,各个时期的盘古神话记述的都是宇宙混沌,盘古生其中,开天辟地,死后身化万物,立三皇五帝等内容。不同的族群在传唱盘古神话时与本族群的风俗文化结合起来,又增添了一些其他内容和流传形式,如"盘古斧劈混沌""盘古龙首蛇身"等,一些地区有"盘古村",历史上以盘古为始祖的"盘古国",还有众多的祭祀盘古的"盘古庙"并延伸出各种诵经仪式、盘古山歌、师公戏等。正是由于与民间习俗的紧密相连,盘古活在人民的生活中,活在民间的讲唱中,盘古神话才历经几千年流传下来。畲族《高皇歌》以讲述始祖龙麒的英雄事迹为主,却在开篇以创世神话盘古开天为导引,先用 5 条唱词概述出"盘古开天辟地""创立万物"的故事,接着又用 12 条唱词讲述盘古之后三皇五帝的开创华夏文明的神话传说,"盘古传到高辛皇"(第 17 条),并用高辛皇后刘氏耳疾的传说故事引出龙麒出世的神话,"取出金虫何三寸,皇后耳痛便医好"(第 20 条),"一日三时仰其大,变作龙孟丈二长"(第 21 条),"皇帝取名唤龙麒"(第 23 条),"龙麒生好朗毫光"(第 24 条),从而将畲族始祖龙麒与创世神盘古和华夏文明始祖三皇五帝相联系。

《高皇歌》这样精巧又自然的神话传说布局安排,不仅反映出畲族人民高超的民间文学创造艺术,也表达出畲族人民强烈的民族自尊和自豪之情。盘古创世、三皇五帝神话、龙麒出世神话、龙麒远征番边立功、龙麒娶三公主成为畲族始祖,这一系列神话传说将畲族和华夏民族在血缘上联系起来,"这是畲族对汉族的前身华夏族以血缘关系为表征符号的认同,并随着以汉族为主体的中华民族的形成而自然延伸着对中华民族的认同"①。而且,《高皇歌》在讲述这些神话传说故事时,将神话情节与本民族的生活习俗联系起来,用富有民族特色的朴素语言表达出民族民俗特色。如,在讲述三皇五帝创造华夏文明时,《高皇歌》就用到"大细辈分"(定出君臣百姓位,大细辈分排成行)、"起寮"(有巢皇帝龚人讲,教人起寮造门楼)、"人清悠"(燧人钻木又取火,煮熟食了人清悠)、"作田"(神农就是炎帝皇,作田正何五谷尝)、"着巧软"(衫衣亦是轩辕造,树叶改布着巧软)等畲族民间口头用语,所描述的内容从衣食住行到社会人伦等更是与古代畲族人民生活紧密相关,是远古时代畲族人民生活和民族习俗的写照,反映出畲族人民的心声,表现出鲜明的民族特征。

第三节 《高皇歌》的民族志转译

在翻译《畲族高皇歌》的过程中,笔者深入畲族民族地区进行田野调查,以深入理解《高皇歌》的民族志特征,把握其民族志转译的性质在于对畲族文化进行文化传真,采用补偿、注释等深度翻译策略,为译入语读者提供源语文化语境,达到传播弘扬畲族民族文化的目的。

一、译者的民族志叙述声音

典型的民族志的生成过程是一个从田野实践到文本书写的过程。田野、他者、文本是构成民族志的三个最主要的因素。而对于民族典籍外译来说,其过程则远比民族志的生成过程要复杂,其中涉及的因素不仅有作为他者的民族文化,还有汉语译者本身的母语文化背景,以及译入语语言文化等因素。专门从事中国文学和民间文学研究的美国学者马克·本德尔(Mark Bender)在论述中国少数民族口头文学的翻译时指出:"在跨越汉文而进入其他多种语言的翻译方法中,我们可以概括出三种基本惯例。第一种是利用既有的汉文译本来进行基本的外文翻译;第二种是从口头的原

---

① 郭志超:《畲族文化述论》,北京:中国社会科学出版社,2009 年,第 35 页。

语言直接翻译为目标语的文字,比如说从达斡尔语翻译成英文;第三种是利用书面(或经过编辑的)双语译本来进行翻译。"①

我国学者段峰从文本所涉及的民族志信息角度,又进一步将马克·本德尔所概括的三种惯例归纳为"民—汉—外"的转译和"民—外"的直译两种类型。他认为,由于直接从少数民族语言翻译成外语需要译者既懂少数民族语言,又懂外语,这样的译者相对较少,因而"民—外"这种直译类型较少出现,我国少数民族文学对外译介目前采取的主要是"民—汉—外"这种转译类型。在"转译"类型中,以汉语作为翻译的源语文本又存在民族志信息背景上的差异,所以又分为两类,"一种是缺乏民族志信息背景的转译"(马克·本德尔的第一种惯例,汉语文本中较少有语境、地理民族志和表演等资料),"另一种是具有民族志信息背景的转译"(马克·本德尔的第三种惯例,英译者和懂少数民族语言的信息提供者合作)。相比较而言,第二种转译类型显然要好得多。②

刘雪芹也发表过相类似的论述,指出"在世界范围内,口传文学的翻译类型大致可分3类:转译、基于口传文本的直接译和无原文翻译"。他分析认为,现阶段以我国少数民族口传文学为素材直接用欧洲语言创作的人才比较稀缺,再加上没有原文的翻译一般不视为翻译,因而基于口传文本的直译和转译是较为可行的两种类型。目前,转译是民族口传文学翻译中应用得最为广泛的一种模式。③

从上述论述中,我们不难看出,民族典籍外译涉及三种语言文化,其复杂程度要比一般意义上的双语转换高。就畲族史诗《高皇歌》来说,由于畲族有民族语言但无文字,再加上不同地区口头传唱的《高皇歌》存在一定的差异,书面形式的《高皇歌》是汉字转写而成,因此英译《高皇歌》较合适的途径就是马克·本德尔所说的第一种惯例,也即刘雪芹所提出的"转译",利用既有的汉文转写的《高皇歌》文本转译成英语。虽然这种从汉文本到英语文本的转换过程与传统意义上的汉英文本翻译过程相类似,但其所涉

---

① 马克·本德尔著,吴姗译,巴莫曲布嫫审校:《略论中国少数民族口头文学的翻译》,《民族文学研究》,2005年第2期,第142页。

② 段峰:《文化翻译与少数民族文学对外译介研究 基于翻译研究和民族志的视角》,北京:外语教学与研究出版社,2016年,第145-147页。

③ 刘雪芹:《少数民族口传文学翻译过程探微》,《民族翻译》,2014年第4期,第66页。

及的语言文化等方面的因素则更为复杂,最核心的问题就是译者所面对的是记录畲族社会文化的具有丰富的畲族民族志特征的汉语转写本。并且在缺少畲族语言对照的情况下,单从汉语文本转译成英语文本,事实上也存在很大的局限,是"缺乏民族志信息背景的转译",因为对畲族口头演唱及抄本等采集后用汉字注音的汉语《高皇歌》文本,是原作品在汉语语境下经过了一个"汉语过滤"的过程。马克·本德尔借用宾夕法尼亚大学的维克托·麦尔(Victor Mair)所提出的"汉语过滤器"概念,指出"任何一种非汉语唱述的民歌或故事,被翻译成中文(实际上转写过程各不相同,因具体情况而异),之后再翻译成其他国家的语言,其间经历了不同的过滤过程,该过程不可避免地改变了某些语言的介质和内容,这一系列的改变有:从口语到书面语,从原语言到汉文,从汉文再到各种外文(日文、英文、法文、罗马尼亚文等)"[①]。所以,译者在英译汉字注音的《畲族高皇歌》就面临着更多的要求,译者的身份也从一般意义上的汉英双语文化的转换者转变为民族语言、汉语、英语三种文化的沟通者。这就意味着,除了对汉英双语语言文化要有较好的掌握外,译者还要在最大程度上熟悉和了解民族语言文化等信息,尽可能弥补这种汉语过滤后带来的语言文化局限,才能将畲族口头文学的民族特质和魅力传达给英语文化读者。

面对这复杂的三种语言文化间的民族志文本的转换现象,从民族志研究中吸取和借鉴经验就成为民族典籍翻译和研究者必然的途径。正是基于民族典籍外译复杂性和补偿"文化过滤器"带来的民族信息缺失问题,我们在英译畲族史诗《高皇歌》的过程中,借鉴民族志研究方法,在专心研读汉字注音的畲族史诗《高皇歌》多种版本的基础上,多次赴畲族地区进行田野调查,请教畲族文化传承人和畲族文化研究专家,尽可能多地向畲族文化靠拢,理解和熟悉畲族文化特征,以期在翻译中向英语世界传递出畲族史诗独特的民族文化特色,达到理想的翻译效果。

笔者在翻译《畲族高皇歌》前,曾多次到景宁畲族自治县进行调研。景宁畲族自治县地处浙江南部,总人口 17.31 万人,其中畲族人口 1.91 万,占 11%,并有藏、苗、彝、侗、黎等少数民族。景宁是全国唯一的畲族自治县,华东地区唯一的少数民族自治县,浙江省畲族的主要聚居地。长期以来,

---

① 马克·本德尔著,吴姗译,巴莫曲布嫫审校:《略论中国少数民族口头文学的翻译》,《民族文学研究》,2005 年第 2 期,第 141 页。

景宁的畲族歌舞、服饰、语言、医药、习俗等民族传统特色文化得到了较好的传承和发展。① 在调研中，笔者参观了位于景宁畲族自治县鹤溪镇的中国畲族博物馆。这座土墙青瓦建筑物以畲族民居为主调，古朴典雅，充满畲族风情。馆内不仅保存有畲族各个时代流传下来的陶瓷器、传统服饰、生产工具、玉器、木雕等珍贵历史文物 4000 余件，还用现代科技元素全方位立体化展示了畲族的历史文化、风俗信仰、生产生活、环境聚居、饮食服饰及歌舞等内容，这让笔者对畲族民俗风情和灿烂文化有了较为深刻的了解和感受。在被誉为"中国畲乡之窗"的景宁畲族自治县大均古村，笔者现场观看了畲族歌舞表演，走访了畲族村民，亲身体验了畲族人民对自己族群文化的热爱和对祖先的崇敬之情。

为了解不同地区的畲族民俗，笔者还走访了福建宁德市畲族村——赤溪村，参加了浙江泰顺县"三月三"畲族风情节，观看了极具畲族风情的民俗表演，品尝了畲族"乌米饭"，还前往武汉参观了中南民族大学民族学博物馆，观看和学习了保存在馆内的畲族人民最为珍贵的《畲族祖图》，更加全面了解和学习了畲族族源历史和民俗文化，更加深刻理解和认识到畲族人民对祖先龙麒的爱戴和尊崇之情。

为获得更翔实的畲族文化研究资料，笔者还到国内畲族文化研究阵地——丽水学院，采访了畲族文化研究专家、丽水学院图书馆馆长施强教授，学习到非常有益的畲族民俗知识。此外，笔者还拜访了景宁畲族自治县民族宗教事务局的畲族民族文化专家雷依林老师。雷老师是畲族人，对畲族文化和历史十分熟悉。他逐字逐句用丽水景宁畲语为笔者诵读《高皇歌》，解释汉字注音的畲语文本的意思及其文化内涵，并从畲族族源历史、畲族民族风俗等视角提出了英译《高皇歌》时应注意的文化和民俗问题。

借鉴民族志研究方法，实地调研畲族村寨，访谈学者，请教畲族民俗专家等考察活动为笔者尝试英译畲族史诗《高皇歌》提供了丰富的极有价值的畲族民族志信息，客观上为译者补偿了因为汉语过滤而带来的源语文本在民族志信息上不足的问题，从而有利于译者在翻译过程中在最大程度上再现畲族文学和文化价值，展示畲族人民优美的艺术品位和独特的民族风情。

---

① 参见景宁政府网，http://www.jingning.gov.cn/col/col3959/index.html，2017 年 9 月 8 日。

传统的翻译观以忠实原文本为第一要义,认为翻译是一种价值无涉的过程,提倡译者在翻译过程中应力求持中立态度,不将自己的主观情感带入译作之中,做到绝对忠实于原文,并将译者视为原作和原作者的"奴隶""仆人"等。但我们知道,绝对的"忠实"是不存在的,翻译并不等于复制。在实际的翻译过程中,译者的主体因素必然会进入翻译过程中,体现在文本的选择、词句的理解和阐释、译文的表达等诸多环节上。因此,当笔者面对畲族优秀的传统文化,亲身体验畲族人民的善良和热情之后,又岂能在译介畲族史诗时,做到冷漠的"客观中立"? 在深入认识和了解畲族人文历史的过程中,笔者深深地被畲族人民深厚的历史文化吸引。畲族人民不畏艰辛险阻的民族精神、刚柔相济的忠勇性格、强烈的民族认同感、绚丽多姿的文化艺术、别具一格的民俗风情,无一不让笔者惊叹和敬佩。这种对畲族文化所产生的强烈的情感认同也就必然会进入笔者的翻译实践中,在英译本中向世界叙述畲族久远的民俗风情,描绘畲族独具特色的优秀传统文化。

民族志外译的过程中,译者介入翻译过程,彰显出一定程度的主体因素,让读者倾听译者的叙述声音,除了译者对民族文化的强烈认同感和传播优秀民族文化的使命感等主观因素的影响之外,对民族志文本的阐释过程客观上也必然存在主体性的介入。任何阐释和理解过程都是主体性行为,都必然具有一定程度的主观性。译者在阅读和翻译《高皇歌》这种民族志文本时,所面对的阐释对象已经是民族志作者跨文化阐释的结果,是一种阐释的阐释,其中介入的主体因素比两种语言文化之间的阐释行为要复杂得多。在这种复杂的阐释环境中,译者就必然要在众多的主客观因素中进行主体性选择,既要理解和认识民族志文本所描述对象的"他者",还要了解译语读者的语言文化;既要在语言层面上有所变通,以适合译语读者的文本阅读要求,还要在文化层面上进行逻辑调适,以尽可能传播民族志文本所描述的民族优秀语言文化。

二、文化传真:《高皇歌》英译的民族志性质

作为畲族史诗的《高皇歌》既具有内涵丰富的畲族传统文化表征,又兼具民族志的文本特征。借鉴民族志研究方法,深入畲族地区进行田野调查为译者翻译《高皇歌》文本提供了丰富的畲族民族文化资料,加深了译者对

畲族传统文化的理解和认识。但是这样的文化认识并不能仅仅停留于译者的文化意识层面，或者存在于译者作为读者对《高皇歌》文本的理解和鉴赏层次上，而应该是外化于译者的翻译行为层面，指导译者成功将具有丰富的畲族文化的汉语文本转换为英语文本，向英语世界的读者传播和弘扬畲族民族文化。从民族志研究视野来看，作为民族志文本的《高皇歌》，对其英译行为的本质就是不同民族文化之间的跨文化转换，"文化传真"既是译者英译《高皇歌》所要追求的目标，也是民族志文本跨文化性的必然要求。

孙致礼先生在探讨文学翻译中"文化"与"翻译"的关系时指出："翻译不仅要考虑语言的差异，还要密切注视文化的差异。文化差异处理的好坏，往往是翻译成败的关键。语言可以转换，甚至可以'归化'，但文化特色却不宜改变，特别不宜'归化'，一定要真实地传达出来。因此，'文化传真'应是翻译的基本原则。"[1]从翻译的角度来看，两种语言之间的翻译转换不仅仅涉及语言信息转换层面，而且涉及两种文化之间的转换。译者通过翻译来跨越语言的鸿沟，传真不同民族和国家的文化信息。在这个文化转换过程中，译者不允许增删改变原语文本中的文化信息，而是将"文化传真"作为指导翻译行为的基本原则，要求译者对原语文本及文化进行深刻剖析，参透其义，领悟其神，"要从文化义的角度准确地再现原语所要传达的意义、方式及风格。换言之，就是把原语的'形''神'在译语中原汁原味地体现出来。由此可见文化'传真'的研究是翻译中的关键部分"[2]。

作为指导译者翻译行为的原则要求，"文化传真"在文学翻译中的地位至关重要。但是相比一般意义上的文学翻译而言，民族典籍翻译过程中的文化传真就更为复杂、更为重要。特别是作为民族志文本的民族典籍外译在本质上就是向异域"传真"文化，在传播民族志文本所描述的民族文化时，要保持民族文化的民族性、本真性和本土性。

从民族志研究的角度来看，文化传真在民族典籍翻译中的民族志性质及其表现的复杂性首先就是由民族志文本天然的跨文化性决定的。我们在前述中已经详细论述过民族志概念的内涵。按照高丙中先生对民族志的定义，"把关于异地人群的所见所闻写给和自己一样的人阅读，这种著述

---

① 孙致礼：《文化与翻译》，《外语与外语教学》，1999 年第 11 期，第 41 页。
② 谢建平：《文化翻译与文化"传真"》，《中国翻译》，2001 年第 5 期，第 20 页。

归于'民族志'"①。这里所指的"异地人群的所见所闻"就是他族文化,"写给和自己一样的人阅读"就包含了民族志书写者对他族文化的理解,因而民族志的书写实践本质上和一般的文学翻译实践一样,都是将他族文化译介给本族文化读者,具有跨文化特性。可以说,民族志书写本身就是跨文化的翻译实践,而这种书写实践的产品——民族志文本就天然具有跨文化特性,是书写者将他族的文化文本化的结果。但是民族志的翻译实践所加工的材料却又不同于一般文学翻译的固定的文学文本,而是生动的、动态的、语境中的口语材料。因而民族志翻译实践的过程就是民族志学者将无原文本的活态的口语材料用自己所在群体的语言书写出来,这就要求民族志学者将他族文化整体当作一个文本来进行翻译,即凯特·斯特奇所指出的"文化作为文本"②民族志翻译观。在文化文本化的民族志翻译实践中,民族志学者并不是如文学翻译实践那样基于语言层面的转换,将一种稳定的意义从一种语言符号解码转换到另一种语言文本中。民族志学者是将文化而非语言作为翻译单位,将他族文化通过田野作业深入理解后用另一种语言文字表述出来,传达给自己所在的文化群体。因而民族志学者翻译的结果——民族志文本就既具有民族志学者理解和阐释之后的他族文化,又是民族志学者所在的族群文化文本,其中必然包含丰富的两种文化的表征。这就意味着属于"类民族志"③的用汉语转写的少数民族典籍在对外翻译之前就已经是跨文化翻译实践的产物,再次向西方世界翻译传播就是更加复杂的、涉及三种语言文化的跨越过程,过程涉及典籍文本书写者和译者两度阐释,因而"文化传真"对译者的要求也就更高,任务更艰巨。

畲族《高皇歌》有不少神话故事和人物。由于历史上畲族等南方少数民族和汉族之间一直都有密切的民族交往,不同民族的文化也相互渗透和影响,共同促进民族文化的交流和发展。如创世神话中,畲族和汉族传统

---

① 高丙中:《〈写文化〉与民族志发展的三个时代(代译序)》,选自詹姆斯·克利福德,乔治马库斯著,高丙中,吴晓黎,李霞等译:《写文化——民族志的诗学与政治学》,北京:商务印书馆,2006年,第6页。

② Sturge, Kate. *Representing Others: Translation, Ethnography and the Museum*. Manchester and New York: St. Jerome Publishing, 2007: 1.

③ 李立认为民族志有广义和狭义之分。狭义民族志就是马林诺夫斯基开创的严格意义上的科学民族志,广义的民族志指部分具有民族志特征的文本和研究,又可称为"类民族志"。李立:《民族志理论探究与文本分析》,北京:人民出版社,2017年,第184页。

文化中都有"盘古开天地""三皇五帝"等神话传说,这些神话的主要内容大致相同,但在流传形式、演述方式、神话细节等方面还是具有一些民族特色。如我国传统文化中对于"三皇五帝"的具体所指在不同的文献中并不尽相同,通常"三皇"是指燧人、伏羲、神农或者天皇、地皇、人(泰)皇。"五帝"包括少昊、颛顼、帝喾、尧、舜,有的文献中也将黄帝、神农列入其中。而在《高皇歌》中,畲族对于"三皇五帝"的说法及其承袭关系融入了畲族族群的理解。畲族认为"三皇"分别指天皇、地皇、人皇,这与我国儒家经典中的"天地人"理论相一致;"五帝"则承袭"三皇",分别指伏羲、神农、轩辕、少昊、颛顼,颛顼再传位高辛帝。在《高皇歌》中,畲族始祖龙麒的出生就在高辛帝时期,并娶高辛帝的三女儿从而繁衍畲族后代。这就为畲族始祖龙麒在血缘上与华夏始祖"三皇五帝"联系起来,表明畲族和华夏其他民族一样,在血统上同属华夏民族。可以说,"三皇五帝"的不同所指就是古代华夏各民族结合民族自身发展的需要将先祖神灵和神话传说进行选择、重组和融合的结果。

带有畲族特征的神话传说等民族文化用汉字转写在《高皇歌》文本中,不能因为汉字字符形式而导致"文化失真"。译者将《高皇歌》再次翻译成英语,就需要考虑到畲族的文化传统,不能从汉文化的角度来理解汉字呈现出来的畲族神话,而是深入理解畲族文化的内涵,在译入语中真实地呈现畲族文化特征。笔者在英译《高皇歌》从"盘古开天"到"三皇五帝"等的神话传说内容时,遵循畲族"三皇五帝"神话传说的承袭顺序,先译"三皇"the Emperors of Heavenly Sovereign, Earthly Sovereign and Human Sovereign,再按照"五帝"的传承顺序,分别音译为 King *Fuxi*, *Shennong*, *Xuanyuan*, *Shaohao*, *Zhuanxu*,并采用在各诗节加注的方式向英语读者介绍三皇神话内容,以尽可能达到典籍翻译对"文化传真"的要求。

再如《高皇歌》第 9 条:

> 当初出朝真苦愁,掌在石洞高山头;
> 有巢皇帝挈人讲,教人起寮造门楼。

这条歌词是畲族人讲述三皇之一的人皇有巢氏发明巢居,教人构木为巢,以避野兽的故事。这个故事内容在汉语文化中也同样广为人知。但是用汉字书写的《高皇歌》却没有完全用汉语文化意象来替换畲族神话,而是保留了畲语特有的民族词汇和民族文化意象,如"掌"在汉语中是"手掌""掌握"等意,而在畲语中表示"居住"的意思,"寮"在畲语中表示简易的草房。这些词汇用在汉文本《高皇歌》中,真实传达了古代畲族民族的生活特征。为尽可能在英语文本中做到"文化传真",笔者在英译该条时,在理解汉文本《高皇歌》意思的基础上,深入了解和掌握了畲族语汇的文化含义,选择英语中与畲语"掌""寮"相近的词汇来翻译,"掌"译为"stay","寮"译为"nest house":

> Life was hard in the primitive days;
> Only in the mountain caves did people stay.
> It was Emperor *Youchao* who built the first nest house;
> Then people didn't live in the dark holes like mouse.

并采用注释法解释"Emperor *Youchao*"的具体含义(Emperor *Youchao* is the inventor of houses and buildings, according to Chinese ancient mythology. He is said to have been one of The Three Sovereigns in ancient China.),把有巢氏教人"起寮"的内容通过注释传达出来,从而保证传真出畲族特色的神话文化意蕴。

《高皇歌》是畲族传唱千年的民族史诗,畲族民族风情和人文习俗等深深浸润其中。要准确把握史诗中的文化翻译和"文化传真"的关系,需要译者深入地了解和熟悉畲族社会文化,充分理解史诗中包含的畲族文化内涵,在尊重民族文化的基础上,综合使用各种调适手段,力求在译入语中实现"文化传真"的目标。

三、深度翻译:《高皇歌》英译的民族志策略

"文化传真"之所以能在异域文化中实现,其基本前提就是文化具有普遍性。可以说,任何文化既是普遍的,也是特殊的。"文化的普遍性不是指各民族的文化中永恒存在着的共同性,而是指各民族的文化由于人性一致的原则而决定的按照共同的规律发展并经历着共同的基本形态。文化的特殊性不是指一个民族永恒地区别于其他民族的特殊本质,而是指每一个经历着不同文化发展阶段的民族,在其文化发展的某一阶段上区别于其他

阶段的特殊本质,或者两个处于不同文化发展阶段的民族,各自所具有的区别于他者的特殊本质。"①

文化的普遍性使得不同民族和地区的文化解释和翻译成为可能,而文化的特殊性又为不同民族之间的文化交流带来了障碍。畲族史诗中具有大量含有民族特色的词汇和表达方式,体现着畲族典型的"地方性知识特征",蕴含着丰富的畲族文化特色。在英译《高皇歌》过程中,译者如何克服这些文化特殊性带来的转换障碍,找到中西文化的契合点,使译文既为外国人所接受,又不失畲族文化特色,实现文化传真,就成为译者翻译时必须面对的问题之一。对此,民族志研究的文化翻译观及其"深度描写"理论为笔者的民族典籍英译实践提供了方法论上的指导。借鉴民族志"深度描写"理论,笔者在英译《高皇歌》中大量采用"注释""变通补偿"等"深度翻译"策略,为译入语读者理解原文提供了丰富的文化背景信息,将翻译文本置于丰富的他族文化语境之中,体现了对他者文化的宽容与尊重。

(一)民族志中的"深度描写"

民族志研究首次出现"深度描写"(thick description)这个术语是在美国人类学家克利福德·格尔茨 1973 年所编的《文化的阐释》(*The Interpretation of Cultures*)文集中。这部文集由 15 篇论文组成,围绕文化的概念、分析和阐释等系统解释了格尔茨的阐释学人类学理论观点。该书是格尔茨的经典之作,自 1973 年出版以来,其影响逐渐超出人类学,在社会学、文化史、文化研究等领域都产生了重大影响,曾被《纽约时报》书评评为"二战"以来最重要的 100 本书之一。格尔茨在该书的第一篇论文《深度描写:通往文化阐释理论》(*Thick Description:Toward an Interpretive Theory of Culture*)中提出了"深度描写"概念,并以自己在爪哇、巴里摩洛哥村庄所做的人类学现场调查为基础,对文化概念进行深入探讨和阐释,提出并解释了他自己的文化分析方法(即深度描写)和文化阐释观。

按照格尔茨的讲述,"深度描写"一词来自英国哲学家牛津大学韦恩弗利特讲座教授吉尔伯特·赖尔。1968 年赖尔在牛津大学做了一场题为"思想家在想什么"的讲座。报告内容后编入他的著作《思想的思想:思想家在

<hr>

① 顾乃忠:《论文化的普遍性和特殊性(上)——兼评孔汉斯的"普遍伦理"和沟口三雄的"作为方法的中国学"》,《浙江社会科学》,2002 年第 5 期,第 122 页。

想什么?》(*The Thinking of Thoughts*:"*What is 'Le Penseur' Doing*") 中。作为日常语言学派的语言哲学家,赖尔以批判笛卡儿心物二元论著称。他着重研究意义理论,认为意义的体现者是语词或短语,而不是语句。在他看来,了解一个语词或短语的意义,就是了解它们的用法,了解如何正确地把它们用于不同的语境。在这场讲座中,赖尔用"眨眼"为例说明意义的复杂性和层次性。他举例说,两个孩子眨眼,一个是生理上的不由自主地眨动眼皮,另一个是给朋友递眼色,暗示一起来耍把戏。这两个动作形式上是一样的,但表达的意义有很大差别。假如还有第三个孩子用眨眼来嘲弄,或者为了更逼真表达嘲弄的意思对着镜子排练眨眼动作等,可见由行动所代表的意义之复杂性在理论上是可以层层累积,以至无穷的。赖尔认为,人的行动和其他文化现象一样,都是一种符号,体现了某种或深或浅的意义。对眨眼等动作的描述就有两种:一种是"浅度描写"(thin description),即对动作直接描述,另一种是"深度描写",把动作描述置入语境之中,详细描述动作发生的时间、地点、施为者及其意图等等。赖尔通过这一事例说明意义的表达和理解都具有复杂性,想要接近或达到事物的本质必须通过对事物或行为的深度描写。

借用赖尔的"深度描写"概念,格尔茨认为民族志描写也是对"深度描写"的追寻。他把赖尔的眨眼例子应用在人类学研究中,认为人类学者要做的不仅仅是对行为进行观察,重要的是对行为进行解释。人类学者需要在理解背景知识的前提下,观察并了解事情的真相与事实,分析并厘清行为中的意义结构和层级,以确定这些意义结构的社会基础和含义,从而尽可能准确清晰地描述出各个层级的意义。他在 1972 年发表的《深层的游戏:关于巴厘岛斗鸡的记述》(*Deep Play*: *Notes on the Balinese Cockfight*)一文就是他运用"深度描写"的代表作。[①] 该文是基于 1958 年格尔茨到印尼巴厘岛进行田野调查的一篇分析报告,讲述了格尔茨夫妇在巴厘岛观看被当地政府禁止的斗鸡活动。当警察突然袭击斗鸡场时,格尔茨并没有出示证件显示外地身份,而是和四散而逃的人群一样迅速逃跑,这一举动让他从巴厘岛村民所"远离"的"幽灵"而变成村民接纳的"巴厘岛人"。格尔茨因此有了深入观察了解巴厘岛斗鸡游戏的内在本质的机遇。

---

① Geertz, Clifford. Deep Play: Notes on the Balinese Cockfight. *The Interpretation of Cultures*. New York: Basic Books, 1973: 420-421.

他从人类学的角度观察和分析"斗鸡"这一独特的巴厘民族文化现象,把"斗鸡"现象分为四个层次:第一个层次以公鸡为中心,把斗鸡和巴厘族人的习俗联系起来;第二个层次围绕斗鸡中的博彩行为,描绘博彩行为的内在机制;第三个层次把博彩系统置于更广阔的社会结构网络中考察其含义;第四个层次从巴厘族人的心理观念出发分析斗鸡在巴厘岛的文化价值意义。格尔茨以自己对巴厘岛斗鸡文化的近距离体验为基础,并对其内在的层级结构进行细致分析,从中发掘出丰富的民族心理和社会含义,体现了"深度描写"方法的特点。

格尔茨之所以要深入行为现象的内部,分析行为中的意义层级及结构,通过"深度描写"以确定这些意义结构的社会含义,就是因为他的"深度描写"方法是建立在他的文化阐释观之上的。格尔茨认为:"(文化)是由历史传递的,体现在象征符号中的意义模式(pattern of meaning),它是由各种象征性形式表达的概念系统。借助这些系统,人们交流、维系、发展有关生活的知识和对待生活的态度。"①他说:"我主张的文化概念……本质上是符号性的(semiotic)。和马克斯·韦伯一样,我认为人是一种悬挂在由他自己织成的意义之网中的动物,而我所谓的文化就是这些意义之网。"②文化是体现象征符号的意义模式,文化是意义之网,因此对文化的分析就不是实验性科学中对规律的寻求,而是阐释性科学中对意义的探索。民族志书写就是一种阐释。在书写过程中,民族志学者需要努力把握并理解他族文化中的那些大量复杂的、陌生的概念、结构、关系等,并转写出来。民族志转写成功与否并不取决于民族志学者能否捕捉到他族生活中的那些原始事实,以及对那些事实所做的如照相一般的客观描写,而是要看民族志学者能否还原他族遥远的原始事实场景,以减少人们对陌生背景中的陌生行为产生的困惑,从而能真正理解他族文化符号的内在意义。因而,民族志学者不断对这些意义层次的条分缕析就使得其描写逐渐趋向深层,而不是停留在对未经阐释的资料的"浅度描写"上。"浅度描写"无法区分看似相同的两种行为背后的意义,只有"深度描写"才能剖析两者间的文化层次。民族志书写者只有深入他族文化现象和文化行为内部,才能充分厘清其意义结构的分层等级,把各个层级的意义尽可能准确清晰地描述出来,

---

① Geertz, Clifford. *The Interpretation of Cultures*. New York: Basic Books, 1973: 5.

② 同上。

使得读者能够理解民族志中的他族文化含义。

(二)翻译研究中的"深度翻译"

源自分析哲学的"深度描写"方法被格尔茨应用到文化人类学中,提出民族志学者在书写民族志过程中,应尽可能通过对他者文化进行情境化和具体化的深度描述,达到对他者文化的再一次阐释,以寻找文化表征之下的文化意义内涵,从而真正理解所描述的他族文化。作为与民族志对他族文化转换本质相同的翻译行为,也是对他族文化阐释之阐释,两者具有相通之处,因而文化人类学的"深度描写"方法对翻译研究也必然会有较强的启示意义。1993 年,同赖尔一样研究意义理论的美国普林斯顿大学分析哲学家夸梅·安东尼·阿皮亚(Kwame Anthony Appiah)在 *Callaloo* 上发表了一篇题为《深度翻译》(*Thick Translation*)的论文,将分析哲学和文化人类学中的"深度描写"方法应用到翻译活动中,首次提出了"深度翻译"理论。阿皮亚秉承了分析哲学关注意义和翻译的传统,在对分析哲学的部分语言意义观进行了论述之后,在该文结尾提出了"深度翻译"这一术语:

> But I had in mind a different notion of a literary translation; that, namely, of a translation that aims to be of use in literary teaching; and here it seems to me that such "academic" translation, translation that seeks with its annotations and its accompanying glosses to locate the text in a rich cultural and linguistic context, is eminently worth doing. I have called this "thick translation"; and I shall say in a moment why. [1]

> 但我考虑过一种不同的文学翻译概念,即一种其意在文学教学中有用的翻译观;而今天我似乎认为,这样的"学术"翻译,即以评注或附注的方式力图把译文置于深厚的语言和文化背景中的翻译,显然有实行的价值。我一向把这种翻译称为"深度翻译",而我很快要说明这样定义的缘由。[2]

---

① Appiah, Kwame Anthony. Thick Translation. *Callaloo*,1993,16(1):817.

② 译文摘自黄小芃:《再论深度翻译的理论和方法》,《外语研究》,2014 年第 2 期,第 73 页。

　　阿皮亚指出"深度翻译"是在"文学翻译"基础上发展并包含文学翻译在内的"学术翻译",是通过"评注或附注的方式力图把译文置于深厚的语言和文化背景中的翻译"。他在该文开篇,结合他自己将他母亲在家乡加纳的库马西(Kumasi)搜集到的一种口传文学中的 7000 多个谚语译成英语的翻译实践和 10 多年从事分析哲学的研究心得,指出"表面看来,把翻译和意义理论化的分析哲学联系起来似乎是很自然的,因为一提到翻译,人们就会简单地认为翻译就是在一种语言中找到一种方式将另一种语言中言说的内容同样表达出来"。阿皮亚认为这种表面的想法是应该被抵制的,"从语言哲学的意义观来看,在吸引我们的译文中,最令我们感兴趣的不是意义。……获得意义,还算不上理解的第一步"[①]。他用格莱斯的会话理论(Gricean Mechanism)、萨丕尔—沃尔夫假说(Sapir-Whorf Hypothesis)、塞尔言语行为理论(Speech Act Theory)等分析翻译中的意义转换问题,认为翻译过程中所涉及的意义并不仅仅是话语的字面意义、作者的字面意图(literal intention)以及会话含义(conversational implicature),还有读者共有知识特征(specific features of the mutual knowledge)、源语和译入语的文学传统(literary conventions)、社会实践(social practice)等所产生的意义。因而,译者应采用深度翻译的方法,即更深度语境化(thicker contextualization)的方法,在翻译的文本中添加注释或术语注解,从而在译文中体现出源语言中丰富而深厚的语言和文化语境。

　　"深度翻译"一经提出就在西方翻译界产生了很大影响。2000 年,劳伦斯·韦努蒂(Lawrence Venuti)将该文收入《翻译研究读本》(*The Translation Studies Reader*),由英国 Routledge 出版公司在英国、美国和加拿大出版发行,将其影响力传播至整个西方世界。[②] 2003 年英国翻译理论家西奥·赫曼斯(Theo Hermans)发表《作为深度翻译的跨文化翻译研究》(*Cross-cultural Translation Studies as Thick Translation*)一文,把深度翻译作为跨文化翻译研究的一个途径并对其进行了进一步阐释,拓展了

---

① Appiah, Kwame Anthony. Thick Translation. *Callaloo*. 1993,(614):808-809.

② Venuti, Lawrence. *The Translation Studies Reader*. London and New York: Routledge, 2000.

"深度描写"和"深度翻译"的内涵。[①]

2005 年,谭载喜在其编辑的《翻译研究词典》中对"thick translation" (深度翻译)进行了介绍,"深度翻译"开始为我国翻译界所知晓。[②] 2006 年, 张佩瑶在其编译的《中国翻译话语英译选集》中将"thick translation"译为 "丰厚翻译",认为作为文化再现的丰厚翻译,是一种独特的翻译政策。[③] 同 年,段峰撰文对"深度翻译"进行了理论上的溯源,指出深度翻译理论来源 于文化人类学的深度描写理论和新历史主义有关历史语境的理论。[④] "深 度翻译"在国内逐渐传播开来,出现了众多介绍和应用深度翻译理论的成 果。特别是在理论应用上,因民族典籍中都具有丰富的民族文化,深度翻 译通过具体的注释、评注等方法再现原文本中的文化信息,帮助译文读者 重构文化语境,这为民族典籍提供了文化转化的新的途径,为文化典籍翻 译研究拓展了新的空间,因而国内不少学者将"深度翻译"方法应用到典籍 翻译实践中,又在实践中进一步丰富了深度翻译的方法论和概念内涵,促 进了我国民族典籍翻译事业的发展。

(三)《高皇歌》英译中的"深度翻译"

"深度翻译"的理论源泉是分析哲学和人类学特别是民族志研究的"深 度描写",因而这对于具有典型民族志特征的民族史诗翻译来说,无疑具有 较强的理论指导性和实践操作性。《高皇歌》是畲族的民族史诗,讲述了畲 族始祖龙麒的英勇故事,描述了畲族祖先的生活图景和漫长的迁徙历史。 史诗用生动的畲族口头语言描绘了畲族古老的神话文化、宗教文化、始祖 文化、歌谣文化等丰富多彩的图景,全面反映了畲族先民的信仰观念、风俗 人情、道德心理、情感体验和思维方式等,是畲族传统精神文化的历史记 录,是珍贵的畲族民族文化遗产。

---

① Hermans, Theo. Cross-cultural translation studies as Thick Translation. *Bulletin of the School of Oriental and African Studies*. 2003(66): 380-389.

② 沙特尔沃思,考伊著,谭载喜主译:《翻译研究词典》,北京:外语教学与研究出版社,2005 年,第 232 页。

③ Cheung, Martha P. Y., *An Anthology of Chinese Discourse on Translation*. Manchester: St. Jerome Publishing, 2006.

④ 段峰:《深度描写、新历史主义及深度翻译——文化人类学视阈中的翻译研究》,《西华师范 大学学报(哲学社会科学版)》,2006 年第 2 期,第 90-93 页。

为能在译本中再现史诗原文中丰富的"地方性知识"和民族文化特征,笔者在英译《高皇歌》过程中,借鉴"深度翻译"理论,采用注释和补偿等方法,对包含丰富的畲族文化特色的专有名称、习俗、宗教信仰等词汇和句式进行解释和释疑,以力求在译文中真正准确传达原文的文化内涵,帮助译文读者了解畲族文化特征。文军等曾撰文将"深度翻译"分为三个层次:正文深度翻译、紧密型深度翻译和疏离型深度翻译。正文深度翻译指文本内"深度翻译";紧密型和疏离型深度翻译分别以"文本内副文本"和"文本外副文本"的形式表现。① 根据这一分类方法,笔者在英译《高皇歌》时,所采用的深度翻译方式主要体现在正文深度翻译层次上,包括两种主要方法:

1. 注释,补充文化信息

畲族《高皇歌》在讲述畲族迁徙时,有不少描述畲族风俗礼仪方面的内容,体现了畲族独有的民族文化特色,充满了畲族民族风情。如《高皇歌》第 91 条:

> 当初皇帝话言真,盘蓝雷钟好结亲;
> 千万男女莫作践,莫嫁阜老做妻人。

> King *Gaoxin* once instructed our ancestor:
> *She* people should keep endogamy forever.
> Don't marry those greedy *Fulaos* indeed,
> For that would make us insulted.

这条前两句讲述的是畲族后人要记住高辛帝对畲族祖先的教诲,畲族四姓要和睦相处,在畲族族内通婚;后两句直接指出,畲族女子不嫁汉族阜老,否则就是违背了祖训,是作践了自己。如果英译第二句时,用英文"endogamy"(族内通婚)直译句意,英文读者无法理解其中的文化内涵,因而笔者在脚注解释道,"Owing to class oppression and ethnic oppression, the ancient *She* ethnic group practiced a custom of ethnic intermarriage

---

① 文军,王斌:《〈芬尼根的守灵夜〉深度翻译研究》,《外国语文》,2016 年第 1 期,第 111 页。

within their race. This restriction has now been abolished",指出这种习俗背后是古代畲族人民曾受到汉族统治阶级的压迫。随着民族之间的交往和相互尊重,现在这种制约已经不复存在。

再如第 102 条:

> 古田是古田,古田人女似花千;
> 罗源人子过来定,年冬领酒担猪爿。

> *Gutian*, our *She*'s home place,
> Raised up our girls with beautiful face.
> Boys from *Luoyuan She* families,
> Raced in sending rich betrothal gifts.

本条提到了不同地区的畲族子女相互通婚时的婚嫁礼仪。按照畲族婚嫁风俗,男女双方相识到了谈婚论嫁时,男方会送来彩礼和定帖,举办定亲酒宴。这条中的"领酒担猪爿"以及其后两条中连续复沓的"领酒过来扮""领酒担猪羊"是指彩礼的礼物,而这些礼物大都是畲族人民日常生活所用,反映了畲族的生活状况。笔者在翻译中考虑到诗歌空间的限制,使用"betrothal gifts"翻译"酒、猪爿、猪羊"等词汇,只译出了其中的结婚"礼品"之意,原文所具有的丰富的社会生活信息就采用注释的方法来补充解释,以提供给译文读者更多的畲族风俗文化背景信息:In the traditional wedding custom of the *She* ethnic, the bridegroom should give the bride lots of gifts for the engagement and wedding feasts. Usually these gifts are wine, meat and grain.

2. 文中补偿,增添解释语

《高皇歌》中还有很多畲族人名、地名等,这些专有名词中都深含了畲族的民族文化特征。笔者在翻译这些专有名词时,根据英译诗歌的韵律、空间及节奏等特色,有的使用了上述的直译加注释的方法,如第 66 条:

> 龙麒自愿官唔爱,一心间山学法来;
> 学得真法来传祖,头上又何花冠戴。

Instead of seeking high rank and great wealth，
Longqi went to Mountain *Lü* to learn magic spells.
Wearing colorful crown and robe，
He cast the spells to protect his people.

诗中提到地名"闾山"，笔者用拼音"Mountain *Lü*"音译，并加上脚注"Mountain *Lü*（闾山），located in *Liaoning* Province，north part of China，is one of the famous Taoist Holy Land"，补充说明闾山的地理方位及其作为道教名山的信息，为译文读者提供更具体的文化背景，以使其更透彻地了解原文龙麒学法的故事内容。

对于一些文化信息量不是很多，而诗歌空间容量大的文化词汇，笔者在翻译时则多使用文中补偿的方法，通过增添解释语来深度翻译原文中的文化信息。如第 12 条：

神农就是炎帝皇，作田正何五谷尝；
谷米豆麦种来食，百姓何食正定场。

The second was King *Shennong*，the divine Farmer，
Who was the *Leisi*，a ploughshare's inventor.
He taught the ancients to grow grains，
Making the world rich and people enjoy their gains.

笔者在翻译本条中的"神农"时，根据诗歌空间安排和内容转换的需要，在文中增补了"divine Farmer"解释"神农"，并增加了"Who was the *Leisi*，a ploughshare's inventor"以替换原文具体的描述种五谷等行为，以神农发明耒耜来说明神农在中国神话中是农耕始祖这一文化信息。

再如，原诗第 102—104 条的首句，用重复咏叹的形式引出畲族居住的地方，"古田是古田""罗源是罗源""连江是连江"。笔者在翻译中，因在前面部分翻译时已经对古田、罗源、连江这几个地名使用了脚注补充地理方位、人口等信息，故在翻译这几条时，考虑到英译诗歌的节奏需要，采用文

中补偿的方法，增补这几个地方实际上是畲族族人生活的故土这一文化内涵：

古田是古田，
古田人女似花千。
Gutian, our *She*'s home place,
Raised up our girls with beautiful face.

罗源是罗源，
罗源人女似花旦。
Luoyuan, our *She*'s home country,
Raised up our girls like beautiful fairy.

连江是连江，
连江人女好个相。
Lianjiang, our *She*'s hearth home,
Raised up our girls everyone wants to take home.

　　《高皇歌》中含有丰富的畲族文化。以深度翻译理论为指导，笔者采用注释和补充信息的翻译方式对畲族的民俗风情和宗族信仰等文化特色进行了细致描述，较好地在译文中再现了畲族文化内涵，既为译文读者了解畲族文化、理解畲族民众心理提供了必要的文化信息，也使译本散发出浓烈的畲族民族特色和文化气息，有利于推动畲族文化更好地向世界传播。

第五章 《高皇歌》英译的口头诗学考察

20 世纪西方民俗学在其发展过程中,帕里和洛德提出了后来影响巨大的"口头程式理论",指出来自民族口头传统的民族史诗具有丰富的"口头程式结构"。程式的诗学功能是用于现场创编,通过系统化的运用,歌手根据最简单的表达格式,用最省力的、习以为常的惯用语言形式,传唱着类型特点鲜明的、富含诸多细节和变化的事物和情景。

适于吟唱的中西早期民间史诗都有着丰富的故事情节,其叙述方式以对话为主,行文之间充满了平行结构与重章叠句,表现出口语化和旋律化的秩序性特征。以"口头程式"为理论参照,进行翻译诗学层次的比较研究,为《高皇歌》英译提供了新的尝试空间。

第一节 口头诗学概述

诗学是"作诗论诗的学问",口头诗学也就是关于口头诗歌的学问。如同口头语言早于文字语言一样,口头诗歌也远远早于文本化的诗歌。在文字出现以前的远古社会,人们用来抒发情感、表达心声的诗歌都是口头传唱的,甚至当今一些无文字的社会或地区也都是口头传唱诗歌。"这种诗歌,我们就叫它口头诗歌(oral poetry);关于这种诗歌的理论,也就叫作口头诗学(oral poetics)。"①

---

① 朝戈金:《关于口头传唱诗歌的研究——口头诗学问题》,《文艺研究》,2002 年第 4 期,第 99 页。

虽然口头诗歌历史久远,其源头甚至可以追溯到远古时期的劳动号子和乡野民歌等,但是研究口头诗歌的诗学理论体系却是直到 20 世纪 50 到 60 年代才出现。1959 年,美国哈佛大学比较文学教授艾伯特·洛德(Albert B. Lord)发表了《口头创作的诗学》(*The Poetics of Oral Creation*)一文,系统探讨口头史诗创作中的语音范型及其功能和作用等,开始了对口头诗学理论的建构。[①] 1968 年,他在 *Harvard Studies in Classical Philology* 撰文《口头诗人荷马》(*Homer as Oral Poet*),正式提出了"口头诗学"(Oral Poetics)这一概念,并指出口头诗学与书面文学的诗学不同:

> 当然,现在荷马研究所面临的最核心的问题之一,是怎样去理解口头诗学,怎样去阅读口头传统诗歌。口头诗学与书面文学的诗学不同,这是因为它的创作技巧不同。不应当将它视为一个平面。传统诗歌的所有因素都具有其纵深度,而我们的任务就是去探测它们那有时是隐含着的深奥之处,因为在那里可以找到意义。我们必须自觉地运用新的手段去探索主题和范型的多重形式,而且我们必须自觉地从其他口头诗歌传统中汲取经验。否则,"口头"只是一个空洞的标签,而"传统"的精义也就枯竭了。不仅如此,它们还会构造出一个炫惑的外壳,在其内里假借学问之道便可以继续去搬用书面文学的诗学。[②]

洛德的"口头诗学"体系是在他导师米尔曼·帕里(Milman Parry)对荷马史诗和南斯拉夫口头史诗研究之上发展形成的。20 世纪 30 年代,帕里将口头诗歌的概念应用于荷马史诗研究,发现荷马史诗的演唱风格是高度程式化的,且这种程式来自悠久的传统,于是他提出荷马史诗是口述传统的产物。为验证这个观点,帕里带着他的学生洛德在南斯拉夫地区进行田

---

① Lord, Albert B. The Poetics of Oral Creation. Friederich, Werner P, ed. *Comparative Literature: Proceedings of the Second Congress of the International Comparative Literature Association*. Chapel Hill: University of North Carolina Press, 1959: 1-6.

② Lord, Albert B. Homer as Oral Poet. *Harvard Studies in Classical Philology* 1968(72): 46. 译文参考朝戈金:《"回到声音"的口头诗学:以口传史诗的文本研究为起点》,《西北民族研究》,2014 年第 2 期,第 6 页。

野作业,对南斯拉夫口头史诗进行实地观察、记录和描述,与书面诗歌进行类比研究,了解口头叙事诗与书面诗歌的区别。帕里通过对荷马史诗文本的分析考察,发现了荷马史诗背后的口头传统,发现了史诗中的程式、俭省、跨行接句等传统叙事单元,从而确证了他关于荷马史诗源于口头传统的判断。

从南斯拉夫地区结束了长达两年的田野作业后,1935年帕里返回哈佛,不久意外去世。洛德继续进行并深拓了老师帕里的这一研究。他继续在南斯拉夫推进他们的田野调查工作,整理他们已搜集并存储在"帕里口头文学特藏"中的资料,以实现帕里已经勾画出轮廓的比较研究纲领。1960年,洛德出版了口头诗歌研究的原创性著作《故事歌手》(The Singer of Tales),以严密翔实的田野资料为基础,介绍了口头史诗歌手的表演和学习训练,勾勒了史诗演唱的一般环境和社会背景,并详细解释了帕里开创性提出的"程式"(oral formula)、"主题"(theme),区分了一般的歌与特定的歌、书写与口头传统,并对古老的"荷马问题"做出了具体化的全新界定。该书的出版发行不仅奠定了洛德作为口头诗学奠基人的地位,也使他和老师帕里提出的口头程式理论成为一门自成一体的学科,并且使这一领域最终扩展到超过100个古代、中世纪和当代的语言传统之中。

1988年,约翰·弗里(John Miles Foley)出版《口头诗学:帕里—洛德理论》(The Theory of Oral Composition:History and Methodology),对口头程式理论的学术背景、发展历史、主要观点与影响做了系统的梳理,专门评介了帕里和洛德的口头程式理论及其学术走向,推动了口头程式理论的传播和影响。① 弗里多年来一直从事口头传统研究。1986年,他在密苏里大学创建"口头传统研究中心",创办《口头传统》(Oral Tradition),使之成为国际口头传统研究的最重要的阵地。他从语文学和古典学出发,引入人类学、民俗学等学科方法,将讲述民族志、民族志诗学、表演理论等创造性地融汇于口头传统研究中,实践并深化了帕里—洛德口头程式理论,构造出独特的口头诗歌文本的解析方法,从史诗研究走向更广阔的口头诗学领域,提出了表演场(performing arena)、大词(large word)、史诗语域(epic register)、传统指涉性(traditional referentiality)等术语,丰富了口头诗学

---

① Foley, John Miles. *Theory of Oral Composition:History and Methodology*. Bloomington:Indiana University Press,1988.

理论内容,逐步构筑起完整的口头诗学体系,开创了口头诗学的崭新局面。

目前,口头诗学和口头传统研究在西方已经取得长足的发展。我国也有不少学者提倡和译介口头程式理论并将其运用于民族史诗的研究中,实践和发展了口头诗学的内涵与范围。总结口头诗学的学术发展史,朝戈金指出:

> 通过以上简要回顾,我们有如下两点归纳:一则,口头诗学所要解决的问题,是口头诗歌(其实是整个口头传统)的创编、流布、接受的法则问题,这些法则的总结需要有别于书面文学理论和工具的理念、体系与方法;二则,口头诗学是整个诗学中的重要一翼,并不独立于诗学范畴之外,只不过在既往的诗学建设中长期忽略了这一翼,就如文学研究长期忽略了民间口头文学一样。[①]

诚哉斯言!只有明了口头诗学的理论重心及其与诗学的从属关系,才能真正理解口头诗学的内涵。

第二节 《高皇歌》的口头性特征

口头传唱的《高皇歌》继承了畲族歌谣久远的口头传统,表现出鲜明的口头性特征。将其纳入以口头诗歌传统为分析研究对象的口头诗学视野中,比较其与书面诗歌诗学特征的差异,将有助于了解民族史诗的口述创作和表达的规律与诗学特征,促进民族史诗口头性特征在翻译过程中的顺利转换。

一、畲族口头传统

帕里和洛德倡导的口头诗学是基于对荷马史诗、南斯拉夫史诗等口头

---

① 朝戈金:《"回到声音"的口头诗学:以口传史诗的文本研究为起点》,《西北民族研究》,2014年第2期,第7页。

传统的解析之上形成的,但其理论指涉的范围并不仅仅限于史诗,而是指向所有的口头诗歌,甚至如朝戈金所说"其实是整个口头传统",即一个民族世代传承的神话、传说、史诗、歌谣、民间故事、说唱文学等口头文类以及与之相关的表达文化和口头艺术。

畲族有自己的语言,但没有文字。口头语言就成为畲族人民日常生活交往和传承民族文化的重要方式。畲族民间流传着大量的口头文学作品,包括畲族神话、故事、歌谣、谚语、谜语、称谓等等。这些口头上传承的语言作品以鲜活的形式记载和传承着畲族人民在不同历史时期的生活方式、心理状态、精神风貌,是畲族人民认识社会、表达情感意愿的重要方式,是畲族人民抒情言志所形成的精神产品,是畲族文化的重要载体和立体化的展示,这在历史的长河中汇集起来成为具有独特民族特色的畲族口头传统。

根据口头传唱是否押韵,可以将畲族口头传承语言作品区分为散文类口头传统和韵文类口头传统两大类。

散文类畲族口头传统主要是畲族神话、畲族传说、民间故事等。畲族神话是畲族人民在远古时期所创造的反映自然现象和社会生活的古老的口头艺术形式。"畲族神话数量众多,内容丰富,大致可分为中华民族始祖神话与畲族始祖神话、宇宙万物起源神话、人类社会各种发明创造神话、自然界诸神神话、人与神及人与自然界斗争神话五类。"[①]如讴歌中华民族创世始祖的《盘古王造天造地》,讲述畲族始祖龙麒和三公主的《亢金龙下凡》《盘瓠王和三公主》,反映宇宙起源的《火烧天》,叙述畲族人发明创造的《纺织娘和种田郎》《盐是怎么来的》,还有反映畲族人民多神崇拜的自然界诸神神话《畲家猎神》《十个日头九个月》等。这些神话是远古时候畲族人民对自然的敬畏和对自然现象的合理解释,表达出他们征服自然、改造自然的意志和愿望,讴歌了畲族人民勇于开拓的进取精神,艺术地再现了畲族人民改造自然的繁衍发展史。这些神话虽是高度的艺术幻想,但是以畲族先民的现实生活为基础,在畲族先民用神话解释社会生活和自然界神奇现象的背后,是他们对自然万物的认识,对美好社会生活的向往。这些神话蕴含着畲族人民朴素的哲学思想、宗教信仰,体现了畲族人民崇智尚贤、崇拜英雄的人生价值观。这些神话有的在内容上相互之间存在着部分重叠,

---

① 邱国珍:《浙江畲族史》,杭州:杭州出版社,2010年,第248页。

有的夹杂着其他民族神话内容；在形式上同一神话在不同畲族地区存在着名称上的差异，表现出鲜明的口头传承特色。

畲族传说是畲族人民口头创作和传播的，反映畲族历史人物、历史事件，解释地方风土人情和社会习俗的口头散文故事。传说产生的时代一般晚于神话，是人类在历史意识觉醒之后按一定的逻辑创造的口头文学。民间传说积淀着一个民族深沉的历史情感，反映了一定历史时期民族的信仰状况、风俗习惯和历史风貌。畲族人民创作的民间传说从其内容来看，可分为"历史人物传说、历史事件传说、自然景物传说、地方风俗传说、土特产传说等"①。历史人物传说包括本民族的历史人物传说，如《蓝洁妹智训三和尚》《雷大相的传说》等，以及畲族人民"再创造"出来的汉族历史人物传说，如《鲁班师爷与巧计夫人》。历史事件传说主要反映畲族民族迁徙和畲汉民族团结两类题材，如《三公主的传说》《山哈也有李姓》。地方景物传说歌颂畲族家乡的美丽风景，激发畲族人热爱家乡之情，如《兄弟山》《米斗山》等。畲族的地方风俗传说包括节日传说、人生礼仪传说、信仰与禁忌传说等，反映了畲族的信仰观念和社会习俗，如《焐年猪》《香袋彩带定情物》《观音借地》等。

民间故事是指除神话、传说之外的散文化叙事的口头作品。畲族民间故事十分丰富，较为全面地反映了畲族人民的日常生活特色，体现了畲族人民在家庭婚姻、社会交往、风俗礼仪中的伦理道德观念。畲族人民通过民间故事来叙事，通过口头流传的方式，传达着传统文化、地方知识，传递着民众的道德观念、爱憎情感，表达出他们的理想和愿望，也体现出口头传统强大的教育功能。

韵文类畲族口头传统主要指民间叙事诗和歌谣两大类。相对歌谣而言，民间叙事诗往往篇幅较长，是畲族人民创作和传唱的长篇叙事性歌谣，所以又称长篇叙事诗或故事歌。"民间歌谣以抒情为主而叙事诗以塑造人物形象为主；民间歌谣无故事情节而民间叙事诗具有完整的故事情节。"②从篇幅和叙事性来看，畲族史诗《高皇歌》也属于畲族叙事诗类别。但相比畲族其他叙事诗，《高皇歌》讲述的是畲族始祖的故事和先民迁徙的历程，融合了英雄史诗和创世史诗的特点，反映出畲族的宗教信仰、民情风俗、民

---

① 邱国珍：《浙江畲族史》，杭州：杭州出版社，2010年，第256页。
② 同上，第275页。

族性格、道德伦理等。《高皇歌》的传唱深入畲族生活的各方面,发挥着教育、鼓舞和团结畲族人民的巨大作用,是畲族民族文化的瑰宝。

根据内容来划分,畲族叙事诗可分为两类。一是反映畲族历史传说(包括中华民族历史传说)的叙事诗,如《封金山》《火烧天火烧地歌》。二是根据神话、传说和民间故事改编的叙事诗,如《姜太公钓鱼》《孟姜女寻夫》《桃园结义》等。这类叙事诗在畲族口头传统中占很大比重,有的取自汉族神话题材,但往往根据畲族人民的生活来改编,如《桃园结义》中的刘、关、张在畲歌中是以爬树高低来排座次:

> 桃园结义三兄弟,三人爬树比高低;
> 三人桃园真结义,后来刘备做皇帝。①

相比叙事诗,畲族歌谣则是篇幅比较短小的口头韵文作品。畲族具有深厚的歌谣传统,其历史可以追溯到遥远的先民时期。畲族人自称"山哈",赋予民歌以"歌言"的独特称谓,"山哈歌言"被畲家人视为传家之宝。《歌是山哈传家宝》唱道:"水连云来云连天,山哈歌言几千年,……歌是山哈传家宝,千古万年世上传。"②畲族歌谣与畲族人民的日常生活紧密联系在一起。畲族人民自古以来就十分喜爱唱歌,无论是生产劳动,还是闲暇休息,无论是节日庆典,还是婚嫁迎娶,无论是宗族议事,还是日常交往,畲族人民都以歌为乐,以歌代言,以歌论事,以歌代词,以歌传知。在畲族人民看来:"肚中歌饱人相敬,肚中无歌出门难。"③根据歌词的内容,畲族歌谣可以分为生活歌、劳动歌、仪式歌、情歌、儿歌等。畲族歌谣是畲族人民生活的百科全书,无论是歌词内容还是歌唱形式,都具有畲族独特的民族特色。畲族歌谣讲究畲语押韵,不少人能即兴编唱。唱歌的形式有独唱、对唱、齐唱,很少伴有动作与器乐。调式多样,可以真声唱,也可假音唱。畲族歌谣是畲族人民智慧的结晶,是畲族传统文化的重要组成部分。多数民歌作品储于畲民头脑之中,通过口头代代相传,部分民歌以汉字畲语记录的手抄本流传民间。2006 年 5 月 20 日,畲族民间歌谣经国务院批准列

---

① 邱国珍:《浙江畲族史》,杭州:杭州出版社,2010 年,第 276 页。
② 肖孝正:《闽东畲族歌谣集成》,福州:海峡文艺出版社,1995 年,第 3 页。
③ 浙江省少数民族志编纂委员会:《浙江省少数民族志》,北京:方志出版社,1999 年,第 190 页。

入第一批国家级非物质文化遗产名录。

二、《高皇歌》的口头性

口头文学最根本的属性就是口头性。是否具有鲜明的口头性是口头文学区别于书面文学的最明显的标志。对于什么是口头性，黄涛回答说："所谓口头性，指民间文学是一种口头创作、口头传承并有相应的表达方式和语体风格的文学形式。"[1]鲜益认为："口头性是口头诗学理论的核心概念，指与口头传播相关的特征和规律，它的范畴涵盖了口头诗歌的如下一些层面：诗歌的语言，诗歌的主题，诗歌的故事模式等。"[2]陈连山也"把口头性视为民间文学首要属性"，认为"口头特征是民间文学与一般书面文学最明显的区别"[3]。

《畲族高皇歌》是以书面文本形式呈现的畲族民族史诗，但这只是其物理文本的形态，实质上它只是具体的史诗演述的文字形式的记录，是史诗歌手"大脑文本"[4]的书写符号转化，因而书面文字转写的《畲族高皇歌》依然具有口头传统的典型口头性，这表现在以下几个方面。

（一）口语化的语词

口头表达往往稍纵即逝，其"即逝性"决定着听者要捕捉到并理解当下出现的声音，因而口头文学作品多用生活化的日常口头词汇和简略的描述，这样唱诵者读来活泼上口，听者也感到通俗晓畅，简单易懂，并采用复沓手法，反复吟诵程式化语词以加深听者的印象。《高皇歌》口头传承上千年，使用并保留了许多畲民日常交流的口语化语词，如"大细"（大细辈分排成行），"食"（煮熟食了人清悠），"喝"（便教朝臣喝先生），"讲灵清"（三皇五帝讲灵清），"个相"（一双龙眼好个相），"其"（皇帝准本便依其），"晓得""仰"（龙麒晓得近前仰），"度""结亲"（好度皇帝女结亲）……这些语词都与

---

① 黄涛：《中国民间文学概论》（第2版），北京：中国人民大学出版社，2013年，第18页。

② 鲜益：《民间文学：口头性与文本性的诗学比较——以彝族史诗为视角》，《艺术广角》，2004年第5期，第40页。

③ 陈连山：《被忽略的"口头性"研究》，《社会科学报》，2004-8-12，(5)。

④ Honko, Lauri. *Textualising the Siri Epic*. Helsinki: Academia Scientiarum Fennica, 1998: 94.

畲族人民的生活密切相关,都在他们的"经验阈值"之内,听起来既熟悉亲切,又简单易懂。

除了多用口头语词外,口语化的另一个表现是《高皇歌》在句法上的锤炼。与一般的口头表达不同,《高皇歌》是以诗句的形式唱诵的,为了唱诵和聆听的效果,句式上多用七言的"四领三"结构,与古代七言歌谣奏相类似,且句末以畲音押韵,读起来朗朗上口,韵味十足。如史诗结尾第112条:

盘蓝雷钟｜一路郎 /lɔŋ²/

亲热和气｜何思量 /lyøŋ²/

高辛皇歌｜传世宝 /pɒu³/

万古留传｜子孙唱 /tsʻyøŋ¹/

(二)单线性的叙事

《高皇歌》中的叙事线索是单线性的,且按照时间顺序展开。从创世神话开始,接着记述始祖龙麒出世、平番建功、招为驸马、分封广东、繁衍生息、打猎殉身,再叙述畲族迁徙闽、浙的历程,介绍传师学师、族内通婚等习俗,告诫后人不忘祖宗、互亲互助。这种按照时间顺序叙事的模式使得所叙述的内容条理清晰、脉络分明,有利于听众理解记忆。一般而言,民间口头叙事诗常常回避复杂情节,不以故事的曲折离奇取胜,而是寓丰富于单纯中,在保持故事的完整性时,尽量单线叙事,不同时讲述多条线索故事。《高皇歌》以讲述畲族始祖龙麒的英雄故事为主线,并没有其他叙事文体中所用的"倒叙""插叙"等手法,也没有我国古代书面文学中章回体小说常用的那种"花开两朵、各表一枝"的多线条叙事。即使在《高皇歌》后面讲述畲族迁徙生活时,多次提到祖宗功绩,史诗讲述者也没有"倒叙"回去重新记叙祖宗的事迹,而是采用畲族歌谣特有的"条变"手法,反复唱诵程式化语句,歌颂祖宗功德,以告诫后人不忘宗背祖:

86

一想原先高辛皇,四门挂榜招贤郎;

无人收得番王倒，就是龙麒收番王。

87

二想山哈盘蓝雷，京城唔掌出朝来；

清闲唔管诸闲事，自种林土山无税。

88

三想陷浮四姓亲，都是南京一路人；

当初唔在京城掌，走出山头受苦辛。

（三）表演中的创作

口头诗歌不是为了文本读者而写的，而是为了听众而创编的。诗歌传唱者每次演述时必须考虑到听众的接受程度、表演的场合等因素。可以说，他每次所演唱的文本都是"新"的文本，是在传统的文本基础上出现新的因素。"表演中的创作，这是口头诗学的核心命题。"①口头演述的《高皇歌》用文字记录后，原先口头文本所存在的口头演述环境消失了，听众听到的那种节奏感和韵律效果与读者从书面文本阅读得来的效果就不完全一致，有时甚至会有较大的差异。如畲族歌谣在演唱时往往会夹有"哩、罗、啊、依、勒"等音，以达到声韵整齐（参见《高皇歌》曲谱）。

① 尹虎彬：《在古代经典与口头传统之间——20世纪史诗学述评》，《民族文学研究》，2002年第3期，第6页。

《高皇歌》曲谱①

　　这节景宁畲族《高皇歌》演唱时就带有"哩、哇、噜"等语音词,但在书面记录的文本中不会出现。因该节文本用词是七言四句,歌词本身整齐合韵,故看上去的文本和听上去的文本差异不大。在《畲族高皇歌》第102—104 这三条各有一句是五字句,在形式上与其他七字句不同,显得并不整齐,如第102条:

> 古田是古田,古田人女似花千;
> 罗源人子过来定,年冬领酒担猪爿。

　　在实际演唱中,演唱者会拉长元音的音调,或者增加畲族歌谣中常见的"哩、罗、啊、依、勒"等语音词,寻求韵律和节拍上的整齐,这就使得诗行"听上去"严整合拍。可以说,书面文本《畲族高皇歌》上所留下的这种"不整齐"的痕迹也恰恰是其口头性的表现。

---

　　① 本处曲谱摘自罗俊毅:《景宁畲族民歌"角调式"特有现象研究》,《中国音乐》,2012 年第 2 期,第 109 页。

(四)多样态的异文

异文是指"同一则故事在不同的讲述场合有差别"[①]。在前面我们已经论述过,《高皇歌》的传承方式主要是口耳相传,在家庭、宗族和师徒之间传授或歌唱习得而延续下来。历史上,也有不少歌手保存了《高皇歌》的手抄本,这也是《高皇歌》得以传承下来的一种重要途径。口头传承的《高皇歌》,其口头性毋庸多言,而以书面文本形式存在的抄本作为演唱者现场演唱《高皇歌》的记录和底本,在不同时期、不同地区,由不同演唱者所提供的抄本并不一样,表现出明显的"异文"。仅从现有搜集整理到的《高皇歌》篇幅来说,彼此各异。如广东潮州畲民中流传的《高皇歌》有 30 条,120 句[②];福建《福州市畲族志》中记载的《高皇歌》长 66 条,264 句[③];浙江省民族事务委员会编写的《畲族高皇歌》共 112 条,448 句。即使在浙江地区,"因无统一版本,历经世代手抄相传。所以浙江各地流传的抄本条(首)数,多则百余条,少则五六十条,但主要内容基本相同"[④]。主要内容相同是说,不同版本的《高皇歌》所讲述的主题是一致的,即是关于畲族始祖龙麒的英勇故事和畲族迁徙的历史。不同时期、不同地区、不同版本的《高皇歌》多层面交织,但重复相似的主题,也正是口头传统所特有的"典型场景或主题"的特征。《高皇歌》文本的多层面交织也是其作为口头文本活态存在的明证。

第三节 《高皇歌》口头程式特征分析

帕里和洛德提出口头程式理论后,经过弗里的发展和充实,这一理论逐渐在世界范围内产生了巨大影响,成为民俗学、人类学研究的重要前沿理论,更是研究口头传统的核心理论。畲族史诗《高皇歌》几千年来在畲族

---

① 朝戈金:《"回到声音"的口头诗学:以口传史诗的文本研究为起点》,《西北民族研究》,2014年第 2 期,第 14 页。

② 陈耿之:《畲族的发源地与畲族的文化影响》,《学术研究》,2004 年第 10 期,第 116-117 页。

③ 张天禄,福州市地方志编纂委员会:《福州市畲族志》,福州:海潮摄影艺术出版社,2004年,第 24-29 页。

④ 浙江省民族事务委员会:《畲族高皇歌》,北京:中国广播电视出版社,1992 年,第 1 页。

人民口耳相传中传承下来，即使是用文字转写的书面文本也保存了非常典型的口头程式特征，是畲族珍贵的口头文学遗产。

一、口头程式的形式结构和主题内涵

帕里和洛德为解决"荷马问题"，在对荷马史诗进行诗学分析和对南斯拉夫地区史诗进行实证调查并在史诗类比的基础上提出了以"程式"为核心概念的"口头程式理论"。这种理论真正从史诗的口头性出发，对口头传统做了深入的诗学阐释，区别于以往建立在书面文学基础之上的诗学理论，其理论的精髓"可以概括为三个结构性单元的概念：程式（formula）、主题或典型场景（theme or typical scene）、故事范型或故事类型（story-pattern or story-type），它们构成了口头程式理论体系的基本框架"①。

20世纪20年代，美国民俗学者帕里在继承前人语文学、人类学研究成果的基础上，对荷马文本中的"名词—特性形容词"（noun-epithet）进行了诗学分析，他在自己第一篇博士论文《荷马中的传统特性形容词》（*The Traditional Epithet in Homer*）中将当时民俗学界讨论的"程式"概念定义为"一种经常使用的表达方式，在相同的步格条件下，用以传达一个基本的观念"②。不久，他在考察"相同程式类型"中，发现针对不同神祇和英雄，有着大量的片语可供选择，但就其例证而言，针对某个单一的形象或人物时，多于一个以上的、具有相同节拍的程式却极为罕见。帕里将这一现象术语化为"俭省"（thrift），并定义为"这样一个程度，（一个程式类型或系统）不含相同韵律音长、表达相同概念、可以互相置换的片语"③。1930年，帕里又对其研究进行修正和扩展，提出"程式系统"（formulaic system）概念，指"一组具有相同韵值的片语，并且它们彼此之间在含义上和用词上极为相似，以致诗人不仅将它们视作单独的程式，而且也视作一组特定类似的程式，进而掌握它们并毫无迟疑地加以运用"④。

---

① 朝戈金，巴莫曲布嫫：《口头程式理论》（*Oral-Formulaic Theory*），《民间文化论坛》，2004年第6期，第92页。

② 约翰·迈尔斯·弗里著，朝戈金译：《口头诗学：帕里—洛德理论》，北京：社会科学文献出版社，2000年，第57页。

③ 同上，第58页。

④ 同上，第66页。

为验证荷马史诗的程式风格,帕里转向南斯拉夫口头传统并进行类比研究。通过大量的实证阐释,帕里得出结论:

> 我们知道,南斯拉夫英雄史诗的句法是口头的,也是传统的,希腊英雄史诗的句法也具有南斯拉夫史诗中那些由传统和口头本质规定的种种特征,例如我们在这些篇幅中已经看到的完整诗行的程式特征,因而希腊英雄史诗也必定是口头的和传统的。①

作为帕里的学生,洛德在 1960 年发表的《故事歌手》中继承了帕里的学术思想。在该书第三章论述"程式"时,洛德沿用了帕里对"程式"的定义,同时又结合自己对南斯拉夫史诗的实证研究经验做了一些补充,提出程式"是思想和被唱出的诗句彼此密切结合的产物",认为口头诗歌的语法是以程式为基础的,歌手不是逐字逐句背诵诗句,而是以程式化的表述单元在现场即兴创编诗行进行宏大诗篇的创作工作。他将程式的武库(formulaic repertoire)视作口头诗歌语言的一种类型,并着重强调了节奏和韵律的构形功能(formative function),为通向程式指明了一条动态考察的道路。②

在整理和综述帕里和洛德的"口头程式理论"的基础上,美国史诗学者弗里对于程式单元的描述,则提出了"大词"这一概念。弗里长期致力于口头传统的比较研究,曾多次前往塞尔维亚的乌玛迪安地区从事田野工作。通过史诗演述的参与性观察,弗里发现,在歌手那里,一个"词"与文本世界中的一个左右各有空档的单元有很大不同,也不像一部词典中出现的一个词,或者说能用语言学的术语给出定义的某种抽象。口头诗歌中的"词",既是一个完整表达的单元,也是构成演述的不可切分的"原子",更是一种具体的言语行为(speech-act)。这样的"词",可能像一个片语那么短小,但往往不会更小了。也可能有整个诗行那么长,或许还可以是一个多行的单元,一个场景或母题,像描述一段行程,一位英雄的战前装备过程,或一支

---

① 约翰·迈尔斯·弗里著,朝戈金译:《口头诗学:帕里—洛德理论》,北京:社会科学文献出版社,2000 年,第 75 页。
② 同上,第 98 页。

军队的集结,等等,都可以是一个"词"。① 弗里指出:"这里所使用的一个概念,其实是指歌谣和史诗演述者所运用的'表演单元'。对一个歌手而言,这种意义上的'词',往往是一个'诗句',也就是说,诗句经常是他们心目中最小的表达单元。更大级别的'大词'是故事中的'典型场景或主题'以及'故事范型'。"②

弗里用"大词"来解释"程式",把"程式"的指涉范围从"片语"拓展到故事中的"典型场景或主题"以及"故事范型",已经指明了"口头程式理论"三大"精髓"之间的内在一致性,即三者都具有"可重复性",歌手在演述现场中可以重复使用来自传统中的"程式""主题""故事范型"来构建故事,表演成千上万的诗行。

在论述"程式"时,帕德对于主题的概念也有涉及。他在评述瓦尔特·艾兰德的论文《荷马史诗中的典型场景》中引入了一个叙事单元的概念,并将其中的创作功用与修辞程式对应地结合起来。他评述说:"固定的情节模式和固定的程式,当然是彼此互相依存的。一个每次以新形式出现的具体情节,必会要求新的词汇。"③对于这个叙事单元,他后来在《科尔·胡索》(Cor Huso)这本田野调查笔记中称之为"主题"。

洛德在讨论口头史诗的诗歌语法(poetic grammar)时继承了帕里的"主题"概念,并将其定义为"观念的组群,在传统的歌中常常被用于以程式的风格讲述故事"④。他在《故事歌手》第四章阐述了这一叙事单位在塞尔维亚·克罗地亚口头史诗动态化运用的传统,并将其应用到希腊文本的诗学分析中。弗里把洛德提出的"主题"特征总结为三点:

(1) 与其说它们是词汇群,不如说它们是成组的观念群。

(2) 它们的结构允许有压缩、歧分(分化、分解)、增补等形式上的变化。

---

① 朝戈金:《约翰·弗里与晚近国际口头传统研究的走势》,《西北民族研究》2013年第2期,第8页。

② 同上。

③ 约翰·迈尔斯·弗里著,朝戈金译:《口头诗学:帕里—洛德理论》,北京:社会科学文献出版社,2000年,第77页。

④ 同上,第99页。

（3）它们具有个别的，而同时又有语境关联的双重特异质。①

弗里认为，这里的第一个特征，也就是叙事单元的核心是由互相关联的观念而非特定的词汇构成的；第二个特征则说明同一主题的诸多版本之间存在着在限度范围内的差异；第三个特征则意味着主题既会出现于分化之中，也会出现于相似的语境之中。这就是说，主题的出现取决于诗人认为它们在何处才是适用的，因而人们完全可以将主题视为一个叙事的程式。

口头程式理论的第三个关键部分是"故事范型"。洛德用"故事范型"来指口头故事中较大结构的范式。他的"基本假设是，在口头传统中存在着诸多叙事范型，无论围绕着它们而建构的故事有着多大程度的变化，它们作为具有重要功能并充满着巨大活力的组织要素，存在于口头故事文本的创作和传播之中"。1962 年，他在《故事歌手》发表两年后撰文评述塞尔维亚·克罗地亚的《归来歌》(*Return Song*)指出，归来歌的故事范型涉及五个要素序列——缺席、劫难、重归、复仇和婚礼，这种故事范型与印欧语系的口头传统一样古老，也同样流存在荷马的《奥德赛》之中。② 1974 年，洛德在《传统的歌》(*The Traditional Song*)一文中再次探讨了大型叙事范型的问题。他在比较古希腊英雄歌后归纳出一个单一的故事范型：

（1）一位失踪或已死去的父亲；

（2）一次挑战；

（3）一位帮忙人——施主；

（4）借来的装备；

（5）在两种不同叙事情境中的一次旅行。③

洛德将神话英雄归列到这种范型来进行讨论，分析了古代和现代的希腊传统之间的继承关系，使口头传统结构的研究层面，从程式提升到了故事范型上。

从上述帕里和洛德以及弗里对口头程式理论核心概念的论述，我们可

①　约翰·迈尔斯·弗里著，朝戈金译：《口头诗学：帕里—洛德理论》，北京：社会科学文献出版社，2000 年，第 99-100 页。

②　同上，第 109 页。

③　同上，第 116-117 页。

以发现,口头程式就是在口头诗歌中复现率很高的一组声音意义,是歌手传承于口头传统并以相对固定的韵式和形态用于口头诗歌的表演中,帮助歌手进行创编,以成功地架构出口头叙事作品。因而从本质上来说,口头程式就是这样一组大量重复的、成系统的、固定的、不可再分的意义单元,其最小的构成单位并不取决于传统语法意义上的最小语言单位。口头程式在形态上表现为重复出现的词组、短语和诗句等,在观念上是故事所讲述的主题以及用于架构叙事作品主题的叙事范型。

形式上反复出现的语句等程式结构和歌手观念上支配叙事架构的主题及故事范型,所组成的系统就成为"程式类型"。主题通过形式化语言来表达,语言形式上的重复可以体现主题,不同文本之间重复相同的主题。三者之间是相辅相成的,统一在歌手每一次的口头演唱中,成为歌手创编口头作品的"程式武库"。

二、《高皇歌》的程式化主题

史诗的程式化主题表现在同一史诗的不同口述文本之中,相同类型的史诗之间往往存在相类似的结构和故事范型。《高皇歌》是"以神话的形式,叙述了畲族始祖龙麒立下奇功,以及其不畏艰难繁衍出盘、蓝、雷、钟四姓子孙的传说"[①]。虽然各地畲族民间流传的《高皇歌》版本不一样,篇幅上也有长有短,但各个版本的内容都大致相同,表现出类似的主题。邱国珍在《浙江畲族史》中将《高皇歌》的主题概括为:

> 《高皇歌》按内容分为九部分。各部分衔接紧密,气势贯通,主题突出。
> 第一部分:"回忆",叙述高皇歌是"唱出祖史世上传",目的是"编出歌言传子孙"。
> 第二部分:"出征",叙述盘瓠"揭榜擒番王",凯旋后被高辛王招为婿郎。
> 第三部分:"成亲",叙述盘瓠与高辛王的三公主成亲,生下3

---

① 张恒:《以文观文——畲族史诗〈高皇歌〉的文化内涵研究》,杭州:浙江工商大学出版社,2014年,第1页。

子1女,3子分别姓盘、蓝、雷,女儿招婿姓钟,从此繁衍畲族四大姓。

第四部分:"隐居",叙述盘瓠由于遭到文武朝臣的猜忌,便辞官隐居潮州凤凰山以耕猎为生。

第五部分:"打猎殉身",叙述盘瓠出外打猎,不幸身亡,安葬于凤凰山上。

第六部分:"迁居",叙述盘瓠后人繁衍迅速,"人多田少难得食",于是"蓝雷钟姓四处分",迁居他方。

第七部分:"搬到福建",叙述畲族迁移福建的经过。

第八部分:"搬往浙江",叙述畲族迁移浙江的经过。

第九部分:"尾声",叙述畲族虽然几经迁徙,分居各处,世事艰难,但都是万世一脉的同宗骨肉。[①]

张恒在其著作中则将《高皇歌》的整体结构总结为"简述上古文明史""讲述先祖丰功伟绩""盘蓝雷钟四姓的来历""先祖归隐创业的经历""族人迁徙的历程及对子孙的告诫"五个部分。两者虽然对《高皇歌》内容所划分的部分有多有少,但从两者所概括出的主题和结构来看,几乎可以说完全重合,只不过邱国珍的主题概括更为细致而已。

正是由于存在相同的《高皇歌》主题,各地畲族人民才会在口耳相传的过程中,按照《高皇歌》主题内容在不同的时代和不同的场景中讲述畲族先祖的英勇事迹,世代传承畲族先辈的精神。

三、《高皇歌》的口头程式结构

按照重复出现的程式语的句法成分,《高皇歌》中的口头程式结构主要表现在语词、句子和诗条三个层次上,因而相应分成三类。

(一)语词式程式

语词式程式是口头文学作品中最常用的程式结构。歌手为了突出和渲染英雄人物的品质、性格,或者为了增强情节的紧凑型和连贯性等,往往

---

① 邱国珍:《浙江畲族史》,杭州:杭州出版社,2010年,第253页。

会重复使用一些与英雄人物的个性特征及行为环境等密切相关的语词。《高皇歌》中这类语词式程式主要体现在刻画人物的动作、行为场所、数字序列以及一些固定格式上。

1. 动作语词

表示盘古开天地创造万物的"造出",如"造天造地造世界""造出黄河九曲水""造出日月转东西""造出田地分人耕""造出大路分人行""造出皇帝管天下""造出人名几样姓"。

与畲族人民日常生活紧密相关的"作山""作田""做食",如"作田正何五谷尝""龙麒自愿去作山""离木三丈便种山""走落别处去作田""作田作土是辛苦""作田亦要靠天年""山高水冷难做食""山高土瘦难做食"。

2. 行为场所

畲族人民把广东潮州凤凰山视为畲族世代相传的祖居地和民族发祥地,称凤凰山为畲族的根。《高皇歌》讲述了龙麒隐居凤凰山,在凤凰山打猎种山的生活,因此歌中有不少诗句反复吟诵"凤凰山",如"凤凰山上去开基""凤凰山上鸟兽多""凤凰山是清闲""凤凰山上一朵云""凤凰山上去安葬""凤凰山上安祖坟"。

3. 数字程式语

《高皇歌》中反复运用一些数字,通过对这些数字程式语反复吟唱,既起到勾连全篇,帮助歌手叙事的作用,又反映出畲族人民的古老的精神信仰。如"六个大仓由你拣""六个大仓共一行""六个大仓都一样",接连三次重复"六个大仓"。在《高皇歌》中运用次数最多的数字是"三",如"三皇五帝定乾坤""三年头昏耳又痛""取出金虫何三寸""一日三时仰其大""第三公主结为妻""挂出皇榜三日正""服侍番王两三年""一日连食三顿酒""三个公主由你拣""招为驸马第三宫""亲养三男一个女""寻了三日都唔见""又请三清师爷宫""离田三丈无粮纳""离木三丈便种山"。还有以"三"来排序,如"一想原先高辛皇""二想山哈盘蓝雷""三想陷浮四姓亲"。《高皇歌》中反复使用到数字"三","显现出他们(畲族)朴素的自然观念,以及叙述远古传说时朦胧的时空意识",且"三"与他们祖先的生死存在一定的关联,这也反映出他们对祖先的崇拜,以及其文化与道教的渊源关系。①

4. 固定格式短语

《高皇歌》在叙事时,会在不同的诗段中,反复使用一些格式相对固定的结构,在逻辑上起到顺承作用,在音效上造成回环复沓的叙述节奏。如在讲述事件发展顺序时,反复用到"过了……来(又)"这种固定结构,如"天皇过了地皇来""地皇过了是人皇""三皇过了又五帝""神农过了是轩辕""轩辕过了金天皇"。

(二)全句式程式

同大多数畲族歌言一样,《高皇歌》句式整齐统一,每四句一条,除了第102—104三条的首句是五个音节外,其余各条每句皆为七个音节。全句式程式语即以句为重复单位,一般出现在每条的首句,如:

1

盘古开天到如今,世上人何几样心;
何人心好照直讲,何人心歹佮骗人。

2

盘古开天到如今,一重山背一重人;
一朝江水一朝鱼,一朝天子一朝臣。

也有一部分全句式程式出现在前一条的结尾句和后一条的开头句,构成"顶真"的效果,如:

21

取出金虫三寸长,便使金盘银斗装;
一日三时仰其大,**变作龙孟丈二长**。

① 张恒:《以文观文——畲族史诗〈高皇歌〉的文化内涵研究》,杭州:浙江工商大学出版社,2014年,第125-126页。

22

变作龙孟丈二长，一双龙眼好个相；
身上花斑百廿点，五色花斑朗毫光。

　　全句式程式语在使用中会采用不完全整句重复，即全句意思保持不变，但其中个别词语形式发生变化，体现了程式语在重复中的创新特征，如：

50

龙麒平番是惊人，公主自愿来结亲；
皇帝圣旨封下落，**龙麒是个开基人**。

51

龙麒平番立大功，招为驸马第三宫；
封其忠勇大王位，王府造落在广东。

（三）条变和句连

　　固定的程式结构重复出现在不同句段之间，在畲族歌谣中有种特殊唱法与之相类似。在畲族歌言中有一类具有典型畲族特色的唱法，讲究条与条之间的韵律转换，通常称之为"条变"，通常有"两条变"和"三条变"。所谓"条变"，就是同一条歌词其他词句基本不变，只是变换韵脚，形成新的一条，产生"两条变"，变换两次，就形成"三条变"，如：

隔山唱歌隔山林，未见娘面听娘音；
歌音若好娘也好，句句对着郎心灵。

隔山唱歌隔山背，未见娘面听娘来；
歌音若好娘也好，句句对着郎心开。

隔山唱歌隔山遥，未见娘面听娘到；

歌音若好娘也好，句句对着郎心头。

(《隔山对歌》)①

这种"条变"是出现在句段层次上的口头程式语，通过对相同意义的语音单位的反复，造成诗歌韵律的回环，且同中有变，丰富了诗歌的表达形式，具有较高的艺术水准。《高皇歌》第102—104条也运用了这种"条变"的程式结构。这三条句式相同，语义重复，结构一样，只是讲述的地名和韵脚有了变换，虽然不是严格遵循"三条变"只转换韵脚的规则，但其叠章复沓，重复吟唱语义相同的诗章，同样产生了富有回旋的音乐美感：

102

古田是古田，古田人女似花千；
罗源人子过来定，年冬领酒担猪爿。

103

罗源是罗源，罗源人女似花旦；
连江人子过来定，年冬领酒过来扮。

104

连江是连江，连江人女好个相；
古田人子过来定，年冬领酒担猪羊。

与"条变"追求"同中有异"相反，畲歌中还有一种歌言内部彼此连接的手段，称为"句连"。句连是指歌言中，无论是一条为一个单位，还是以两条为一个单位，每个单位都局部相同，这种相同使每个单位内容的变化因有相同之处而产生连续感。句连的形式多样，如以每条首句相同，就是"首句连"，这与我们上述的"全句式程式"相同；也有以数字顺序或月份相连的，称为"数字连"，如《高皇歌》中的第86—88条中的"一想原先高辛皇""二想山哈盘蓝雷""三想陷浮四姓亲"就是按数字顺序展开叙事。畲歌中这种

---

① 张恒：《以文观文——畲族史诗〈高皇歌〉的文化内涵研究》，杭州：浙江工商大学出版社，2014年，第206页。

"句连"和"条变"的配合使用,体现了畲族人民朴素的辩证思想,使得畲歌在形式上丰富多样,传唱的韵味回环缭绕,成为畲族诗歌独特的民族特色。

"程式"是歌手建构和传承叙事作品的最重要的手段,在口耳相传的民间叙事传承中具有不可替代的作用。在口头诗歌唱诵过程中,歌手运用"程式"不但有助于诗歌的讲述和创编,而且可使吟诵的诗句回环往复、衔接流畅。畲族史诗《高皇歌》大量的口头程式结构就是历代畲族歌手在传承畲族口头传统中不断积累得来的,这些被运用在每次诗歌的演唱之中,使《高皇歌》成为一部流传久远、独具民族特色的优秀口传作品。

第四节 《高皇歌》口头程式结构英译

口头传承的《高皇歌》蕴含丰富的口头程式结构,而在源于人类初民的古老传统中都具有相类似的口头程式特征。这些特征如葛兰言所说:"够揭示措辞的某种一致性与特定的事物的一致性之间的关联,这同时能够阐明词的特殊意义和诗的一般意义。因此,在翻译时要尽力寻求诗的原始韵律;翻译一定要逐行进行,以展现这种复沓或者平行的措辞。"[①]

从《高皇歌》口头程式所蕴含的特有的形式结构和主题意义这两种诗学要素来分析,以文本转写形式存在的《高皇歌》可以说是特定场合演唱后的歌词的文字记录,其内在的程式化主题与叙事范型已经固定下来,具有当下文本的独特性,而表现在形式结构上的程式语句则在当下文本中重复咏叹,表现出鲜明的复沓重叠的形式特征。因而英译《高皇歌》就要求译者应在译入语中寻求文本的表达单元,根据文本具体的口头形式与特殊内涵,重新定位翻译文本中口头程式结构的表达效果。

一、《高皇歌》口头程式结构英译原则

口头传统的口头性最主要的体现就是口头文学作品中的程式结构。

---

① 葛兰言著,赵丙祥,张宏明译:《古代中国的节庆与歌谣》,桂林:广西师范大学出版社,2005年,第14页。

这是各个民族口头传统的共性。被誉为英国民族史诗的《贝奥武甫》（*Beowulf*）以记叙韵文的形式赞扬了一个英雄的成就，从这个意义上讲它可以说是名副其实的口头"史诗"。它与世界上其他地方的民族史诗一样，展现的是部落英雄的传奇故事，带有浓郁的地方宗教信仰色彩，具有鲜明的早期口头文学特点，体现着古英语诗歌悠久的口头传统。

翻译家冯象在其译自古英语的《贝奥武甫：古英语史诗》中考察《贝奥武甫》来源时发现，史诗中有不少套语重复出现，他推断这些是源自古歌谣的成分。史诗结构上也有着固定的演述程式，每次开场都会用固定的开场套语。冯象认为这是古代日耳曼歌手演唱传统的开场白，是歌手利用演唱程式进行创作，"为了达到同一个修辞目的，通常在同一格律位置互相替换一组词、短语或诗句。就好像挑出曲子即兴填词，将优美的词句进行巧妙的交织"①。

在译入语中再现原语的口头程式特征正是基于口头吟诵传统在中西文学历史中同样具有普遍性这一哲理。然而以汉字转写的《高皇歌》在形式上具有汉语表意语言的特征，在韵律上又富有畲音的特色，这与重文法构建和内在逻辑的字母文字语言又有着巨大的差异，必然会在翻译中对译者转换口头程式结构造成阻碍。为减少语言差异带来的这种转换影响，笔者在英译《高皇歌》时，以翻译家汪榕培提出的"传神达意"作为最高操作原则，以力求在译入语中最大限度地再现《高皇歌》文本的口头程式特征。

"传神达意"是汪榕培从翻译《诗经》实践中总结出来的翻译标准。"讨论译诗标准的著述汗牛充栋，论述者从各自的理解和体会出发，制定了各自的准则。依笔者之见，如能做到'传神达意'就可以算是上好的译作了。"②他从中国文论中的"神似和形似"关系来解释一篇译作是否达到"传神"。他认为：

> 传神的译作应该给人生动逼真的印象。……就译诗而言，要给人原诗生动逼真的印象，需要尽可能保持原诗的风貌，也就是通常所说的"以诗译诗"。从形式方面来看，诗节的行数、诗行的

---

① 贝奥武甫，冯象译：《贝奥武甫：古英语史诗》，北京：生活·读书·新知三联书店，1992年，第200页。

② 汪榕培：《传神达意译〈诗经〉》，《外语与外语教学》，1994年第4期，第11页。

长短、节奏和韵律都能相同或相似自然是最理想的。但从实践来看，要做到形似也不是一件容易的事情。……

当然，传情的更重要的方面在于"神似"，也就是在精神实质上的相似。从这个意义上说，"神似"必须达意才行，但又不同于字对字、句对句的对应，而是在精神实质的对应或相似，从而给人以生动逼真的印象。①

关于"达意"，汪榕培认为："顾名思义，就是表达思想的意思，字词句章各个层次都存在达意的问题。"他将"达意"区分为"字词达意"和"比喻达意"两个层次，指出"字词的字面意义的理解对于译诗的达意起着决定性的作用，修辞格的合理使用，对于达意也有着重要的作用"②。

虽然汪榕培分开论述"传神"和"达意"的内涵，但实质上两者是紧密联系在一起的，"传神达意，就是传神地达意"。就翻译来说：

二者是相互联系的，既要传神，又要达意，并且要把二者有机地结合起来。达意是传神的基础，达意是翻译的第一步，是关键，是前提。如果词不达意，又何来传神呢？传神是在达意基础之上的进一步升华和超越，是与原作精与神的结合、灵与肉的统一。③

"传神达意"是汪榕培基于自己英译《诗经》的实践提出的。《诗经》是我国历史上第一部诗歌总集，共 305 篇，分为《风》《雅》《颂》三类。《风》诗也叫《国风》，共有 160 篇，大都是各地民歌，具有民间口头传唱的特点。《国风》中绝大多数诗篇都使用重章叠句这种口头程式结构，在复沓咏叹中叙事抒情。如《国风·郑风·风雨》：

风雨凄凄，鸡鸣喈喈。
既见君子，云胡不夷？

---

① 汪榕培：《传神达意译〈诗经〉》，《外语与外语教学》，1994 年第 4 期，第 11-12 页。
② 同上，第 13-14 页。
③ 刘性峰：《论诗歌的翻译标准"传神达意"：以汪榕培译〈枫桥夜泊〉为例》，《哈尔滨工业大学学报·社会科学版》，2010 年第 2 期，第 113 页。

> 风雨潇潇,鸡鸣胶胶?
> 既见君子,云胡不瘳?
>
> 风雨如晦,鸡鸣不已。
> 既见君子,云胡不喜?

此例中,三节主题相同,章节复沓,韵脚转换,是我国古代歌谣中经常使用的叠句手法。这种三叠复沓的诗行特征是否可以在英译中表现出来?我们来看汪榕培的译文:[①]

> The storm is bringing chill;
> The cocks are crowing shrill;
> As I have seen my dear;
> How would I keep still?
>
> The storm increases its noise;
> The cocks enhance their voice;
> As I have seen my dear;
> Why shouldn't I rejoice?
>
> The storm has dimmed the sky;
> The cocks continue their cry;
> As I have seen my dear;
> Not happy? Why shouldn't I?

原文是描述在一个"风雨如晦,鸡鸣不已"的早晨,一位苦苦怀人的女子在"既见君子"之时的那种喜出望外之情。译文"以诗译诗",每节四行,第一、二、四行押尾韵,每节换韵,在形式和韵律上都与原文保持一致。译

---

①　汪榕培,潘智丹译:《英译〈诗经·国风〉》,上海:上海外语教育出版社,2008年。

文保持了原文三叠复沓的程式特征,第二、三节的第一、二行句首部分和第三行重复第一节中的相应部分,一咏三叹;每节第四行保持与原文同样的反问句,连续三次反问强调,将女子见到"君子"(my dear)时的溢于言表的惊喜之情渲染出来,译文既传达出原文语义,又表达出原文形式上的复沓特征,可谓形神兼备,很好地实践了译者所提倡的"传神达意"。

在上节论述《高皇歌》的口头程式特征时,我们提到《高皇歌》中有畲族歌言中常用的"三条变"复沓现象,这与《诗经》中的"三叠"相一致,只是《高皇歌》在句式上为七言。《诗经》和《高皇歌》都是以第一节歌词为基础,韵脚转换两次,其他词句基本保持不变,一咏三叹,形成三叠。由此可见,作为畲族口头文化经典的《高皇歌》与搜集民歌而集成的《国风》都表现出鲜明的口头性,具有类似的口头程式特征。以汪榕培提倡的"传神达意"的标准来指导《高皇歌》的英译实践无疑具有较强的操作性。

二、《高皇歌》口头程式结构英译策略

"传神达意"以达意为基础,通过对形似和神似的追求,达到译文和原文"精与神的结合,灵与肉的统一"。但面对差异显著的两种语言文本,译者还必须考虑到这种语言形式差异带来翻译转换障碍的问题。即使是同具丰富的口头程式特征的口传文学作品,两者也存在显著差别,如英语史诗《贝奥武甫》的口头程式特征多体现在史诗开场白这样的套语上,重复的片语相比多语词重复现象的汉语而言要少得多。故笔者在英译《高皇歌》实践中,以"传神达意"为指导原则,在忠实传达原文语义内涵的基础上,根据英语的表达习惯和英语读者的语言逻辑采取"复现""省译""转换"等策略,以尽可能在译入语中再现原文中的口头程式结构,传递出原文作为口头文学作品的特征。

(一)复现

"复现"是在译文中再现与原文相同形式的口头程式结构。如《高皇歌》开篇第1条和第2条首句重复,译文中保持重复形式不变:

1

盘古开天到如今,

世上人何几样心；

何人心好照直讲，

何人心歹俭骗人。

1

Since the beginning of the world,

Different human beings, the earth holds.

Some are always nice and kind;

Some are liars with filthy minds.

2

盘古开天到如今，

一重山背一重人；

一朝江水一朝鱼，

一朝天子一朝臣。

2

Since the beginning of the world,

Many majestic views it unfolds.

Though mountains stand, rivers flow,

Change of ministers, a new sovereign will show.

对于前后条"顶真"出现的首尾句重复这种较为特殊的程式结构，英译文中也可以尽量做到复现这种重复形式，如《高皇歌》第 39、40 条：

39

番王出兵争江山，

回回打仗都是赢；

呙拢将兵来请酒，

兵营食酒闹纷天。

39

Since he had sent troops to rob King's city,

Every time the Chieftain won King's army.

To celebrate his triumph,

The Chieftain feasted his men each time.

40

兵营请酒闹纷纷,

番王食酒醉昏昏;

一日连食三顿酒,

散了酒筵就去困。

40

The Chieftain feasted his men each time,

And was served too drunk.

Even three meals a day, he spared no alcohol;

Then into dead sleep, he definitely fell.

原文第 40 条首句除因韵脚的需要改变了个别词语外,全句在语义和用词上都与第 39 条结尾句相似,是汉语诗歌中特有的"顶真"手法。英译文则完全保持两句重复,语义也符合上下文要求,传递出原文的这种程式特征。

考虑到英语表意逻辑的需要和诗歌空间的限制,有些程式化的片语在原文中重复出现时,英译文中则要部分复现,如《高皇歌》第 59 条:

59

六个大仓共一行,

金银财宝朗毫光;

六个大仓都一样,

开着一个是铁仓。

59

All casting brilliant golden glow,

The six trunks were lined up in a row.

Other trunks contained gold and silver;

One trunk was filled with ironware.

原诗第一句和第三句重复片语"六个大仓",且句意和用词基本一样,在复沓中强调"六个大仓"外在的相似性,为突出龙麒选择铁仓、意欲归隐耕猎做铺陈。在英文中,这种语词上的重复多用代词替代,因而译者在译文中部分复现原文片语,选择使用代词"all"来复指"the six trunks",以达到语义重复的目的,也符合英语表达习惯。

(二)省译

省译同部分复现一样,也是考虑到译文表达空间的限制,结合上下文中语义逻辑的要求,对重复出现的程式化片语省去不译。如《高皇歌》第20、21条都重复出现讲述医生从皇后刘氏耳朵里取出三寸金虫的诗句:

20

先生医病是明功,

取出金虫何三寸;

皇后耳痛便医好,

金虫取出耳绘痛。

20

At last, an imperial doctor was invited in,

Taking out a golden worm from ear of Queen.

Then the chronic pain disappeared,

And Queen *Liu* no longer feared.

21

取出金虫三寸长,

便使金盘银斗装；

一日三时仰其大，

变作龙孟丈二长。

21

The golden worm was three inches long;

A big golden plate was used to put it on.

But it grew up too fast,

In a day a twelve-feet dragon at last.

在前一条英文中，省去"何（有）三寸"不译，后一条直接描写金虫长度，省去"取出"不译，以避免诗行过长的问题。两条诗节句意相互补充，又贴近各条上下文的语义逻辑，重复部分省去不译并没有影响语意传达。

（三）换译

换译是指原文固有的"口头程式结构"无法在译入语中复现出来，为达到与原文的神似，准确传达出原文意义，译者换用其他语言手段来替换原文的重复片语。如《高皇歌》第4条：

盘古置立三皇帝，

造天造地造世界；

造出黄河九曲水，

造出日月转东西。

Pangu, the creator, separated heaven and earth;

His eyes became Sun and Moon after death;

His body turned into mountains, blood into rivers;

Running the legends of our sacred maker.

原诗讲述盘古创造万物，连续重复五次"造"这个动词，再加上首句"置立三皇帝"，盘古作为万物创造者的形象被凸显出来。但英文单词与汉语单音节汉字之间在意象、字义、音节上无法做到一一对应,因而此处笔者没有按照原文诗句直译其句意,而是换用"盘古开天地"的神话内容来表达。第一行"置立三皇帝"内容,因在前面诗节中已经有讲述,故此处用"the creator"来置换,"造天造地"译作"separated heaven and earth"符合神话原意,用神话中的"盘古死后眼睛变作日和月,血水流成河"的故事情节来换译原诗中的动词"造",使得译文显得更加丰满具体。

正如汪榕培所说,"译诗要做到'传情'确非易事。形似不易,神似不易,神形俱似更不易"①,要在英文中同样体现出《高皇歌》丰富的"口头程式结构"这一口头传统特征同样实属不易,要做到神形俱佳,更是难上加难。因为把"传神达意"作为指导诗歌翻译的准则,故笔者提出以上具体的转换策略仅仅是一种粗浅的尝试,目的在于更好地传播《高皇歌》中丰富的艺术和文化内涵。

---

① 汪榕培:《传神达意译〈诗经〉》,《外语与外语教学》,1994 年第 4 期,第 13 页。

第六章　《高皇歌》英译的文化研究视角

　　《高皇歌》中蕴含着丰富的畲族民族文化意象。笔者英译《高皇歌》的目的是向英语世界的读者传播和介绍畲族独特的民族传统文化。借鉴当代文化研究成果,深入了解畲族民族文化的深刻内涵,并考虑译入语读者的文化心理和语言表达习惯,考察跨文化交际的动态过程中社会文化因素对民族典籍转换的影响,坚持符合而非迎合的文化转换态度,尊重民族文化,保证文化传真,这是民族典籍翻译者应当持有的原则。

第一节　文化研究视角下的民族典籍翻译

　　文化研究是以文化问题作为研究对象,由此形成的思想观点或理论阐述,都属于文化研究理论的范畴。然而文化及人们对文化的认识是自人类社会形成以来就一直存在的,因而对文化研究本身并没有一套完整确切的定义。就学科制度而言,真正意义上的文化研究是指发轫于英国伯明翰大学的文化研究,以 1964 年伯明翰大学当代文化研究中心成立为标志。

　　历时看来,西方文化研究走过了三个主要发展阶段:20 世纪 60 年代的文化主义阶段、20 世纪 70 年代的结构主义阶段、近 20 年来的后结构主义或文化唯物主义阶段。文化主义阶段主要是对传统精英文化的挑战,其目标是把文化的范围扩大到经典文本之外,包括通俗大众文化;结构主义阶段主要是考察语篇和霸权主义等的关系;第三阶段则是对文化多元主义的认同,表现出强烈的多元化倾向,强调多元性与差异性,文化身份、多元文化主义成为此时最为重要的研究课题,特别是受解构主义的影响,反抗权威、强调边缘性以及研究方法上的多样性和多元理论思想成为其典型的特征。①

当代文化研究一方面继续延续着多元化的发展趋势,在全球化以及抵制全球化的背景中表现出混杂文化形式和个体身份符号的后现代文化研究特征。"文化研究新形式包含了世界各地的传统文化,符合全球化和混杂化的全球文化结构。在过去的十年中,随着大量的文章、书籍、会议、互联网及讨论在世界范围内的出现,文化研究真正地全球化了。"②在这种混杂化的文化结构中,一批学者也开始反思"传统(指法兰克福学派和英国文化研究传统。——笔者注)的价值在新时期如何继续的问题",认为"这些传统仍有十分重要的意义,因为文化研究在当前和其初期阶段存在着连续性"③。为此,美国得克萨斯大学哲学教授道格拉斯·凯尔纳提议:"文化研究应发展一种多视角的方法,包括对一系列产品进行的广泛研究,并从三个维度审视这些关系:(1)文化的政治经济生产;(2)文化产品的文本分析和批评;(3)大众接受的研究及媒介/文化产品的使用。"④

民族典籍翻译作为一项文化行为⑤,其指向的是具有丰富民族文化意蕴和悠久民族口头传统的文本,又涉及译者自身所持有的文化观念的影响,该文化行为的产品又须面向译入语文化读者进行一定的调适,因此"文化"在民族典籍翻译中更为凸显。从文化研究视角来观照民族典籍翻译,特别是当代多元化、混杂化、反权威性的文化研究自疏远了利维斯主义的精英文化而把注意力转向大众文化和传统文化后,处于弱小的、边缘的民族文化进入文化研究者的视野,种族、性别、文化身份、意识形态、权力政治等开始成为文化研究的维度,这无疑对尚处于发展初期的民族典籍翻译事业具有积极的推动作用,特别是在方法论上提供了理论借鉴。

---

① 喻锋平:《翻译研究"转向"现象的哲学观照》,上海:上海译文出版社,2014 年,第 133-137 页。

② 道格拉斯·凯尔纳:《批评理论与文化研究:表达的脱节》,选自吉姆·麦奎根编,李朝阳译:《文化研究方法论》,北京:北京大学出版社,2011 年,第 17 页。

③ 同上。

④ 同上,第 29 页。

⑤ 这里的民族典籍特指我国汉族典籍外的其他少数民族典籍。这些典籍是中华民族典籍的重要组成部分,是中华文化不可或缺的部分。

一、民族典籍翻译中的文化取向

从文化研究视角观照翻译行为，首要的就是翻译转换行为中文化因素得以进一步凸显出来。随着文化概念的引入，人们对翻译活动的性质有了新的认识。文化研究语境下的翻译不再仅仅被视为是一种语言间的信息转换行为，而是将一种语言文字所蕴含的意思用另一种语言文字表达出来的文化活动。文化语境下的翻译研究也逐步从追求意义等值的客观分析途径为主导转向描述和解释文本生产中的文化转换等问题研究上来。正是由于文化研究对翻译研究的影响越来越大，在20世纪90年代德国维也纳大学教授斯内尔-霍恩比（Mary Snell-Hornby）提出了翻译研究的"文化转向"一说，认为以文化为取向的翻译研究值得多加探讨，建议翻译理论研究者抛弃语言学派的那种"科学主义"态度，把文化而不是文本作为翻译的单位，把文化研究纳入翻译理论中来。①

对于民族典籍翻译而言，这里的"文化取向"应当包括两种含义。第一种含义是与传统翻译研究强调语言层面的信息转换相比，民族典籍翻译及典籍翻译研究更强调文本翻译过程中的文化转换，更加重视民族文化的理解、阐释和传播。民族典籍是一个民族历史文化的重要载体，那些在民众中世代口耳相传的民族创世史诗、神话传说、民间故事等等都是人类的弥足珍贵的非物质文化遗产。因而，民族典籍译者和研究者在正确理解典籍文本中的文化信息及其传达之外，还应更多地关注文本之外的因素，借鉴文化研究的多视角方法，在当下全球化语境下理解民族典籍翻译所涉及的文化产品的生产、文化产品的文本分析和批评、文化产品的接受及使用等问题，辩证看待民族文化的民族性和世界性，认识到在全球化的背景下，要有效地保护和发展民族文化，就必须自觉地大力弘扬民族文化，尽可能地使作为个体而存在的民族文化被外界更多的人所知晓、所承认。民族典籍翻译，为保护与发展民族文化获取更多的社会资源，同时也让更多的人共享民族文化资源。

---

① Snell-Hornby，Mary. Linguistic Transcoding or Cultural Transfer? A Critique of Translation Theory in Germany. Susan Bassnett & Andre Lefevere，ed. *Translation*，*History and Culture*. London and New York：Printer Publishers，1990：85.

"文化取向"的第二种含义就是在民族典籍翻译中,译者的文化态度是译入语文化取向还是源语文化取向,这会直接影响译者的翻译策略。当代西方文化研究中,无论是赛义德的东方主义理论及其对文化霸权的批判,还是霍米·巴巴的女性批评话语,以及德里达的解构主义思想,"批判""抵制""反殖民"等话语都体现出鲜明的反对文化霸权主义的思想。在这种文化研究语境的影响下,翻译研究领域中许多理论也表现出强烈的"批判精神",如提倡翻译研究"文化转向"的勒佛威尔(Andre Lefevere)提出翻译活动受"诗学、赞助人和意识形态"影响的观点,韦努蒂(Lawrence Venutti)提出"异化"翻译理论,倡导异化翻译策略,以抵制"流畅的"英语译文造成的"透明的假象",达到抵抗西方文化霸权的目的。① 民族典籍翻译的根本目的是让异域文化读者了解少数民族优秀文化传统,如果译者持译入语文化取向,采取完全"归化"的翻译策略,以迎合西方强势文化读者的表达习惯和思维模式,对民族典籍随意删节、改写,则原文本所蕴含的丰富的民族文化必将会被过多遮蔽而失去其本来面目,最终影响民族文化的传播。确当的做法应当是民族典籍的译者持源语文化取向,采取适度的"异化"策略,在语言表达上考虑到读者的阅读需要,配合运用"归化"方法,以忠实顺畅传达原文本的文化内涵。

二、民族典籍翻译中的文本概念

当代文化研究强调多元性、差异性,其宽泛的研究视角、纷繁的研究途径和方法使得其触角已经伸向日常生活的方方面面,打破了以往精英文化的藩篱,关注到通俗的、大众的、边缘的文化现象,其批判性的目光也从文本内部转向文本生产的社会环境上。从文化研究的视角来看,民族典籍翻译中的文本已经不再仅仅是语言加工分析的静态对象,而是参与到民族文化交流和传播的过程中,成为民族文化构建的重要载体。与一般文化翻译过程中的文本相比,民族典籍翻译中的文本表现出一些相对独特的属性。

(一)文本的多源性

一般的双语文本转换,涉及的原文本是相对稳定的。而在民族典籍翻

---

① 喻锋平:《翻译研究"转向"现象的哲学观照》,上海:上海译文出版社,2014 年,第 141-142 页。

译中,译者面对原文本时还存在一个"源语文本"的问题。我国的少数民族有自己的语言,一些民族也有自己的文字。民族典籍的版本往往存在着用汉字转写的文本和民族语流传的文本两种类型。如畲族《高皇歌》在历史上存在于畲族人民的口头和记忆中。在不同的地区、不同的畲族歌手中又有不少以汉文字转写的手抄本,这些抄本所讲述的内容大致相同,但在篇幅长短、具体用词上又有差异,彼此互文,共同构成《高皇歌》对外翻译的源语文本。再如维吾尔族文学经典《福乐智慧》的主要版本有:维也纳抄本、费尔干抄本和开罗抄本,阿拉特校勘本和现代维吾尔诗体今译本。① 这些民族语文本和汉语译本、抄本等就成为民族典籍翻译的多样态的"源语文本"。因其形成时期和地区各有不同,在民族文化内容表达上也存在差异,需要译者具备较高的民族文化意识,了解民族文化,在翻译前选择合适的原文本。

(二)文本的口头性

我国的少数民族典籍大都是广大民族群众口头流传的口头文学作品,即使有些民族典籍是以书面文本记载,文本讲述的内容大都也是该民族群众耳熟能详的民族神话、史诗和民族英雄的传奇故事,在文本记录以前就在族群中流传久远,保存有丰富的口头性特征。在语言方面,民族典籍文本中有大量的所属民族文化的专有词汇和表达式,会重复使用口头性鲜明的片语等口头程式结构;在文本的叙事结构上,不同的民族典籍都有该民族群众所偏好的叙事模式来安排主题和情节,表现出特有的"故事范型"。民族典籍文本的口头性要求译者应深入民族地区进行田野调查,了解和掌握民族典籍中这些口头性片语及程式化表达方式所包含的民族文化意味,了解其中所依附的民族文化倾向。

(三)文本的民族性

民族典籍是一个民族文化史上最伟大的历史文化典籍,是该民族社会生活、文化习俗、宗教信仰、科学艺术等的重要传承载体,是该民族深厚久远的民族文化的表征,体现着民族文化的核心价值,具有不可替代的地位,

---

① 李宁:《〈福乐智慧〉英译研究》,北京:民族出版社,2010年,第25页。

文本蕴含着丰富的民族性。此外,民族典籍文本的民族性还体现在民族文化在其对外交流和传播过程中如何保留文本的民族特色。对民族典籍文本进行对外翻译就意味着要从世界文化的视野解读民族典籍,从文本外部的社会文化关系来看待民族文化与其他文化之间的跨文化互动。当前全球化语境下,世界各民族、各国家之间的联系与交往日益频繁,越趋紧密,相互之间的影响与依赖也越来越强,但另一方面全球化也引发并加剧了不同民族间、不同文化间的矛盾与对抗,全球化也给民族文化在当前和未来的生存与发展带来了巨大挑战。前联合国秘书长布托·加利曾说:"每两个星期就会有一种语言从世界上消失。随着这一语言的消失,与之相关的传统、创造、思想、历史和文化也都不复存在。"①如何适应全球化的发展趋势同时又保留好民族典籍的民族性就成为译者在对外翻译民族典籍过程中必须要慎重思考的问题。民族典籍既积淀着深厚的民族感情和民族意识,又凝结着当下的民族时代精神和价值取向。我们应在顺应全球化的发展趋势中,强调并保持民族文化特色。"用与世隔绝、闭关自守的方法来保护和发展民族文化,已被众多的事实证明是既不现实也不可能了。在全球化的背景下,要有效地保护和发展民族文化,就必须自觉地大力弘扬民族文化,尽可能地使作为个体而存在的民族文化被外界更多的人所知晓,所承认,以便吸引来更多的关注的目光,为民族文化的保护与发展获取更多的社会资源,同时也让更多的人共享民族文化资源。"②

(四)文本的经典性和大众化

20 世纪 60 年代以来,西方文化研究持大众文化立场,从利维斯精英文化研究开始转向大众文化批判,关注大众文化生产活动,形成了大众文化批评理论。客观上说,西方文化研究的这种大众文化转向实质上提升了处于边缘的大众文化的地位,拓宽了文化研究的视野,弱势群体、通俗文化等进入了文化研究领域。从文本的经典性来看,民族典籍是历史选择出来的,积淀着一个民族的精神信仰、思想道德、意识心理、风俗习性等的最有

---

① 布托·布托-加利:《多语化与文化的多样性——在接受南京大学名誉博士学位仪式上的演讲》,《南京大学学报(哲学·人文科学·社会科学版)》,2002 年第 3 期,第 9 页。

② 李云峰,王翼祥:《全球化背景下民族文化发展的取向和定位》,《云南民族大学学报(哲学社会科学版)》,2004 年第 5 期,第 72 页。

典范性、权威性和代表性的作品，是其民族文化的浓缩，承载着这个民族从起源到形成、发展以及延续至今的一切重要特征。从文本指向的群体来看，作为民族文化经典的民族典籍又是为全体族群所喜闻乐见的大众化作品。不仅作品所描述的内容是其民族历史和社会生活，而且作品所呈现的形式也大部分是最为人民群众所熟知的口头传唱的歌谣、故事和传说，生动的俚语、行话，丰富多样的口头腔调等，无不体现出民族典籍的大众化特色。可以说，其经典性和大众化诉求是完美融合在一起的。

对于民族典籍翻译而言，这种经典性和大众化统一而非对立的特征就要求译者在传译作品时，平衡作品的典范性特征和译入语读者的需求，既不能只考虑迎合读者需要而将民族典籍作品改头换面，译成一般的知识普及的通俗读物，也不能完全忽视译入语的语言习惯，只考虑原本的权威性而生硬移植原本的独特特征。经典作品并不是针对精英文化人士的代表精英文化的文本。"经典化与大众化诉求也并非是完全对立的，在理论上二者是有可能获得统一的，从一定角度来说，只有那些能让普通大众易于理解与接收的民族典籍译本才是真正意义上的'经典'译本，因而，两者的完美结合则成为民族典籍翻译所追求的一种立项状态，值得优秀译者由此创造经典译本。"①

三、民族文化可译性限度

民族典籍翻译一方面是为了弘扬和传播优秀民族文化，另一方面也是为了更好地继承和发展民族优秀传统文化。在对外传播的过程中，民族文化在经过两种语言甚至是三种语言的转换后，有多少成分得以保留？有哪些文化信息无法用他族语言表达出来？这些问题实质上就是民族文化的可译性问题。每一个民族的语言及其所承载的文化都是独特的，有别于其他民族语言文化。语言的异质性决定了语言之间的转换过程中必然存在一个可译性限度的问题。德国著名的语言学家威廉·洪堡特（Wilhelm von Humboldt）曾说："在我看来，任何翻译毫无疑问都是试图完成无法完成的任务，因为每个译者必然要撞到两个暗礁中的一个而碰得头破血流，

---

① 陈伟：《民族典籍翻译批评：基于全球化语境的反思》，《燕山大学学报（哲学社会科学版）》，2017年第1期，第20页。

或者过分囿于原作而损害本国人民的审美习惯和语言,或者过于照顾本国人民的特点而损害了原作,要找出某种办法来不仅困难重重,而且简直是不可能。"①

对于民族文化的可译性限度成因,一般认为应从语言和文化两个角度来分析。刘宓庆认为文化翻译可译性限度大抵归因于三个方面②:一是语言结构障碍,包括文字系统、语音系统以及结构与语用相结合的审美修辞系统。因少数民族语言的使用人群相对较小,使用区域相对较为封闭,所以往往会形成区域性较强的特殊的语言结构和语音系统等,如浙江丽水地区的畲语就有景宁调、云和调等不同的畲语音调,隐含在这些语言结构内的民族文化在向他族语言转换时就较难翻译出来。二是民族文化心理,涉及历史传统、民族地缘生态系统、生活习俗以及审美倾向和价值观。民族文化心理投射到民族典籍等作品中就使得作品中必然会凝聚独特的民族文化信息。透过这些作品,可以触摸到民族特有的文化心理。在翻译转换过程中,译入语读者的文化心理不同于原作中隐含的源语作者的民族文化心理,所以会影响他们对原作蕴含的民族文化信息的理解和接受。可以说,在民族文化心理的影响下,民族文化的转换是有限的。三是语言表现法系统,包括由思维方式决定的表现法系统以及由民族文化传统中的风俗、习惯特征决定的表现法系统(如亲属称谓语等)。少数民族因其特有的民族生活习惯、社会风俗和思维方式等,在语言表达上也有其民族特有的一些表现方法。如畲族语言中形容时间的短语结构、对亲属的称谓语等都有着显著的民族特征,有别于汉语及其民族语言。这些在民族思维和传统文化作用下形成的独特的语言表现方法等也造成翻译转换时民族文化信息在译入语中只是有限地表现出来。

既然民族文化可译性限度是因民族语言和文化的异质性决定的,而语言又是文化的承载体,为提高民族文化可译性限度,就有必要跳出纯粹的语言分析层面,从民族典籍所在的文化语境来理解文本中的文化含义,从文本生产的过程来考量文本外因素对文化传递的影响。

首先是译者需要且至少在一定限度内理解原文所蕴含的民族文化信息。译者从其选择原文本进行翻译转换时起,首先面对的不仅仅是静态的

---

① 杨衍松:《古老的悖论:可译与不可译》,《外语与外语教学》,2000 年第 9 期,第 51 页。
② 刘宓庆:《文化翻译论纲》,武汉:湖北教育出版社,1999 年,第 297 页。

文本,而是要深入文本之中,了解并掌握文本中所蕴含的丰富的民族文化信息,特别是要把握原文本持有族群的民族文化心理,在翻译转换过程中把作品中隐含的民族文化信息提取出来并在译入语中进行重塑,从而保证民族文化信息的完整传递。

其次,译者在译入语中重塑原作的民族文化心理,表达自己理解的民族文化信息时存在限度。这其中除了译者本身的语言能力因素外,最重要的就是译者在翻译转换过程中所持有的民族文化立场。译者应从尊重民族文化、认同民族文化心理的立场出发,增强传播和弘扬民族优秀文化的责任感,从而扩大对民族文化信息的认知。

另外,译者用译入语进行翻译转换的民族文化信息在何种程度上能得到译入语读者的理解和接受,也是需要译者在民族文化传播中进行思考的问题。任何文化信息都不是孤立存在的,民族文化的独特性是与其深厚的历史文化语境紧密相关的。民族典籍中有不少文化信息是与民族所生存的环境、历史积淀而成的民俗习惯等紧密相关的。要完全理解这些文化信息的含义,往往需要将其置于特定的民族文化语境之中。如《高皇歌》中有些歌条涉及畲族"传师学师""做功德"等畲族特有文化内容,这对于其他民族人民来说,显然无法从字面来理解其内涵。因此,为提高译入语读者对民族文化信息的理解和接受度,译者应在民族文化翻译过程中对原文中塑造的文化语境进行传达,重塑民族文化信息所在的文化语境,尽可能在译入语中涵盖民族文化语境中的文化信息。

一个民族的文化在其历史发展过程中积淀而成,必定有其独特性,这是文化不可译性的根本所在。然而,不同民族之间的文化共性又决定了文化之间的转换是可行的。民族文化的可译性和不可译性就是如此辩证地统一在一起。译者应从民族典籍所在的文化语境来看待文化转换的可译性限度问题,站在民族文化的立场,提高对民族文化心理的认知,力求在译入语中重塑民族文化语境,才可以更好地帮助译入语读者理解和接受民族典籍中的文化内涵,从而更好地弘扬和传播民族文化。

第二节　民族典籍翻译与民族文化传播

一、典籍翻译与民族文化的建构

每个民族的典籍都是该民族世世代代流传下来的文化经典，是人类传承文化的宝贵财富，具有极高的文化价值。文化是一个民族的灵魂，是一个民族创造力的源泉，是一个民族凝聚力的核心所在。但是文化不是封闭的，而是在与其他文化的交流中发展壮大的。任何文化在其传承过程中都需要不断借鉴和吸收养分。民族典籍作为民族文化最集中的承载和体现，就需要在传承和发展其所在民族的文化中起到重要作用，在推进民族进步发展中体现其永恒的价值。

民族典籍翻译是对外传播民族文化的主要途径之一。每一个民族都有其光辉灿烂的历史文化传统，是人类宝贵的精神遗产。当今世界多元文化并存。西学依然在不断东进，东学也随着国力的增强加大了西传的力度。在这东西文化交流和沟通的过程中，民族典籍翻译顺应时代发展要求，为促进世界多元文化并存共生搭建了跨文化、跨语言传播的桥梁。人类发展历史也清楚表明，翻译历来就是沟通异质文明、异质文化不可或缺的重要桥梁。民族文化既是民族的，又是世界的。任何民族文化要生存下去，就必须积极参与世界文明对话，必须加强文化交流，扩大文化交流规模，拓展文化交流领域，把民族文化自身的优秀品质展现出来，以凸显民族文化精神，提升民族文化品质。当今世界文化是多元的，但也存在强势和弱势文化之间的发展不平衡的情况。以中国少数民族文化对外传播来看，国际社会对我国少数民族文化知之甚少，甚至还存有不少偏见，面对当今世界英语为主的西方文化强势入侵的背景，只有加大对外宣传和传播少数民族优秀传统文化，加强世界民族文化之间的交流与沟通，扩大民族文化影响力，才能改变少数民族文化被忽视、被误解的局面，并促使少数民族文化走向世界。民族典籍是民族文化的重要载体，因而向世界译介民族典籍，传播民族文化就具有重大意义，这不仅关系到少数民族文化的继承和发展,更关系到整个中华文化的生命力和价值取向。中华民族要了解世界,世界也需要了解中国。把中华民族伟大的民族文化传统译介给世界各民族,这是中华民族文化传承和保护的需要,更是未来文化发展的必由之路。

民族典籍翻译也是保护和发展民族语言的重要渠道。语言自创生之初就处于不断流变之中,有发展壮大的,也有被边缘化,甚至走向消亡的。但是语言发展和消亡的根源并不仅仅是由于语言本身,更多的是取决于语言所在的社会文化和政治经济等方面的因素。从文化角度来看,语言是文化的载体,也是文化的组成部分,语言生存的环境依赖它所在的文化环境,一个民族的文化越有活力,该民族的语言也就越有活力。"文化活力是可以量化的。目前普遍接受的量化方法就是看某种文化中被翻译为外文的文化产品(著述)数量在其文化产品总量中所占的比例。"①作为一个民族文化最集中的体现,最有代表性的经典作品,民族典籍就应当最先列入被翻译的文化产品之列,成为该民族文化活力的直接体现。而在民族典籍对外翻译过程中,译者就必须对民族语言及语言中所承载的民族文化有相当深入的了解,并对该民族文化、宗教信仰、意识形态等深入探讨研究,以准确把握民族典籍的文化内涵,推动民族文化传播。这种民族典籍对外翻译过程实际上也是民族语言学习、继承和保护的过程。它一方面要求译者及相关人员加大对民族文化遗产,特别是对口头传承的民族典籍的挖掘、收集和整理工作(这也是记录和保存民族语言的重要方式,而民族语言记录材料的数量也反映出该语言的活力程度);另一方面,对外翻译民族典籍,传播民族文化,有利于提升民族群众对自己民族语言的认同感,自觉运用民族语言进行交际,提高民族语言的活力和扩大其使用域,促进民族语言的代际传承。

民族典籍翻译能起到彰显民族文化身份,提升民族文化自信,构建民族文化的功用。"文化魅力的大小,与民族大小无关,而与文化对人类精神世界的启迪、开拓和提升有关。文化的魅力需要传播,文化的形态需要丰富发展。对于少数民族文化来说,挖掘、整理和保护是第一位的。提高创造能力,加强对外传播,少数民族文化才能被欣赏,受重视,才能在新的历

---

① 卓振英,李贵苍:《壮族典籍英译的新纪元——试论壮族〈麽经布洛陀〉英译研究》,《广西民族研究》,2008年第4期,第167页。

史条件下获得长足发展。"①翻译是展现民族文化差异和族群特征的最佳场域。通过民族典籍翻译,少数民族文化的独特性和民族性才能为其他民族所知晓,才能在译入语文化中展开民族文化之间的对话和交流,从而使其民族文化身份得以彰显出来。并且,这种文化对比和交流也加深了少数民族对其自身文化和他族文化的认识,又进一步影响了其民族文化身份的构建。

在中华民族对外交往中,中华民族文化先后有汉唐时期的佛经翻译和明清时期科技典籍作品的译介输入,中华文化以其包容性和开放性从这些外来作品的译介中汲取营养,来发展壮大中华民族文化。与"西学东渐"相对应的便是随着西方世界对中国文化了解的逐渐增多,"中学"也开始"西传"。比如在明清时期,西方传教士给中国带来西方宗教思想和科技文明,同时"又自觉或不自觉地成为中国文化与科技的接受者,进而成为向欧洲译介中华文化与科技的传播者。通过书信往来和译介中国典籍等方式,他们把中国悠久灿烂的文化,包括农耕文明,介绍到欧洲,使欧洲出现了'中国热',促进了西方世界对中国的了解,从而对欧洲 18 世纪的启蒙运动思想产生了影响"②。中华文化中浩如烟海的儒家经传、佛道典籍等更是受到西方世界的青睐,从春秋时期的《诗经》,到盛唐诗歌、宋元词曲、明清小说和现当代各类文学作品等,都成为西方世界学者争相翻译和传播的对象,中国学或汉学等已经成为西方世界研究和了解中国的主流学科。中国优秀文化传统也通过译介在世界其他民族文化中产生了重大影响。孔子的儒家思想投射在美国作家爱默生身上,形成其影响深远的文学"超验主义"思想,在其"个人主义"思想中就有着孔子积极入世的价值观。美国诗人庞德从唐诗译介中汲取了中国诗歌创作中的意象叠加的手法,开创了美国诗歌意象主义的先河。

虽然长期以来,向西方译介中国典籍一直是传教士与西方汉学家涉足的领域,但在 19 世纪末至 20 世纪初,中国学者开始加入这一事业中来,"辜鸿铭曾出版《论语》和《中庸》等英译本,苏曼殊曾英译古诗 110 首。20 世纪

---

① 张志刚,常芳:《东北少数民族文化典籍的英译与研究》,《内蒙古大学学报(哲学社会科学版)》,2012 年第 4 期,第 78 页。

② 王银泉:《中国农业的"中学西传"与法国重农思想的兴起》,《学海》,2010 年第 3 期,第 140-144 页。

20 至 40 年代,林语堂曾翻译《墨子》《镜花缘》《老残游记》《古文小品选译》《老子之智慧》《庄子》《中国著名诗文选读》《英译重编传奇小说》等作品。另外,还有贺敬瞻《聊斋志异》、林文庆《离骚》、刘师舜《二十年目睹之怪现状》、朱湘《今古奇观》等英译作品问世"①。这些作品翻译进入西方世界后向西方读者展现了中国作家视野下的中国文化形象,在一定程度上纠正了西方世界对中华文化的认知偏差,提升了中华文化身份。而在当代中国,随着国力的逐渐增强,中华文化走向世界的步伐已经越来越快。我国政府提出了"中华文化走出去"的发展战略,鼓励开展多渠道、多形式、多层次对外文化交流,广泛参与世界文明对话,促进文化相互借鉴,推动中华文化走向世界,增强中华文化在世界上的感召力和影响力。在中华文化走出去战略背景下,作为中华文化的重要组成部分的少数民族文化典籍同样体现着中国文化的特征和价值观,肩负着传承和发扬中华文化的历史使命。因此,在对外译介和传播中华文化的过程中,"我们不仅要翻译汉语典籍作品,也要翻译其他少数民族典籍作品。唯有如此,才能称得上完整地翻译中国典籍作品"②。然而,相比汉语典籍翻译,少数民族典籍翻译可以说刚起步不久。实施中华文化走出去战略还应当多加强民族典籍翻译,通过翻译在异域建构中华文化,增强中华文化在世界的影响力。

二、民族典籍翻译现状和问题

我国是多民族国家,每个民族都有自己传承悠久的文化经典,凝聚着民族的发展历史、精神信仰和意识形态,都是中华民族宝贵的精神财富。从现有的资料来看,我国民族典籍的对外译介活动最早是从国外学者和传教士开始的。18 世纪 70 年代俄国学者帕来萨(P. S. Pallasa)将藏族史诗《格萨尔王》介绍到欧洲,并翻译部分章节,使得中国少数民族的史诗开始在欧洲文化中引起人们的注意。③ 到了 19 世纪,随着海外汉学(又叫"中国学")领域对中国典籍翻译研究的逐渐重视,一些到中国旅行或做外交官的海外民族学家、民俗学家开始对中国的一些民族典籍进行译介。他们进入

---

① 王宏:《中国典籍英译:成绩、问题与对策》,《外语教学理论与实践》,2012 年第 3 期,第 9 页。
② 汪榕培,王宏:《中国典籍英译》,上海:上海外语教育出版社,2009 年,第 1 页。
③ 索南卓玛:《国内外研究〈格萨尔〉状况概述》,《西藏研究》,2006 年第 3 期,第 85 页。

西藏自治区、内蒙古自治区、甘肃等地区,通过对藏学、蒙古学、敦煌学等的了解,逐渐进入民族典籍研究的领域中,并从事一些翻译工作,比如藏族和蒙古族史诗《格萨尔王》最早就是海外汉学家把它当作藏学或蒙古学研究的一部分而翻译的,后来还有法国、俄罗斯等一些民族学家的翻译。还有仓央嘉措情歌的翻译也比较早,因为它涉及印度梵语和西藏之间的关系,包括藏传佛教的问题,以及仓央嘉措宗教领袖身份问题和诗歌等本身的民间文学因素,所以流传和译本分布也都比较广。国外较早有英译,后来逐渐增多,直到现在还在翻译。① 20 世纪 20 至 30 年代,德国人类学家史图博(H. Stubel)曾考察浙江、海南等地,对当地的畲族、黎族等文化典籍有过简略译介。杨宪益夫人戴乃迭将我国南方少数民族典籍《阿诗玛》翻译给英语世界读者,为《阿诗玛》走向国际文坛做出了突出贡献。

　　国内学者翻译民族典籍相对海外而言,起步较晚。中华人民共和国成立之前,偶有零星翻译活动。如于道泉对仓央嘉措情歌的翻译堪称是藏学方面一个开拓性的成果,但比较大规模的翻译活动产生于中华人民共和国成立以后。② 1988 年第一次全国少数民族文学翻译会议在新疆伊犁召开,虽然会议的中心是少数民族文学翻译与创造,但少数民族典籍翻译也逐渐受到众多学者的重视。近十多年来,随着国内国学热和典籍翻译及研究的兴起,民族典籍翻译也获得较快发展,在全国已初具规模,出现了一批有代表性的翻译和研究成果。2008 年百色学院韩家权教授主持的"壮族典籍英译研究——以布罗陀史诗为例"获国家社科立项,其研究成果在 2013 年获中国民间文艺最高奖"山花奖";2014 年中南民族大学张立玉教授主持的"土家族主要典籍英译及研究"获国家社科立项。在民族典籍翻译方面,国内已经出版的国内学者翻译的作品有:李正栓翻译的《藏族格言诗英译》,吴松林翻译的《嘎达梅林》,韩家权、周艳鲜主持翻译的《布罗陀》《平果壮族嘹歌》,彭清翻译的《盘王大歌》,等等。在民族典籍翻译研究方面,出版了李宁的新疆维吾尔族古典长诗《福乐智慧》的翻译研究、邢力的蒙古族百科全书《蒙古秘史》的翻译研究、王治国的藏族长篇英雄史诗《格萨尔王》的翻译研究等。在民族典籍研究文献出版方面,国内一些期刊如《民族翻译》

---

　　① 张媛,王宏印:《民族典籍翻译的现状、问题与对策——人类学学者访谈录之七十一》,《广西民族大学学报(哲学社会科学版)》,2014 年第 4 期,第 24 页。

　　② 同上。

《贵州民族研究》《广西民族研究》《大连民族学院学报》《燕山大学学报》等刊发众多民族典籍翻译研究论文,引领国内民族典籍翻译发展方向。2012年10月在国内学者王宏印、汪榕培、李正栓等的大力倡导和组织下,首届民族典籍翻译研讨会在广西民族大学顺利召开,为推动中国各民族文化的交流和对外传播,彰显我国丰富多彩、独特的少数民族文化魅力,深化民族典籍翻译的研究提供了良好的学术平台。每两年举办一次的全国民族典籍翻译研讨会至今已举办了三次,形成了良好的研讨机制和学术氛围,也吸引了越来越多的优秀人才投身于少数民族典籍英译的实践和研究,进一步提升了民族典籍翻译学术品格。

虽然当前民族典籍翻译在国内发展势头良好,对外翻译出版的民族典籍数量也在逐渐增多,但是我们看到我国民族典籍翻译领域还依然存在许多薄弱的环节。相比汉语典籍,对外翻译以及对照西方经典作品译入来说,国内民族典籍翻译还处于起步阶段,对民族典籍翻译的关注度还有很大的提升空间,翻译的质与量都有待提高。[①]

具体来说,首先在数量上,近年来我国民族典籍对外翻译成果有一定增加,根据2013年在河北举行的我国第十届少数民族文化作品翻译会议上的统计数据,我国少数民族典籍翻译出版的数量已经超过100部。[②] 但相比已经整理出来的3000多本民族典籍总量,现有的民族典籍译本较少,还有很多的少数民族的文学文化经典作品尚未对外译介。即使从现有的民族典籍翻译情况来看,大部分典籍译本都是经过汉语转译的,而且复译数量较多,集中在一些大型民族史诗的翻译上。

其次,从民族典籍译本分布的情况来看,不同民族典籍的对外译介状况不均衡。纵向来看,我国少数民族典籍对外译介主要集中在北方三大民族史诗上:藏族英雄史诗《格萨尔王》,柯尔克孜族史诗《玛纳斯》,蒙古族英雄史诗《江格尔》。南方少数民族典籍译介则以戴乃迭英译的《阿诗玛》为代表,但相比北方史诗翻译,南方民族典籍对外翻译的受关注程度不高,南北之间不均衡。而在同一地区内部不同少数民族之间,这种不均衡依然存在。如北方典籍翻译集中在三大史诗翻译上,"而对在国内外也有影响的

---

① 高俊丽:《我国少数民族典籍翻译问题研究》,《贵州民族研究》,2016年第9期,第157页。
② 同上,第157-158页。

东北'三少民族'的英雄史诗典籍英译尚无作品问世"①。我国南方少数民族众多,现有的民族典籍翻译活动也主要体现在壮族、彝族、苗族、瑶族等少数一些人口数相对较大的民族典籍上,还有更多的人口少、分布分散的少数民族如畲族、土族、纳西族等典籍急需学者和组织机构进行搜集、整理和对外翻译传播。

再次,在民族典籍翻译实践和理论转化方面,还存在后期研究不足,理论与实践脱节的问题。王宏教授曾引用汪榕培教授在《典籍英译研究》(第5辑)前言中的话说:"从事中国典籍英译实践的人员多数不从事理论研究,他们对于翻译的见解多数见于译者前言或诗话式的只言片语之中。而从事理论研究的人员,则基本上不从事翻译实践,主要是把西方的翻译理论介绍到国内来。现在写翻译理论文章的作者还有一批是翻译专业的硕士研究生和博士研究生,他们没有翻译的实践,仅是照搬西方的某个理论,用来评论现有的翻译文本,难免有隔靴搔痒的感觉。"王宏认为:"目前的中国典籍英译界,理论与实践脱节的现象仍比较严重。"②这一问题虽然是针对中国典籍翻译而言,而在民族典籍翻译研究领域,这种情况也同样存在。并且由于语言障碍问题,有不少研究者只是依赖于民族典籍的汉文转写本进行研究,缺乏对少数民族语言文化的深入了解,从而导致后期理论转化不足等问题,翻译批评有待提高。

最后,民族典籍翻译研究领域在对外交流和理论借鉴吸收等方面还有待提高。民族典籍翻译研究从其学科基础来看是一项综合性研究,不仅要求译者和研究人员有较好的所涉民族的研究素质,而且要求涉及人类学、传播学、民俗学、民族志研究和文化研究等众多领域。这种跨学科、跨文化、跨语言的学科研究性质就要求民族典籍翻译研究者具有开放的视野,加强对外交流,善于吸收和借鉴其他学科领域理论。此外,我国对外翻译的主体是汉语典籍翻译。"千余年来汉籍之外译,使中国的悠久文化同世界各国的文化得以交流,从而促进了人类文化的发展,推动了人类社会前

---

① 张志刚,常芳:《东北少数民族文化典籍的英译与研究》,《内蒙古大学学报(哲学社会科学版)》,2012 年第 4 期,第 78-79 页。

② 王宏:《中国典籍英译:成绩、问题与对策》,《外语教学理论与实践》,2012 年第 3 期,第 11 页。

进。汉籍外译展现的不仅是一种学术身份,更是一种文化身份。"①千余年来汉语典籍对外翻译领域的中外学者已经积累了相当丰富的翻译实践经验,更有不少探讨汉语典籍外译的研究文献,包括原本的选择、时代语境的要求、具体翻译策略探讨、原作文化价值的转换、译作的接受度等,这些可以说构成了比较完整的汉语典籍外译理论体系。这些经验和理论无疑对我国的民族典籍翻译事业具有极大的借鉴价值,不仅在具体的典籍翻译操作层面提供理论指导,而且为我国民族典籍翻译研究提供了全面、系统的理论参照,从而起到丰富和发展我国民族典籍翻译研究的理论深度的作用。

三、民族文化传播的途径探讨

民族典籍翻译的目的是向世界传播民族文化,彰显民族身份,从而在新的全球化语境中建构民族文化。针对以上我国现阶段民族典籍翻译现状及其领域中存在的问题,我们认为只有进一步加大民族典籍对外翻译的力度,加强民族文化研究,拓宽民族文化传播的途径,才可以更好地向世界展示我国多姿多彩的民族文化。

文化无处不在,文化就在人们日常生活的方方面面。因而展现民族文化的方式和传播民族文化的途径可以是多种多样的。从呈现和传播的媒介来看,民族文化信息可以通过图像、文字书写、口头传承、实物展示以及文化活动传达出来。其中,口头传承是最古老、最传统的民族文化传承形式。这种口耳相传是许多少数民族至今都还在采用的主要的文化传承形式。本民族人民消化吸收本民族文化,在内部形成初步的文化符号并以第一人称的方式传承给下一代。这种口耳相传的文化传承和传播方式对于凝聚民族精神,增强民族认同感,塑造民族文化心理起着非常重要的作用,也是强大民族文化的最强有力的保障。

相比口头传承,以图像和文字形式保存和传播民族文化则具有保存长久,影响力度较大等优点。由于人的记忆容量有限,历史上庞大的文化信息主要是通过文字和图像符号等形式保存下来的。一些没有本民族文字

---

① 彭清:《汉籍外译对民族典籍英译之借鉴》,《广州大学学报(社会科学版)》,2013年第2期,第72页。

的少数民族为更好地保存和传承民族文化,甚至会借用其他民族文字等形式来传承民族文化。如畲族有自己的民族语言,但没有民族文字,因而畲族民间对于一些本民族十分重要的文化作品往往会采用汉字记录的手抄本形式记录下来,有的则采用图像形式如畲族祖图等保存和向后人传递。随着现代电子媒介等的发展,很多民族文化往往会用图像、录音等形式保存和传承,有不少还在图像上配有文字说明,使之图文并茂,达到较好的传承和传播效果。

用实物展示民族文化具有生动形象、直接具体的特点,有很强的社会性。通过将具有典型特征的民族文化实物陈列出来,有的还配上图片、文字和音像等,可以形象再现民族文化深厚的内涵和历史,体现民族文化的多样性和独特性。国内现在很多少数民族比较集中的地区建有民族博物馆或民俗文化展览馆等,收藏展示少数民族文化产品,甚至有很多珍贵的民族文化历史珍品。如笔者为了解和学习畲族文化风俗,多次前往浙江景宁参观中国畲族博物馆。该馆以畲族的发展史为主线,通过大量的文物、实物和图片,利用现代高科技表现手法向我们讲述畲族的发展史和畲族的灿烂文化。馆厅按照畲族民族发展历史和生活习俗设置了迁徙与分布、环境与聚居、生产与交换、饮食与服饰、风俗与信仰、文化与艺术六个单元,共展出畲族生产生活用具、畲族服饰、文献、族谱、祭祀道场用具等藏品 1800余件,该馆成为我们了解畲族人文历史,解读畲族民俗的重要窗口。

此外,民族文化传承和传播还需要政府、组织机构以及全体民族群众的共同参与。举办少数民族文化活动是保护传承少数民族文化的有效方式,在促进各民族交往交流交融中发挥着重要作用。民族文化活动形式是多样的,各个机构和组织单位可以围绕民族文化传承举办不同层次、不同主题内容的文化活动,如民族文化学术研讨、民俗活动、民族节庆活动等。如景宁畲族自治县每年都举办"畲乡三月三"——畲族特色民俗文化展示活动,在畲族人民最隆重的节庆日"三月三"向世人展示畲族文化,让更多的人探索传统文化内涵,体验畲乡精湛技艺,品尝畲乡美食文化,领略畲乡戏剧意韵。福建畲族定期举办"三月三"畲族文化节,安徽唯一的畲族村千秋畲族村经常举行独特的畲族民俗活动,还有广东增城畲族风情文化村,潮州市畲族招兵节等庆典活动,等等,以及丽水学院多次组织召开畲族文化研讨会,宁德师范学院召开福建畲族文化学术研讨会等各类学术会议。

这些不同种类的畲族文化活动无疑为传承畲族传统文化发挥了巨大的推动和促进作用,是发展和弘扬民族文化的重要途径。

随着现代科技的发展,传承和传播民族文化的方式和途径必定会越来越多。就以上这些传播途径而言,语言传播始终还是居于民族文化传承和传播的核心。语言是文化的载体,更重要的是语言本身也是属于文化的一部分。由于较多的少数民族还没有自己民族文字,大部分是靠口耳相传的方式进行文化传承,或者依赖汉字来记录民族文化,因而加强语言传承对于这些民族文化而言更为重要。即使在使用音像传播民族文化时,也同样要配上文字解释说明民族文化的内涵,才会有更好的效果。各种民族文化活动的举办同样离不开语言文字这一媒介形式,而对于海外观众而言,更需要将民族文化翻译成外文,以达到民族之间沟通和交流的目的。

典籍不同于一般的书籍,是对少数民族历史上文化成果的一个记录,其中蕴藏着少数民族先民关于生活的经验与智慧。典籍之所以被称为典籍,就在于典籍经世不灭又饱含一个民族的文化精神。由于民族典籍在民族文化中的中心地位,对外翻译和介绍民族文化典籍就自然处于民族文化传播的中心。相较于其他的文化传播方式,少数民族文化典籍的翻译更加适用于我国的少数民族文化走向世界。在传承与传播我国少数民族文化的过程中,少数民族文化典籍的翻译工作也愈来愈受到相关学者的重视。加强民族文化研究,提高民族文化的传播品格,向外译介民族文化典籍等工作都需要译者深入了解和认同民族文化,尊重民族文化,在翻译过程中保持符合而非迎合的态度,根据文化语境灵活采取合适的翻译策略,以达到民族文化传真的目的,从而推动民族典籍翻译事业的发展。

第三节 《高皇歌》英译中的民族文化意象传递

《高皇歌》是生活在南方的少数民族畲族的民族史诗,虽然从诗歌的篇幅上来说,《高皇歌》相对于我国北方民族三大史诗而言,要短小许多,目前搜集到的篇幅最长的手抄本《高皇歌》只有112条,448行,但其体裁和内容都具有我国南方民族史诗的典型特征,是一部具有鲜明故事性和便于记忆的韵文体长篇叙事诗。同其他的南方少数民族史诗一样,《高皇歌》具有较强的历史性,其纵向构造明显,叙事结构完整,不仅有创世神话、始祖的英勇故事,也有先民的迁徙历程,沉积着不同时代、不同历史时期的畲族文化特质。《高皇歌》的内容涉及畲族先民的生产劳动、历史变迁、天文地理、宗教信仰、风俗和艺术等,是畲族的"百科全书",具有丰富的畲族民族文化意象,折射出深厚的民族文化及其所孕育的民族精神,体现了畲族人民对社会现实的思考和对美好生活的追求与向往。

一、《高皇歌》中的民族文化意象

意象即审美或认知主体对具体的物象赋予一定的情义和旨趣从而产生特殊的意蕴。物象情化即为意。意象就是融入了主观情思的客观物象。这些意象表现在文学文艺作品中,形成一种文化符号,具有相对固定的文化含义,为特定的群体所接受和理解,就成为这一个群体的文化意象。"不同的民族由于各自不同的生存环境、文化传统,往往形成其独特的文化意象。"①"悠久的历史文化、神话传说、历史事件和文学作品等的积淀,都是构成各民族独特的文化意象的原因。"②《高皇歌》以创世神话开篇,从始祖龙麒诞生一直讲到畲族人民的迁徙历程,历史跨度大,内容丰富,蕴含着丰富的畲族民族文化意象。按照这些文化意象所指的物体或事件类型,《高皇歌》中的文化意象可以分为如下几类。

(一)特定的称谓语

《高皇歌》中有很多的称谓语,如上古神话中的创世神灵,畲族始祖以及故事中的一些专用名称等。《高皇歌》中所提到的"盘古""三皇五帝"是中华民族创世神话中的神灵,不仅为畲族人民熟悉,也为其他民族共同熟知。虽然在内容上,不同民族和地区的"三皇五帝"神话内容存在分歧,但这也正好是我国多民族发展融合的历史和进程。《高皇歌》中称畲族始祖为"龙麒",反映出畲族人民是"龙"的子孙。在《高皇歌》叙述中还有畲族四姓命名、"正宫娘娘"、"番王"等一些专用称呼,都体现出畲族独特的民族文化意象。

---

① 谢天振:《译介学》,上海:上海外语教育出版社,1999年,第181页。
② 同上,第184页。

(二)民间风俗

畲族在长期的历史发展过程中形成了很多民族风俗习惯,具有独特的民族文化意蕴。《高皇歌》中讲述始祖龙麒丧葬时提到很多具有独特民族文化色彩的意象,如"两耳白帽""苎布戴孝""铁链吊棺""做功德""坟安龙口"等;关于畲族婚姻,《高皇歌》中有"四姓通亲""定亲""领酒担猪爿"等。

(三)日常生活

《高皇歌》中也有不少地方讲述了畲族人民的日常生活,描述出丰富独特的畲族民族文化意象。如畲族人民把喝酒称为"食酒",开垦山地称为"种山",田地耕作称为"作田"等,还有古代人民熟悉的"皇榜""纱帽""纳粮"等文化词语,都具有生动的文化意象。

(四)精神信仰

《高皇歌》在赞美和歌颂始祖龙麒的英雄壮举之余使用了不少道教词语,反映出畲族人民对道教思想的认同与接受,如"神仙老君""西王母""东皇公""闾山学法""捉鬼"等。

二、民族文化意象传递的原则

从文化研究视角来看,每个民族的文化在与外界交流过程中,必然会因其民族性、差异性与他族文化发生碰撞,彼此相互影响,那些具有独特民族特征的文化意象既是民族间交流的障碍和阻力,又是吸引和丰富民族间交流的推动力,并且其自身也会随之发生流变,出现文化意象的流失或者融合等现象,为他族抛弃或被理解借用等。因而在英译《高皇歌》过程中,如何让《高皇歌》中这些丰富的畲族民族文化意象不发生缺失、变形等,就成为译者首要考虑的问题。

20世纪90年代初勒佛维尔等学者提出的翻译研究的"文化转向"标志着翻译研究已经由静态的、封闭的语言学研究模式转向动态的、开放的文化研究模式,翻译过程中文本所处的文化语境及文本与社会文化之间的互动关系等成为翻译研究学者重点关注的因素。文化翻译观视翻译活动为跨文化交流的行为,认为原作在进入译入语文化语境中,两种异语文化之间会相互交流、碰撞,甚至排斥和误解,译入语文化会根据自己的文化需要对源语文化进行改造、操纵和调适。从这种文化翻译观的视角来看,译者英译《高皇歌》的过程中,在进行民族文化意象的传递时,应当成为两种文化之间的协调者,既要做到尊重畲族民族文化,以"文化传真"为首要原则对源语文化进行移植,又要考虑到源语文化在译入语语境中的传播效果,以满足译入语读者的"文化理解"为原则,在保留畲族民族文化特征和符合译入语读者文化需要之间找到融合点。

(一)基于文化传真的原则

德国哲学家施莱尔·马赫(Friedrich Schleiermacher)曾在 1813 年发表了《论翻译的方法》一文,提出了翻译的两种途径:一是尽可能地不打扰原作者的安宁,让读者去接近作者;二是尽可能不打扰读者的安宁,让作者去接近读者。1995 年,美国翻译理论家劳伦斯·韦努蒂(Lawrence Venuti)在《译者的隐身》一书中从解构主义翻译思想出发将翻译的这两种途径概括为"异化"(foreignization)与"归化"(domestication)两种翻译策略。在韦努蒂看来,传统译论要求译文通顺流畅,译者不遗余力地将自己"隐身",在翻译中消除语言和文化的差异性,根据译入语文化的价值取向"归化"源语文本,甚至"改写"原文本。他站在后殖民主义视角,认为这样的译本无疑是迎合了殖民者的需要,这种"透明"的译作背后是殖民状态下的强势文化和弱势文化间的不对称的权力关系,体现了强烈的欧洲中心主义色彩。为了抵制这种强势文化在翻译中的"殖民话语模式",韦努蒂提倡翻译的抵抗,译者在翻译过程中应采用"异化"策略,在译入语文本中彰显源语文化的差异性特征,抵制翻译中的"归化""透明",在强势文化中输入弱势文化的特征,以便读者能体验异域文化。[①]

虽然韦努蒂提倡的"异化"策略以输入异域文化差异性特征为目的,以抵制强势文化对弱势文化的侵入,但"异化"观中强调的翻译应彰显而不是消除异域文化差异特征正是民族文化意象传递中必须坚持的首要原则。如前所述,任何一个民族的文化都是该民族在漫长的生产实践中所形成的,承载着该民族的历史变迁、精神信仰、风俗习惯、意识形态等,具有浓厚

---

① Venuti, Lawrence. *The Translator's Invisibility: A History of Translation*. London & New York: Routledge, 1995: 170-178.

的民族特色,同时又是人类多元文化中的一部分,与其他民族文化一起构成这多姿多彩的文化世界。"民族的就是世界的。"任何一个民族的文化都因其民族性和独特性而值得尊重和保护。在当前世界文化版图中,英语及其所承载的文化依然处于强势地位。在我国民族典籍对外译介的过程中,译者就需要正确处理这种文化权力之间的不均衡问题,在向强势文化译介弱势民族文化时更应尊重民族文化,保存民族文化的民族性特征,彰显不同民族文化之间的差异性,尽力做到"文化传真",以达到传播和弘扬民族文化的目的,促进各民族语言文化之间的交流和融合。

(二)基于文化理解的原则

"文化传真"是面向源语文化,要求译者尊重源语文化,在译入语中保存和完整传递民族文化意象,目的就是向译入语读者传播异域文化。但是"文化传真"并不意味着简单的文化移植或复制,还需要考虑民族文化意象在译入语中的传递效果。只有移植后的民族文化意象为译入语读者所理解和认同,达到较好的传播效果,才可以说是真正意义上的"文化传真",因而在民族典籍翻译过程中,还必须遵循译文应有利于译入语读者对异域文化理解这一原则。民族文化不仅要"走出去",更要考虑到"走出去"的效果。译入语和源语之间存在语言差异是客观的,这种差异也是翻译存在的前提。源语中的民族文化意象输入译入语中,就必然以译入语符号表达出来,这就要求译者应考虑到语言符号的差异,用符合译入语语言习惯的表达式传递出源语文化意象及其内涵,源语文化意象才能为译入语读者理解,才能在译入语语境中传播和产生影响力。

基于文化理解的原则,除了要求译文应遵从译入语的语言规范之外,还需要译者考虑译入语读者的文化思维习惯,避免产生文化冲突和抵触,从而影响源语文本的传播效果。不同民族文化有着各自独特的文化体系,蕴含着民族特有的文化思维习惯,与其他文化之间存在差异和分歧。而民族典籍翻译的目的就是在异域传播本民族文化,并得到译入语读者的认同。因而,译者在传递民族文化意象时必须要考虑其他文化语境的民众的文化思维习惯,从语言表达、文化内涵诠释方式等方面兼顾译入语文化思维方式,以使异域文化语境中所建构的原文本中的文化意象得到译入语读者的理解和认同。这种兼顾,就意味着译者需要考虑译入语民众的语言及文化思维习惯,对原文本中的民族文化意象进行阐释,在保证民族文化内涵不变的前提下,在语言及表达方式上进行适当调整。

在民族文化意象传递过程中,译者应始终坚持基于文化传真和基于文化理解这两项原则。在两项原则的关系上,虽然文化传真指向的是忠实于源语文化,文化理解面向的是译入语读者,表面看来,两者方向相反,彼此不能并置,但实际上,两项原则是辩证统一的,文化理解从属并服务于文化传真,而文化传真又是以文化理解为前提,只有得到译入语读者的理解,才能真正落实原文本中的民族文化意象所传递的效果。文化传真是译者在传递民族文化意象过程中必须坚守的首要原则,也是民族典籍翻译的根本目的,而译者在翻译过程中考虑译入语读者对源语文化的理解,也是为了避免文化失真,消除文化冲突,从而使得不同文化之间能够更好地对话和沟通。

三、民族文化意象英译策略及方法

基于文化传真和文化理解两项原则,笔者在英译《高皇歌》过程中,根据《高皇歌》中的不同类型的民族文化意象的特点,适当采用意象移植、文化补偿和文化留白的翻译策略。

(一)意象移植

《高皇歌》中有很多称谓语,是特定的民族文化意象,蕴含着丰富的民族文化信息。笔者在翻译中,采用意象移植的策略,通过音译、直译等翻译方法,将原文中的文化意象直接移植到译入语文本之中,以尽量保存原文的文化元素。

【例1】

《高皇歌》第6条:

> 盘古坐天万万年,天皇皇帝先坐天;
> 造出天干十个字,十二地支年年行。

笔者译文:

Pangu's sovereign ran thousands of years.

Then came the Emperor of Heavenly Sovereign[1];

He created ten heavenly stems, twelve earthly branches[2],

To calculate the changing seasons and passing years.

在本节诗中,"盘古""天皇""天干""地支"都是具有典型中华民族文化意象的文化词语,既体现了中华文化源远流长的文明历史,又反映出包括畲族在内的中华民族丰富的想象力和创造力。为彰显原文中的民族文化特色,在译入语语境中保持独立的中华文化身份,笔者选择音译法和直译法,直接把原文文化意象移植到译入语中,将"盘古"音译为"*Pangu*",将"天皇""天干""地支"直译为"The Emperor of Heavenly Sovereign""heavenly stems""earthly branches"。

通过音译,中华文化中的"盘古"意象可以输入英语文化之中,但对于第一次接触到这一称谓的读者来说,可能还无法理解词语中蕴含的意义,因此笔者在诗中第4条讲述"盘古置立三皇帝"时采用音译加脚注的形式,说明"Pangu"的文化含义和在中华文化中的文化意象。同样,为帮助读者首次认识"天皇""天干""地支"这三个文化内涵丰富的词汇,笔者采用直译加注释的方法,在诗歌正文中直译其意,并在文后分别注释为:

[1] The Emperor of Heavenly Sovereign, *Tianhuang* in pinyin, was the first Chinese legendary emperor after *Pangu*'s era and was the first in the "Three Emperors and Five Sovereigns" in Chinese mythology. According to *Book of History*, *Tianhuang* who had twelve heads, cast his magic to fill the earth with water. He lived until his age of eighteen thousand.

[2] Heavenly stems and earthly branches, collectively known as Stem-Branch or *Gan-Zhi*, are used to record the years, months, days and hours in the traditional Chinese calendar. In Chinese mythology, it was Tianhuang who built the system of 10 heavenly stems and 12 earthly branches. The 10 heavenly stems are *Jia*, *Yi*, *Bing*, *Ding*, *Wu*, *Ji*, *Geng*, *Xin*, *Ren* and *Gui*. The 12 earthly branches are *Zi*, *Chou*, *Yin*, *Mao*, *Chen*, *Si*,

Wu, *Wei*, *Shen*, *You*, *Xu* and *Hai*. Each heavenly stem is
paired with an earthly branch to form the *Gan-Zhi* sexagenary
cycle that starts with *Jia-Zi*.

音译和直译可以说是异化翻译策略的最直接的体现,是以充分尊重原
作和原作者为取向,使译入语读者向原作靠拢,最大限度地保留原作中的
民族文化意象,起到民族文化的保鲜作用,适当配上有利于译入语读者理
解的注释,又不会让读者觉得不知所云,较好地达到展示和传播民族文化
的效果。

(二)文化补偿

不同民族因其各自的历史文化背景及生活习俗的差异必然产生各自
文化特有的民族文化意象。在翻译转换过程中,译者把原文本中的这些文
化意象移植到异域文化中,必然会因语言符号和表达习惯上的差异而造成
文化意象在一定程度上的缺失,即使最忠实于原文本的音译和直译方法也
会因语符上的差异而给译入语读者带来异域的陌生感。并且,诗歌翻译因
其在形式和空间上的要求,过多的音译或直译注释等会影响译入语读者阅
读诗歌的效果,也不宜过多使用。因此,在面对异域民族文化意象缺失时,
译者还必须采取一定的补偿策略,选择恰当的翻译方法,将文化缺失部分
准确补偿给译入语读者,客观真实地还原原文本中的民族文化意象。对于
翻译补偿的具体方法,国外学者郝维(Hervey)和希金斯(Higgins)提出四
种形式:类比补偿(compensation in kind),在译文中使用与原文相当的语
言手段,再现原文效果;换位补偿(compensation in place),译文在不同原文
的位置上再现原文相同效果;融合补偿(compensation by merging),即多个
特征融合在一起再现;分解补偿(compensation by splitting),将原文较短
的语句融合在译文较长的表达中。① 马红军则在批判继承中外学者所提出
的补偿手法基础上从总体补偿策略角度概括提出显性补偿(explicit
compensation)和隐性补偿(implicit compensation)两类补偿方法。显性补
偿指在译文中使用明确的注释等,如脚注、尾注、文内注、前言、附录等,我

---

① 马红军:《翻译补偿手段的分类与应用——兼评 Hawkes〈红楼梦〉英译本的补偿策略》,《外
语与外语教学》,2003 年第 10 期,第 37 页。

们在前述的《高皇歌》中的直译加注释即是显性补偿；隐性补偿则需要译者充分调动各种译入语手段，对原文加以调整，达到读者反应对等的效果，如增译、释义、换位、具体化等手法。[①]

笔者在《高皇歌》翻译实践中，根据原文中的民族文化意象特点及译文表达需要，分别使用注释、增译、具体化等翻译方法，尽可能在译文中再现原文文化意象，对文化缺失给予补偿。

【例 2】

《高皇歌》第 76 条：

> 龙麒放落安棺掉，大细男女泪哭燥；
> 头戴白帽两个耳，身着苎布尽戴孝。

笔者译文：

> When putting *Longqi*'s body in coffin，
> People cried their eyes out in mourning.
> Wearing white hat and linen apparel，
> All his descendents attended his funeral.

原诗中有两个特色鲜明的民族文化意象："白帽""苎布"。这在畲族文化中，是子孙参加先人的葬礼仪式时的穿戴，表示对祖先的哀悼之情，体现了中华文化中的孝道。译文中直译这两个文化意象，但增译"attended his funeral"，将缺失的文化含义增补出来，读者通过上下文中的"mourning""funeral"，很容易体察到"wearing white hat and linen apparel"在畲族文化中与丧葬仪式有关这一特殊意蕴。

【例 3】

《高皇歌》第 102 条：

> 古田是古田，古田人女似花千；
> 罗源人子过来定，年冬领酒担猪廾。

笔者译文：

> *Gutian*, our *She*'s home place，
> Raised up our girls with beautiful face.

---

① 马红军：《翻译补偿手段的分类与应用——兼评 Hawkes〈红楼梦〉英译本的补偿策略》，《外语与外语教学》，2003 年第 10 期，第 37 页。

Boys from *Luoyuan She* families，
Raced in sending rich betrothal gifts.

在本诗节中，出现了地名"古田""罗源"和"领酒担猪爿"这些民族文化特色表达，反映出畲族婚俗习惯。笔者在英译时，音译地名，并根据诗节空间需要，增译"our *She*'s home place"，补充解释"古田是畲族人居住的地方"这一文化信息；对于"领酒担猪爿"这一民族文化意象，笔者并没有直译其意，而是用"betrothal gifts"这一表达来补偿原文的文化缺失，转换释义，将"领酒担猪爿"用作结婚聘礼，将举办宴席这一内涵意义译出来，这也符合译入语读者的理解期待。

【例4】

《高皇歌》第110条：

盘蓝雷钟在广东，出朝原来共祖宗；

今下分出各县掌，话语讲来都相同。

笔者译文：

Wherever our *She* people go to reside，
We all keep *Guangdong*，our birthplace in mind.
Though our living places are different，
We all speak the same *She* accent.

对原诗节中第一句地名"广东"在译文中的位置进行了调整，放在译文第二句，并根据原诗节第二句的"共祖宗"的意思融合在译文第二句中，增加"our birthplace"，使其隐含意思转换到"广东"这个文化意象中，既符合译入语的语言表达习惯，也忠实传递出原文的民族文化意象。

（三）文化留白

"留白"是中国国画艺术中的一种空间布局手段，画师"计白当黑"，在画作空间中特意留出空白的地方，并与着墨的地方一起构成整幅国画的有机组成部分，为观众创造出丰富的审美空间，从而表现出一种含蓄得体的美，给人带来遐思与共鸣。在民族典籍翻译过程中，译者面对丰富的文化差异现象，为求忠实传递出原作的民族文化意象，在译文中采用各种补偿手段,在一定程度上可以达到消除这种文化差异,实现文化沟通的目的,但过多的注释、增译等补偿手段的运用,也势必会造成译文臃肿,特别是对于《高皇歌》等诗歌翻译而言,太多的补偿手法会带来诗歌音韵、节奏以及形式上的冗余,有违诗歌凝练、简约的特色。因而,借鉴传统国画创作的留白手法,在诗歌翻译中,对一些民族文化意象进行适当留白不译或简约处理译到即止,留给译入语读者一定的想象空间,达到"译欲静而意不止"的效果。表面看来,这样的留白翻译似乎是对文化缺失置之不理,有不忠实于原作的嫌疑,但实际上留白翻译不是不译,而是暂时将原作中的文化意象留置出来,通过上下文的语义和语境关联在译文中,通过与其他空间的相互关联显现出来,正如国画中的"白"的意蕴必须是通过着墨的"黑"体现出来一样。"计白当黑",原文的文化意象就在"黑"与"白"的关联中浮现。

【例5】

《高皇歌》第1条:

　　　　盘古开天到如今,世上人何几样心;

　　　　何人心好照直讲,何人心歹侩骗人。

笔者译文:

　　　　Since the beginning of the world,

　　　Different human beings, the earth holds.

　　　　Some are always nice and kind;

　　　Some are liars with filthy minds.

　　原诗中的神话意象"盘古开天"并没有全部在对应译文诗节中体现出来,只保留"开天地"这层意思(the beginning of the world)。直到《高皇歌》第4条:

　　　　盘古置立三皇帝,造天造地造世界;

　　　　造出黄河九曲水,造出日月转东西。

　　　　Pangu, the creator, separated heaven and earth;

　　　His eyes became Sun and Moon after death;

　　　His body turned into mountains, blood into rivers;

　　　Running the legends of our sacred maker.

　　译者音译"盘古"，并增加"the creator"等文化信息，说明盘古神话内容，与诗歌第 1 条遥相呼应，读者通过上下文阅读既能捕捉并理解原文神话内涵，且诗歌形式不会因语句重复而造成臃肿。此外，原文第 4 条诗节中的"九曲黄河水"被留置出来，用一般性的"rivers"（河流）来替换，并增加"mountains"达到形式上的对应。译入语读者只要联想到该诗歌诞生在中国的少数民族文化中，自然就会理解这里的山和水与中国有关，从而更加清晰地感受到盘古神话的民族文化意象。

【例 6】

《高皇歌》第 96—98 条：

> 广东掌了几多年，尽作山场无分田；
> 山高土瘦难做食，走落别处去作田。
>
> 走落福建去作田，亦何田地亦何山；
> 作田作土是辛苦，作田亦要靠天年。
>
> 福建田土也是高，田土何壮也何瘦；
> 几人命好做何食，几人命歹做也无。

笔者译文：

> For many years in the Phoenix Mountain，
> Our forefathers mainly lived on hunting．
> More population，less lands for farming，
> They had to find other place for a living．
>
> When arriving at *Fujiang* Province，
> They found many lands for farming．
> Though sparing no efforts on plowing，
> Sometimes they lived on Heaven's providing．
>
> As it differs from man to man，
> The rich soils yield more than the barren．
> Though our forefathers worked hard on farming，

The poor lands brought them almost nothing.

在以上诗节中，第 96 条中的"广东""无分田"（没有什么田地）在对应的译文诗行中留置出来，没有被译出，但读者可以通过阅读译文中的"Phoenix Mountain"得出"广东"这一文化信息，第 96 条的第三句"山高土瘦"转换成"More population，less lands"（人多田少），因原诗第 82 条已有讲述"山上人多难做食"，此处复述一遍与本节中的"山高土瘦"的意思并不冲突，而且还将第一句中的"无分田"的意思得以在此处显现出来。第四句中"作田"转译成"living"，也给读者留下上下文线索，读者可以很快理解出这里的 living 就是原文所说的"作田"（farming）。同样，第 97 条笔者将"作田作土"简译为"plowing"，原文信息并没有损失。第 98 条中，笔者将原文第三和第四句中的"几人命好，几人命歹"与第二句的"田土何壮也何瘦"并置先译出，省去"做何食"不译，而增加畲族先人辛勤劳作却"做也没"，表面看来其原因是第四句译文所说的"the poor land brought them almost nothing"，而实际上翻译中这些留白、简译和换位手法，给读者留出想象和思考空间，结合上下文中思考发现原因在于诗歌前面所述的"阜老"压迫，使畲族人民无良田可劳作。

翻译留白为译文增添想象的空间，可以弥补因"翻译补偿"而带来的过多诠释所造成的形式臃肿等的不足。但是"法无定法"，无论是"意象移植"还是"文化补偿"等，这些不同的翻译策略和方法在译者的翻译实践中都不应该是僵化刻板的使用，而是译者在充分理解原文中的民族文化意象之内涵基础上，以尊重原作为前提，以忠实传递原作中的文化意象为目标，在考虑译入语读者对原作民族文化内涵的理解的基础上，综合协调使用，从而实现最佳的文化传播效果，弘扬和推广民族文化。

第七章 结语:民族典籍翻译的跨学科研究

自 2012 年首届全国民族典籍翻译研讨会召开以来,至今已召开三届学术研讨会,会议规模也越来越大,国内从事少数民族文学典籍翻译研究的学者越来越多。这一现象反映出,随着我国对外文化传播和软实力的增强,少数民族文化典籍的译介越来越重要,研究少数民族文学典籍的翻译逐渐成为热点。国内一些少数民族典籍如蒙古族的《蒙古秘史》《江格尔》,维吾尔族的《福乐智慧》,藏族的《格萨尔王》,柯尔克孜族的《玛纳斯》,彝族的《阿诗玛》,赫哲族的《伊玛堪》,等等,都已译成英文,"中华民族典籍翻译研究丛书"也陆续出版。可以说,近年来,在国家政策扶持、资金支持下,民族典籍的整理与翻译工作已经初见成效。然而与我国少数民族本身丰富的文化精华和内涵相比,这些典籍译介仅仅是极小的一部分,我国少数民族文化典籍翻译研究依然处于起步阶段,还有众多的民族典籍有待学者去研究与译介。

畲族是我国南方少数民族之一。畲族文学瑰宝《高皇歌》集英雄史诗、创世史诗和叙事诗等题材为一体,追溯了畲族的起源和历史,全面生动地讲述了畲族始祖龙麒的英勇事迹和畲族祖先迁徙的历程,是畲族人民代代传唱的祖歌、史歌,具有强烈的思想性、艺术性和人民性。为更好地传承和弘扬畲族优秀的传统文化,让更多的人了解畲族悠久的民族历史和深厚的文化传统,笔者尝试用英语翻译《高皇歌》,本着文化传真和文化理解的原则,向英语读者传播这部畲族人民的史歌,以期能促进民族交流,让畲族文化更好地走向世界。

因笔者学识浅薄和翻译能力有限,《高皇歌》英译文中还存在诸多文笔幼稚和理解肤浅之处。笔者不揣冒昧,以笨拙之译笔试译民族之经典,其意在求教大方,以期能抛砖引玉,期待有更多更好的畲族经典译文问世,促进畲族文化走向世界。与此同时,《高皇歌》英译实践也给笔者带来很多有益的知识,特别是通过翻译实践和田野调查,学到很多民族文化知识,扩大了笔者对民族文化的认知视域,内心产生更强的民族文化认同感。而且笔者在翻译实践的同时,尝试运用翻译学科理论,借鉴邻近学科的理论和研究方法,指导翻译实践活动,在理论上也有一些收获。

《高皇歌》是我国南方少数民族——畲族的史诗,具有很多典型的民族志文本特征。民族志研究特别重视田野调查,用参与式观察获得民族志书写所必须具备的民族知识、民俗文化、民族思维信仰等信息。民族志诗学从民族文化和诗学视域将文化文本化,突出民族志转写过程中的文化因素,认为民族志的书写过程就是将他族的文化文本化的过程,这也是民族志文化的翻译过程。借鉴民族志研究和民族志诗学理论观点,我们认为以汉字转写的《畲族高皇歌》文本,除了作为主体的《高皇歌》之外,还有很多歌词整理者、编辑者等的说明、解释和介绍性内容,包含了许多民族文化信息。可以说,以文本形式存在的《高皇歌》具有很多典型的民族志文本特征。借鉴民族志诗学提出的"深度描写"理论,采用"深度翻译"策略,使用"注释""增译""附录"等方法,在译入语语境中为读者再现源语文本中的文化语境,可以有效地转换原文本中的民族志特征,达到文化传真的效果。

口头程式理论自 20 世纪 90 年代中期被译介到中国之后,从少数民族史诗研究开始,已应用于多个研究领域并产生积极影响。帕里和洛德所提出的结构性的单元,如程式、典型场景和故事范型等,成为口头程式理论的核心概念,以此可以理解口头诗歌的构造法则和解释歌手能在现场流畅地唱诵成千上万的诗行的原因。以口头诗学观观照《高皇歌》,不难发现,作为畲族伟大的史诗作品,尽管用文字记录下来的《高皇歌》依然还保存着很多口头性特征,具有很多口头程式结构。基于口头吟诵传统在中西文学历史中具有普遍性这一事实,《高皇歌》英译文中应尽力再现原文本中的这些口头程式特征,力求最贴近传达出原文本的文化意蕴。因而以口头程式为理论参照,进行翻译诗学层次的比较研究,为《高皇歌》英译提供了新的尝试空间。

由于畲族有自己的民族语言,却无民族文字,《高皇歌》等畲族文学作品大都是通过汉字记录畲音方式以文本形式传承,所以汉字转写后的《高皇歌》实际上已经存在着由畲语到汉语的转化后的文化过滤现象。因而以汉字书写的《高皇歌》作为原本进行英译,就要求译者考虑畲、汉、英三种语言文化之间的异同问题,从文化研究视角考察翻译过程中的文化传播现象。当代文化研究自疏远了利维斯主义的精英文化而把注意力转向大众文化和传统文化后,以多元化、混杂化、反权威性为突出特征,处于弱小的、边缘的民族文化已进入文化研究者的视野,种族、性别、文化身份、意识形态、权力政治等开始成为文化研究的维度。《高皇歌》等民族典籍翻译作为一项文化行为,其指向的是具有丰富民族文化意蕴和悠久民族口头传统的文本,又涉及译者自身所持有的文化观念的影响,该文化行为的产品又须针对译入语文化读者进行一定的调适,因此"文化"在民族典籍翻译中更为凸显。从文化研究的视角考察《高皇歌》英译过程,译者本着尊重民族文化、传播和弘扬民族优秀文化的态度,认识和了解民族典籍翻译的现状和民族文化传播的途径,以文化传真和文化理解为翻译原则,采用文化意象移植、文化补偿、文化留白等翻译策略和方法,在译入语中再现和重构源语文化意象。

民族典籍是民族文化的集中体现,包含着一个民族丰富的社会生活、风俗习惯、宗教信仰、精神风貌等信息。从民族学、口头诗学和文化研究的视角来分析民族典籍翻译过程,这仅仅是涉及与民族典籍相关涉的学科中的一部分,人类学、社会学、伦理学等学科领域同样与民族典籍研究关涉紧密。王宏印教授在讨论民族文化典籍翻译的研究方法和学科基础时,对民族典籍翻译研究所涉及的学科领域列出了一个较为科学的提纲,包括四个方面的内容:一是古典学(classics),如古希腊、古罗马的经典,中国先秦时期的典籍,印度等地方的"轴心时代"的作品,等等;二是文献学(literature),包括对古典的经典解释,如小学、训诂等,对文献的保持、查阅,图书的分类、保管、古本复原等;三是语言学(linguisitics),涉及对语言谱系的重新认识,这个语言学实际包括的内容比较多;四是人类学(anthropology),涉及体质人类学和文化人类学。并且他在一个贯通的思路里,引入了"人类学诗学"的概念,提出"人类学翻译诗学"的方向,期待中国民族典籍翻译研究"朝着中国式人类学翻译诗学的方向汇聚"①,为中国

---

① 王宏印:《中华民族典籍翻译研究概论——朝向人类学翻译诗学的努力》,大连:大连海事大学出版社,2016年,第615-619页。

民族典籍翻译研究坚持走跨学科研究道路指明了具体方向。因此,要深入探讨民族典籍翻译活动的规律,研究者必须清楚认识到民族典籍翻译研究的学科互涉性质,借鉴相关学科领域的理论和方法,以促进民族典籍翻译研究深入并持续发展,从而更好地推动民族文化走向世界。

附　录

一、高皇歌

选自《福州市畲族志》①

盘古造天到如今，世界人分几样人，
几人好心奠娘讲，几人心歹会骗人。

盘古置立到如今，一重山背一重人，
一朝江水一朝鱼，一朝天子一朝臣。

说山便说山乾坤，说水便说水根源，
说人便说世人事，三皇五帝振乾坤。

盘古置立三皇帝，造天造地造界世，
造出黄河九曲水，造出日月转东西。

造出田地分人耕，造出大路给人行，
造出王帝管天下，置立人名几样姓。

皇帝名字是高辛，出来游行作百姓，
出门游行天下路，转来京都作朝神。

当初初朝高辛皇，出来游戏看田场，
皇后耳痛三年在，挖出金虫三寸长。

挖出金虫三寸长，便置金盘拿来养，
一日三时望长大，变作龙期丈二长。

变作龙期丈二长，五色花斑尽成行，

---

①　雷恒春，福州市地方志编纂委员会：《福州市畲族志》，福州：海潮摄影艺术出版社，2004
年，第 24-29 页。

五色花斑生得好，龙眼变作荔枝样。
变作龙期丈二长，又会跑来又会行，
皇帝看见心欢喜，身长尾短好个相。
番边大乱出番王，高辛皇帝心惊慌，
便差京城众兵起，众兵差起保城墙。
番边番王好来争，众捕用心把得紧，
京中众兵无千万，大家去保九重城。
当初皇帝开言时，京东门下挂榜去，
谁人收服番王到，第三宫女给为妻。
龙期听见便进前，撕下文榜在路边，
文榜拿来口里衔，文武朝官带去见。
文武朝官带去间，龙期自愿过番边，
去到番边番王殿，服侍番王二三年。
服侍番王二三年，番王饮酒醉迷迷，
龙期看见心欢喜，凶星为祸你不知。
番王酒醉笑嗳嗳，唐朝人龙走过来，
唐朝人龙过来后，天地翻转是由我。
番王饮酒在高楼，身盖金被银枕头，
文武朝官不随后，龙期咬断番王头。
衔了王头过海河，番边贼子赶来掳，
刀枪好似竹麻笋，不得过来奈我何。
咬断王头过海洋，云雾迷来渺渺茫，
一时似箭浮过海，众官取头金盘装。
众官取头金盘装，奉上殿里去见皇，
皇帝看见心欢喜，自愿龙期作婿郎。
文武上奏皇帝知，皇帝殿里发言时，
三个宫女由你拣，随便那个中尔意。
收服番王是呆人，爱讨皇帝女结亲，
第三宫女心不愿，金钟内里去变身。
金钟内里去变身，断定七日变成人，
皇后六日开来看，只是头上未变成。

头是龙来身是人，要你皇帝女结亲，
皇帝圣旨话难改，开基蓝雷人子孙。

亲生三子相端正，皇帝殿里去讨姓，
长子盘装姓盘字，二子篮装便姓蓝。

第三小子正一岁，皇帝殿里讨名来，
雷公云头响得好，笔头落纸便姓雷。

当初出朝在广东，亲生三子女一宫，
招得军丁未夫妇，女婿名字钟志深。

三男一女甚端正，同共皇帝管百姓，
住落潮州名声大，流传后代去标名。

皇帝圣旨话难改，敕令圣旨送潮州，
皇帝奈何你不得，你龚日月一同休。

龙期自愿爱出去，皇帝怎肯来分居，
六个大仓由你拣，自愿那仓分给你。

六个大仓共一行，都是金银与毫光，
六仓都是金银宝，命歹开着是铁仓。

六个都是金锁匙，皇帝圣旨交付你，
命好开着金银宝，命歹开着是铁器。

皇帝问你爱帽戴，锁匙给你自去开，
纱帽两耳你不愿，自愿一个尖尖戴。

龙期心愿去作田，去龚皇帝分半山，
自种山田无纳税，不纳租税已多年。

文武朝官都来送，送落凤凰大山宫，
皇帝圣旨吩咐过，山场田地由你种。

皇帝圣旨吩咐过，蓝雷三姓好结亲，
千万人女由你拣，莫来嫁给百姓人。

高辛皇帝话原真，吩咐蓝雷三姓人，
女大莫去嫁皁老，皁老翻脸便无情。

凤凰山上鸟兽多，若爱食肉自去猎，
开弩药箭来射死，老熊山猪鹿更多。

凤凰山上实是闲，时时拿弩去上山，

奈因岩中捉羊崽，山羊斗死在岩前。
山羊斗死在岩前，寻上三日都不见，
身死挂在树尾头，求神问卜正看见。
高山石壁青苔苔，龙期跌死挂石背，
吹角鸣锣来引路，天神龙期落下来。
广东路上去安葬，孝男孝女尽成行，
文武朝官来带路，金榜题名占地场。
广东路上是祖坟，进出蓝雷盘子孙，
京城人多难得食，送落潮州凤凰村。
送落潮州凤凰山，住了潮州已多年，
自种山田无纳税，种上三年便作山。
凤凰山头一块云，无年无月水纷纷，
山高作田无米食，有何谷米籴何银。
今来不比当初好，受尽乡村华老欺，
一从原先古人礼，多让华老由其欺。
一想原先高辛皇，诗文挂榜好文章，
谁人拿得番王到，天神龙期拿番王。
二想三姓盘雷蓝，在京不小出朝来，
清闲不管诸闲事，自种林场山无税。
三想蓝雷三姓亲，都是南京一路人，
痴情不识京城住，走出山头受苦辛。
收得番王何本事，京城不站走出去，
痴情不识占田地，子孙无业奈怨你。
山场来粢阜老争，因无纳税争不赢，
朝里无亲话难说，全身都金使不成。
龙期田土自不管，一心闾山学法来，
学得真法来传祖，头上头角花冠带。
当初天下精怪多，茅山学法转来做，
救得王民个个好，行兵动法斩邪魔。
广东路上已多年，蓝雷三姓去作田，
山高作田无米食，赶落别处去作田。

赶落别处去作田，别处作田又作山，
作田作土无粮纳，作田亦是靠天年。
福建田土实是高，田土有肥又有瘦，
几人命好作有食，几人命歹作亦无。
兴花满园皆生长，蓝雷三姓在成行，
后来年老都有利，赶落原先家连江。
福建大利家连江，古田罗源田土壮，
蓝雷三姓同始祖，个个坐落好田场。
住在福建好开基，蓝雷三姓莫相欺，
尔女乃大嫁我了，我女乃大主分你。
蓝雷讲话各人知，百姓华老莫相欺，
有事相斗尔来讲，莫来传讲尔又欺。
女大莫嫁华老去，准当爷娘不养你，
无情无义是华老，好似小时死去了。
连江连江是连江，连江女人好个香，
罗源人子过来定，明年担酒扛猪羊。
罗源人女好个相，身着衫子花成行，
连江人子过来定，年冬十月担猪羊。
古田人女似花扦，蓝雷人子过来定，
年冬十月是清闲，蓝雷三姓好结亲。
蓝雷三姓好结亲，都是南京一路人，
今日三姓各八县，好事照顾莫退身。

二、畲族《盘古歌》①

整理人：李挺（畲族，原姓雷）、钟学钦（畲族）
蓝周根（畲族）、张文藻（汉族）

---

① 张文藻：《畲族〈盘古歌〉序》《中南民族大学学报（人文社会科学版）》，1982 年第 4 期，第 67-70 页。

盘古开天三皇帝,造天造地造世界,
造出五湖又四海,造出日月转东西。
盘古造天到如今,一重山背一重人,
一潮江水一潮鱼,一朝天子一朝臣。
盘古造天到如今,世上人何①几样心,
何人心好箅②我讲,何人心歪会骗人。
讲山便讲山来开,讲水便讲水坑源,
讲人便讲世上事,三皇五帝造乾坤。
造出田地分③人耕,造出大路分人行,
造出文字分人使,取出人名几样姓。
帝喾皇帝是高辛,深入我你④百姓人,
出来游娳⑤太⑥天下,回转京内管朝臣。
玉皇上帝圣旨来,龙王接旨下凡来,
变作金龙凡间落,钻入皇后耳朵内。
皇后耳朵痛又痒,先生来太毛⑦主张,
耳朵痛痒三年久,取出金虫三寸长。
取出金虫三寸长,就用金盘银斗养,
日夜太其⑧介⑨会大,变作金龙丈二长。
变作金龙丈二长,五色龙鳞闪艳放,
五色龙身真生好,皇帝圣旨叺⑩金龙。
金龙住在龙宫庭,保卫朝廷怀离身,
皇帝太着心欢喜,文武百官来谢情。

---

① 何:有。
② 箅:对。
③ 分:给。
④ 我你:我们。
⑤ 娳:玩。
⑥ 太:看。
⑦ 毛:无。
⑧ 其:它。
⑨ 介:这样。
⑩ 叺:叫。

番边燕皇何野心，想争田场①就出兵，
番兵打到京城外，高皇宣旨就出兵。
番边兵马来得强，高皇兵马难抵挡，
几个回合打输了，退兵回转奏高皇。
高辛皇帝真认真，打乃怀赢就退兵，
文武百官来商议，献计设策打番兵。
皇帝圣旨发令时，四门皇榜贴出去，
哪个打得番王倒，第三公主配为妻。
金龙听知便行前，拍落皇榜在身边，
皇榜拍落衔嘴里，文武百官带去见。
文武百官带去见，金龙自愿去番边，
奋身大战怀怕死，漂洋过海到番边。
金龙落到番边行，番皇太着心喜欢，
去到番边番皇殿，服侍番王两三年。
服侍番王三年时，热情周到又客气，
三餐饭酒照顾好，番王高兴心宽去。
番王得宝喜纷纷，自吹自擂显威风，
番王高兴又请酒，文武百官成酒翁。
百官酒醉都已行，番皇身边毛人仰②，
番皇身边毛人守，今日下手好时间③。
番皇酒醉在高楼，身盖金被银枕头，
文武百官都去了，金龙咬断番皇头。
咬断皇头就背去，番兵晓的赶来追，
刀枪好似林竹笋，金龙早④快怀怕追。
番头背来过海洋，天上仙女都来帮，
仙女又助金龙力，云露遮来雾茫茫。
云雾遮来太怀见，番边贼子转头行，

---

① 田场：地方。
② 仰：看。
③ 时间：机会。
④ 早：逃。

一时似箭游过海,金龙得胜回朝行。
金龙得胜回朝行,文武百官来接见,
文武百官来相会,金龙功大好名声。
金龙背着番头上,捧上殿里去见皇,
皇帝太着心欢喜,就封金龙忠勇王。
金龙是龙不是人,皇帝好赖介①门亲,
当初皇帝何圣旨,许配三女结为亲。
金龙开口去讨亲,皇帝问女介门亲,
第三公主开口讲,愿与金龙配成亲。
第三公主真何心,玉帝听知也同情,
夜里托梦䣛②其③讲,金钟内里去变身。
公主得知真高兴,就叫金龙去变身,
金钟内里变得好,断定七日变成人。
断定七日变成人,皇后心里也高兴,
心急六日开来太,就是龙头未成人。
头是龙头身是人,好䣛皇帝女结亲,
皇帝圣旨来发落,定落龙皇女婿亲。
金銮殿里来结亲,张灯结彩闹盈盈,
文武朝官来食酒,敲锣打鼓吹箫音。
龙皇新做女婿郎,金銮殿里来拜堂,
一拜天地二拜祖,夫妻双拜入洞房。
龙皇公婆好姻缘,何讲何笑何商量,
介好公婆④配得好,好似蝴蝶彩花香。
夫妻双双来盘算,亲养⑤太子似牡丹,
金銮殿里䣛⑥名取,太子盘装便姓盘。
夫妻双双心喜欢,又养二子似花丹,

① 介:这。
② 䣛:对。
③ 其:她。
④ 公婆:夫妻。
⑤ 养:生。
⑥ 䣛:给。

皇帝圣旨銎名取，二子蓝装便姓蓝。

第三宫子正一岁，皇帝圣旨取名来，

云头雷公响的好，笔头落纸便姓雷。

亲养三子一宫女，钟响养女就姓钟，

招得状元女婿子，随着妻姓就姓钟。

三男一女生端正，又帮皇帝管江山，

又帮皇帝管大事，流传后代好名声。

皇帝圣旨好来分，亲问女婿怎么分，

分你广东潮州府，你愿怀愿去广东？

皇帝圣旨讲分居，龙皇自愿掌①出去，

六个大仓由你拣，尽②你那仓搬出去。

六个大仓作一行，仓仓都是发亮光，

五仓都是金银宝，龙皇开着是铁仓。

六仓都是金锁匙，五仓都是好宝器，

金仓银仓都怀敌③，自愿开着是铁器。

问你帽子爱怀爱，锁匙分你地介④开，

龙袍纱帽都怀敌，自愿拣个尖笠来，

怀愿做官去作⑤田，怀愿作田去种山，

开山种食毛粮纳，毛人讨粮心清闲。

好銎⑥皇帝去分山，住在山头似神仙，

住在山头十分好，好分潮州凤凰山。

高辛皇帝好心肠，当初封你忠勇王，

你打番王功劳大，山场地基尽你种。

皇帝吩咐话语真，蓝雷钟姓好结亲，

女大莫去嫁财主⑦，财主扳面真毛情。

---

① 掌：住。

② 尽：凭

③ 怀敌：不要。

④ 地介：自己。

⑤ 作：种。

⑥ 銎：跟。

⑦ 财主：地主。

皇帝吩咐话语真，养女值得几千金，
山客也何山客礼，山客养女好招亲。
高辛皇帝话出去，女大莫嫁财主去，
天下财主毛情义，银两对重莫嫁其。
皇帝讲了好离宫，文武百官都来送，
感谢皇帝就起行，行落①凤凰太②山宫。
山清水秀好地方，男女齐心来开荒，
介好山场好种食，家家户户粮满仓。
作好山场事就空，兄弟苏量③去打铳，
山羊麋鹿打来食，山客打铳顶明工④。
龙王背铳上山去，又落⑤山里打山猪，
山上野兽无千万，太着山羊就去追。
一直追到石壁山，石壁山里彳丁丁⑥，
碰着山羊动手打，分其斗死在岩前。
山羊撬死在岩边，子孙三日寻不见，
身死挂在树尾上，老呷⑦高叫才寻见。
万丈高岩石壁背，挂在当中落怀来，
子子孙孙都跪落，天仙帮助放落⑧来，
龙皇放落老寿装，孝男孝女泪汪汪，
子孙齐来抬去转⑨，寻个地方好安葬。
凤凰山上去安葬，孝男孝女来送葬，
龙皇葬在东路上，棺椁吊牢还未放。
龙皇过世真心痛，子子孙孙泪喷喷，

---

① 落：到。
② 太：看。
③ 苏量：商量。
④ 明工：本事。
⑤ 落：到。
⑥ 彳丁丁：很陡峭。
⑦ 老呷：乌鸦。
⑧ 落：下。
⑨ 去转：回去。

子孙好管祖宗业，双手做事爱①学通。
龙皇死了好受气，山客无法爱的其②，
山客又受人欺侮，恶心财主都来欺。
京城内里人来多，毛食好落乡下讨，
官府捐粮又派款，逼得山客毛定③躲。
后来怀比是当初，种山也爱交山租，
交了山租毛懂食④，财主日日来逼租。
财主来奣争山场，后朝怀帮前朝争，
朝上毛人难讲话，山客何用争怀赢。
受人欺侮不应该，上欠王粮下欠债，
丈布⑤坐牢狱中死，波娘⑥在寮土中埋。
凤凰山上掌怀成，山客苏量准备行，
压迫剥削受尽苦，早⑦出别处去作田。
凤凰山上掌怀长，山客开基在西乡，
介好山场住怀牢，早出广东输⑧外乡。
山客早难福建乡，罗源古田搭连江，
福建财主又欺侮，逃出福建到浙江。
蓝雷钟姓好结亲，都是南山一寮人，
今布⑨分掌各个省，何事相助心连心。
蓝雷钟姓共祖宗，广东山上祖公坟，
上古流传爱记着，传落下代好子孙。
高辛皇帝好名声，龙皇打仗出大名，
龙皇子孙蓝雷钟，传分后代子孙听。

---

① 爱：要。
② 爱的其：治得他。
③ 毛定：无处。
④ 毛懂食：没得吃。
⑤ 丈布：丈夫。
⑥ 波娘：妻子。
⑦ 早：逃。
⑧ 输：去。
⑨ 今布：今天。

参考文献

［1］欧阳询. 艺文类聚［M］. 上海：上海古籍出版社，1982.

［2］叶大兵. 畲族文学与畲族风俗［J］. 中南民族大学学报（人文社会科学版），1982，2（4）：71-80.

［3］张文藻. 畲族《盘古歌》序［J］. 中南民族大学学报（人文社会科学版），1982，2（4）：65-67.

［4］施联朱. 关于畲族来源与迁徙［J］. 中央民族大学学报（哲学社会科学版），1983，10（2）：34-43.

［5］罗新璋. 翻译论集［M］. 北京：商务印书馆，1984.

［6］孟国雄. 狮子岩悬棺葬［J］. 松溪文史资料，1987（14）.

［7］浙江省民族事务委员会. 畲族高皇歌［M］. 北京：中国广播电视出版社，1992.

［8］贝奥武甫［M］. 冯象，译. 北京：生活·读书·新知三联书店，1992.

［9］王象之. 舆地纪胜［M］. 影印本. 北京：中华书局，1992.

［10］马骕. 绎史［M］. 上海：上海古籍出版社，1993.

［11］袁珂. 中国神话通论［M］. 成都：巴蜀书社，1993.

［12］汪榕培. 传神达意译《诗经》［J］. 外语与外语教学，1994（4）：11-15.

［13］周游. 开辟演绎［M］. 北京：华夏出版社，1995.

［14］肖孝正. 闽东畲族歌谣集成［M］. 福州：海峡文艺出版社，1995.

［15］王建民. 中国民族学史·上卷［M］. 昆明：云南教育出版社，1997.

［16］《畲族简史》编写组. 畲族简史［M］. 北京：民族出版社，1999.

［17］浙江省少数民族志编纂委员会. 浙江省少数民族志［M］. 北京：方志出版社，1999.

[18] 刘宓庆. 文化翻译论纲[M]. 武汉：湖北教育出版社，1999.

[19] 谢天振. 译介学[M]. 上海：上海外语教育出版社，1999.

[20] 弗里. 口头诗学：帕里·洛德理论[M]. 朝戈金，译. 北京：社会科学文献出版社，2000.

[21] 杨衍松. 古老的悖论：可译与不可译[J]. 外语与外语教学，2000(9)：51-53.

[22] 邱国珍. 浙江畲族史[M]. 杭州：杭州出版社，2001.

[23] 谢重光. 畲族与客家福佬关系史略[M]. 福州：福建人民出版社，2002.

[24] 游文良. 畲族语言[M]. 福州：福建人民出版社，2002.

[25] 尹虎彬. 在古代经典与口头传统之间——20世纪史诗学述评[J]. 民族文学研究，2002(3)：3-9.

[26] 布托·布托-加利. 多语化与文化的多样性——在接受南京大学名誉博士学位仪式上的演讲[J]. 南京大学学报（哲学·人文科学·社会科学版），2002(3)：8-11.

[27] 朝戈金. 关于口头传唱诗歌的研究——口头诗学问题[J]. 复印报刊资料（文艺研究），2002(11)：70-73.

[28] 顾乃忠. 论文化的普遍性和特殊性（上）——兼评孔汉思的"普遍伦理"和沟口三雄的"作为方法的中国学"[J]. 浙江社会科学，2002(5)：120-129.

[29] 马红军. 翻译补偿手段的分类与应用——兼评Hawkes《红楼梦》英译本的补偿策略[J]. 外语与外语教学，2003(10)：37-39.

[30] 雷恒春，福州市地方志编纂委员会. 福州市畲族志[M]. 福州：海潮摄影艺术出版社，2004.

[31] 陈连山. 被忽略的"口头性"研究[N]. 社会科学报，2004-08-12(5).

[32] 鲜益. 民间文学：口头性与文本性的诗学比较——以彝族史诗为视角[J]. 艺术广角，2004(5)：40-43.

[33] 李云峰，王翼祥. 全球化背景下民族文化发展的取向和定位[J]. 云南民族大学学报（哲学社会科学版），2004，21(5)：71-76.

[34] 巴莫曲布嫫，朝戈金. 民族志诗学（Ethnopoetics）[J]. 民间文化论坛，2004(6)：90-91.

[35] 朝戈金,巴莫曲布嫫. 口头程式理论(Oral-Formulaic Theory)[J]. 民间文化论坛,2004(6):91-93.

[36] 杨利慧. 民族志诗学的理论与实践[J]. 北京师范大学学报(人文社会科学版),2004(6):49-55.

[37] 陈耿之. 畲族的发源地与畲族的文化影响[J]. 学术研究,2004(10):112-119.

[38] 葛兰言. 古代中国的节庆与歌谣[M]. 赵丙祥,张宏明,译. 桂林:广西师范大学出版社,2005.

[39] 谭载喜. 翻译研究词典[Z]. 北京:外语教学与研究出版社,2005.

[40] 本德尔. 略论中国少数民族口头文学的翻译[J]. 吴姗,译. 民族文学研究,2005,23(2):141-144.

[41] 冯明洋. 岭南本土歌乐中的畲族民歌[J]. 星海音乐学院学报,2005(4):67-71.

[42] 段峰. 深度描写、新历史主义及深度翻译——文化人类学视阈中的翻译研究[J]. 西华师范大学学报(哲学社会科学版),2006(2):90-93.

[43] 张进. 民族志[J]. 国外理论动态,2006(3):62-65.

[44] 索南卓玛. 国内外研究《格萨尔》状况概述[J]. 西藏研究,2006(3):85-90.

[45] 何明. 文化持有者的"单音位"文化撰写模式——"村民日志"的民族志实验意义[J]. 中国社会科学文摘,2007(2):139-142.

[46] 高丙中.《写文化》与民族志发展的三个时代(代译序)[G]//克利福德,马库斯. 写文化——民族志的诗学与政治学. 北京:商务印书馆,2006.

[47] 蓝七妹. 浅谈畲族山歌的比兴手法[G]//福建炎黄文化研究会. 畲族文化研究(下). 北京:民族出版社,2007.

[48] 张旭. 视界的融合:朱湘译诗新探[M]. 北京:清华大学出版社,2008.

[49] 汪榕培. 英译《诗经国风》[M]. 上海:上海外语教育出版社,2008.

[50] 卓振英,李贵苍. 壮族典籍英译的新纪元——试论壮族《麽经布洛陀》英译研究[J]. 广西民族研究,2008(4):166-168.

[51] 郭志超. 畲族文化述论[M]. 北京:中国社会科学出版社,2009.

［52］汪榕培，王宏. 中国典籍英译［M］. 上海：上海外语教育出版社，2009.

［53］石中坚，雷楠. 畲族长篇叙事歌谣《高皇歌》的历史文化价值［J］. 广东技术师范学院学报，2009(8)：10-14，137.

［54］段宝林. 神话与史诗（上篇）：中国神话博览［M］. 北京：民族出版社，2010.

［55］戴艳华. 畲族［M］. 长春：吉林文史出版社，2010.

［56］刘性峰. 论诗歌的翻译标准"传神达意"：以汪榕培译《枫桥夜泊》为例［J］. 哈尔滨工业大学学报(社会科学版)，2010(2)：109-113.

［57］王银泉. 中国农业的"中学西传"与法国重农思想的兴起［J］. 学海，2010(3)：140-144.

［58］王涛. 统一性与多样性的辩证结合：以两首浙江畲族民歌的抽样分析为例［J］. 民族艺术，2010(4)：122-127.

［59］靳瑛. 山歌的生存现状与传承——以潮州凤凰山畲族为个案［J］. 首都师范大学学报(社会科学版)，2010(4)：128-131.

［60］施王伟. 从歌舞角度谈畲族两个仪式中的文化借鉴因素［J］. 丽水学院学报，2010(6)：11-15.

［61］李宁.《福乐智慧》英译研究［M］. 北京：民族出版社，2010.

［62］王亚南. 口承文化论——云南无文字民族古风研究［M］. 昆明：云南人民出版社，2011.

［63］凯尔纳. 批评理论与文化研究：表达的脱节［G］//麦奎根. 文化研究方法论. 李朝阳，译. 北京：北京大学出版社，2011.

［64］翁颖萍. 从语篇衔接角度看畲族歌言对《诗经》的传承［J］. 贵州民族研究，2011(1)：166-172.

［65］王宏印，崔晓霞. 论戴乃迭英译《阿诗玛》的可贵探索［J］. 西南民族大学学报(人文社会科学版)，2011(2)：202-206.

［66］景民宗. 畲山风情——景宁畲族民俗实录［M］. 福州：海风出版社，2012.

［67］罗俊毅. 景宁畲族民歌"角调式"特有现象探究［J］. 中国音乐，2012(2)：105-109.

［68］王宏. 中国典籍英译：成绩、问题与对策［J］. 外语教学理论与实践，

2012(3)：9-14.

[69] 张志刚，常芳. 东北少数民族文化典籍的英译与研究[J]. 内蒙古大学学报(哲学社会科学版)，2012(4)：76-80.

[70] 朝戈金. 约翰·弗里与晚近国际口头传统研究的走势[J]. 西北民族研究，2013(2)：5-15.

[71] 彭清. 汉籍外译对民族典籍英译之借鉴[J]. 广州大学学报(社会科学版)，2013(2)：70-74.

[72] 何义珠，李露芳. 新媒介环境下的畲族文化传播研究[J]. 图书馆工作与研究，2013(2)：90-93.

[73] 段峰. 文化翻译与作为翻译的文化：凯特·斯特奇民族志翻译观评析[J]. 当代文坛，2013(3)：152-155.

[74] 黄涛. 中国民间文学概论[M]. 2版. 北京：人民文学出版社，2013.

[75] 喻锋平. 翻译研究"转向"现象的哲学观照[M]. 上海：上海译文出版社，2014.

[76] 张恒. 以文观文——畲族史诗《高皇歌》的文化内涵研究[M]. 杭州：浙江工商大学出版社，2014.

[77] 邱彦余. 畲族民歌[M]. 杭州：浙江摄影出版社，2014.

[78] 朝戈金. "回到声音"的口头诗学：以口传史诗的文本研究为起点[J]. 西北民族研究，2014(2)：5-15，20.

[79] 黄小芃. 再论深度翻译的理论和方法[J]. 外语研究，2014(2)：72-76.

[80] 张媛，王宏印. 民族典籍翻译的现状、问题与对策：人类学学者访谈录之七十一[J]. 广西民族大学学报(哲学社会科学版)，2014(4)：23-26.

[81] 刘雪芹. 少数民族口传文学翻译过程探微[J]. 民族翻译，2014(4)：66-72.

[82] 王宏印. 中华民族典籍翻译研究概论[M]. 大连：大连海事大学出版社，2016.

[83] 段峰. 文化翻译与少数民族文学对外译介[M]. 北京：外语教学与研究出版社，2016.

[84] 文军，王斌.《芬尼根的守灵夜》深度翻译研究[J]. 外国语文，2016

(1)：110-116.

[85] 高俊丽. 我国少数民族典籍翻译问题研究[J]. 贵州民族研究，2016，37(9)：156-159.

[86] 李立. 民族志理论研究与文本分析[M]. 北京：人民出版社，2017.

[87] 陈伟. 民族典籍翻译批评：基于全球化语境的反思[J]. 燕山大学学报(哲学社会科学版)，2017，18(1)：15-21.

[88] LIENHARDT G. Modes of thought[G]//Evans-Pritchard E E. The institutions of primitive society. Oxford：Basil Blackwell，1954.

[89] LORD A B. The poetics of oral creation[C]//FRIEDERICH W P. Comparative literature：proceedings of the second congress of the international comparative literature association. Chapel Hill：University of North Carolina Press，1959.

[90] WALEY A. The secret history of mongols and other pieces[M]. London：George Allen & Unwin Ltd. ，1963.

[91] GEERTZ C. Deep play：notes on the Balinese cockfight[G]//The interpretation of cultures. New York：Basic Books，1973.

[92] RABINOW P. Reflections on fieldwork in Morocco[M]. California：University of California Press，1977.

[93] MALINWOSKI B. Argonauts of the western pacific，prospect heights[M]. Illinois：Waveland Press，Inc. ，1984.

[94] APPIAH K A. Thick translation[J]. Callaloo，1993，16(4).

[95] BHABHA H K. The location of culture [M]. London：Routledge，1994.

[96] VENUTI L. The translator's invisibility：a history of translation [M]. London & New York：Routledge，1995.

[97] HONKO L. Textualising the Siri epic[M]. Helsinki：Academia Scientiarum Fennica，1998.

[98] VENUTI L. The translation studies reader[M]. London and New York：Routledge，2000.

[99] WILSS W. The science of translation：problem and methods[M]. Shanghai：Shanghai Foreign Language Education Press，2001.

[100] BASSNETT S, ANDRE L. Constructing Culture: Essays on Literary Translation [G]. Shanghai: Shanghai Foreign Language Education Press, 2001.

[101] HERMANS T. Cross-cultural translation studies as thick translation [J]. Bulletin of the school of oriental and African studies, 2003, 66(3): 380-389.

[102] CHEUNG M P Y. An anthology of Chinese discourse on translation[M]. Manchester: St. Jerome Publishing, 2006.

[103] STURGE K. Representing others: translation, ethnography and the museum [M]. Manchester and New York: St. Jerome Publishing, 2007.

后　记

　　从 2014 年冬第一次接触到畲族及畲族文化至今,已过去三年。这期间,我多次前往浙江景宁畲族自治县和福建宁德地区畲族村庄进行田野调查,参观畲族民居,聆听畲民山歌演唱,感受畲族文化的悠久历史和民族审美艺术特色,收获了很多民族文化知识,也扩大了我学术研究的视域。可以说,本研究和书稿撰写的过程也是我对畲族文化了解和认识不断加深的过程,是我对民族优秀传统文化的逐渐认同过程。

　　在课题研究和本书的撰写过程中,我收获的不仅是知识和学术上的扩展,还结识了很多朋友,收获了珍贵的友情。在此,我首先要感谢我在苏州大学的博士后合作导师王宏教授,感谢教授对我的学术培养和指导;感谢嘉兴学院党委书记黄文秀教授对我课题研究提供的支持和帮助;感谢丽水学院徐德钦教授、施强教授,景宁县统战部蓝跃军部长和蓝廷洪副部长,景宁县移民办陈良娟老师,景宁县民宗局雷依林科长等,在我赴景宁畲族自治县调研过程中所提供的帮助和指导;感谢嘉兴学院外国语学院诸位领导和同仁在工作中给予我的支持。本书为浙江省社会科学规划课题研究成果(编号 15NDJC054YB),感谢浙江工商大学出版社罗丁瑞主任和王英编辑对本书出版的帮助。

喻锋平
二○一七年秋于嘉兴学院